Zoya Phan
mit Damien Lewis
TOCHTER DES
DSCHUNGELS

Zoya Phan
mit Damien Lewis

TOCHTER DES DSCHUNGELS

Aus dem Englischen
von Maja Ueberle-Pfaff

Knaur

Die englische Originalausgabe erschien 2009 unter dem Titel
»Little Daughter« bei Simon & Schuster UK, London.

Besuchen Sie uns im Internet:
www.knaur.de

Copyright © 2009 by Zoya Phan and Damien Lewis
Copyright © 2012 der deutschsprachigen Ausgabe bei
Knaur Verlag. Ein Unternehmen der Droemerschen Verlagsanstalt
Th. Knaur Nachf. GmbH & Co. KG, München.
Umschlaggestaltung: ZERO Werbeagentur, München
Umschlagabbildung: © Gettyimages/dv451049.jpg
Foto: Privatarchiv Zoya Phan
Satz: Adobe InDesign im Verlag
Druck und Bindung: CPI – Ebner & Spiegel, Ulm
Printed in Germany
ISBN 978-3-426-65503-0

2 4 5 3 1

*Dieses Buch ist dem Andenken
an meine Mutter Nant Kyin Shwe
und meinen Vater
Padoh Mahn Sha Lah Phan gewidmet.*
Z. P.

Für Eva
D. L.

Das einzige Erinnerungsfoto aus ihrer Kindheit zeigt Zoya Phans Vater und
Mutter mit (von links nach rechts) Say Say, Slone, Zoya und Bwa Bwa.

INHALT

1

DEM TODE NAH

Als ich zwei war, starb ich und kehrte wieder ins Leben zurück. Es war meine erste Begegnung mit dem Tod, und leider sollten noch viele weitere folgen. Damals aber fand mich meine Mutter eines Morgens bewusstlos in unserer Bambushütte. Ich hatte hohes Fieber gehabt, und sie hatte gehofft, ich würde es über Nacht wegschlafen. Aber ich war von Anfang an ein kränkliches Kind gewesen, und nun hatte sie Angst, sie hätte mich endgültig verloren.

Sie wickelte mich in eine feuchte Decke, nahm mich hoch und lief, so schnell die Füße sie trugen, zur Krankenstation des Dorfes. Diese bestand aus einer kleinen Bambushütte ganz in der Nähe unseres Hauses. Die Station wurde von einer Krankenschwester geleitet, und meine Mutter hoffte und betete, dass sie da wäre und nicht gerade unterwegs, um jemanden zu behandeln.

Voller Panik stürzte sie in die Hütte. Zum Glück war die Krankenschwester tatsächlich da, aber sie warf nur einen Blick auf das kleine, ohnmächtige Bündel und erklärte, es sei hoffnungslos.

»Ich fürchte, deine Tochter ist tot«, sagte sie. »Es tut mir leid, aber ich kann dir nicht helfen.«

Meine Mutter war außer sich. Sie wollte einfach nicht glauben, dass ich tot war.

»Auf keinen Fall!«, schrie sie. »Auf keinen Fall ist meine Kleine Tochter tot, einfach so. Auf keinen Fall!«

Kleine Tocher, so nannte sie mich gerne – und mein Vater nannte mich nur so.

Sie hob mich wieder hoch und beschloss, im Nachbardorf bei der dortigen Krankenschwester ihr Glück zu versuchen. Es gab nur einen schmalen Fußpfad durch den Dschungel, aber sie war sich sicher, dass sie den Weg finden würde. Erschwert wurde ihr Vorhaben dadurch, dass sie im neunten Monat mit meinem jüngeren Bruder schwanger war.

Sie ließ meine ältere Schwester Bwa Bwa in der Obhut meines großen Bruders Say Say und machte sich auf den Weg. Es herrschte Trockenzeit, und der Fluss, der durch unser Dorf floss, führte wenig Wasser, so dass meine Mutter hindurchwaten konnte. Fast eine Dreiviertelstunde kämpfte sie sich durch den Dschungel, bis sie schließlich die Lichtung des Dorfs Pwe Baw Lu erreichte. Mit tränenüberströmtem Gesicht rannte sie auf die Krankenstation zu.

Die zweite Krankenschwester war viel verständnisvoller. Sie untersuchte mich genau und erklärte, dass ich in ein tiefes, fieberbedingtes Koma gefallen sei. Sie legte mir eine Infusion und gab mir die wenigen Medikamente, die sie hatte, um das Fieber zu senken. Dann riet sie meiner Mutter zur Geduld. Ich atme noch, und so bestünde noch Hoffnung.

Nach drei Tagen am Tropf begann das Fieber zu sinken. Am dritten Tag erlangte ich auch das Bewusstsein wieder. Meine Mutter saß neben mir, als ich die Augen aufschlug. Sie konnte es kaum fassen, dass ich wieder ins Leben zurückgekehrt war. Von den Krankenschwestern war keine bei ihr, denn es war Weihnachtsabend, und alle waren zur Feier in die Dorfschule gegangen.

Als meine Mutter mich staunend anblickte, merkte sie auf einmal erschrocken, dass mit meinen Augen etwas nicht stimmte. Eines war zum Himmel verdreht, das andere zur Erde. Sie war überzeugt, dass mein Gehirn geschädigt war. Der Schock löste die Wehen aus, und die Krankenschwestern mussten eilig von der Weihnachtsfeier zurückkommen, um das Baby zu entbinden. Und so kam mein kleiner Bruder auf die Welt. Meine Mutter entschied sich für den Namen Slone Phan,

»Leuchtender Stein«, weil er Licht ins Dunkel meiner schweren Krankheit gebracht hatte.

Slone und ich blieben noch einige Tage in der Krankenstation. Meine Mutter war bei uns und versuchte, sich um uns beide zu kümmern.

Wie das bei Kindern oft ist, erholte ich mich sehr schnell wieder, nur meine Augen blieben verdreht. Noch Wochen später rief mein Vater beim Heimkommen, sobald er mich sah:»Oh, meine Kleine Tochter, immer noch so hübsch – trotz deines Schielauges!«

Mein Vater machte nur Witze, aber in der Kultur der Karen ist es sehr unhöflich, jemanden *ta klay meh,* also »Schielauge«, zu nennen. Eine Fehlstellung der Augen gilt als ausgesprochen hässlich. Von da an machten sich meine Schwester und mein älterer Bruder ständig über mein *ta klay meh* lustig.

So weit gingen meine Freunde nicht. Aber sie lachten mich aus, wenn meine Augen zur Seite rollten, was vor allem dann passierte, wenn ich müde war. Das ärgerte mich sehr. Die Umgebung verschwamm vor meinen Augen, alles wurde undeutlich. In den schlimmsten Momenten sah ich zwar die Schüssel oder Schale mit Essen vor mir, aber meine Augen schienen in eine ganz andere Richtung zu blicken.

Immer wenn ich geneckt wurde, versuchte mich meine Mutter zu trösten:»Kleine Tochter, du bist immer noch sehr hübsch, trotz deiner komischen Augen.«

Mit der Zeit gewöhnte ich mich daran. Ich lernte, meine Augen zu kontrollieren, indem ich erst auf den Boden schaute und dann langsam den Blick hob. Glücklicherweise wurde es mit der Zeit besser, und als ich ein Teenager war, waren meine Augen fast wieder normal.

In der Kultur der Karen, des Volks, zu dem ich gehöre, gibt es keine Familiennamen. Kinder tragen nur den einen Namen, den ihnen ihre Eltern gegeben haben, und so existiert kein Name, der von Generation zu Generation weitergegeben wird. Der Name einer Person kann aus mehr als einem Wort der Karen-

Sprache bestehen und hat fast immer eine Bedeutung. Eine meiner besten Schulfreundinnen zum Beispiel hieß Tee Ser Paw, »Süße Wasserblume«.

Aber als mein Vater sein Heimatdorf verließ und sich der Widerstandsbewegung der Karen anschloss, brach er mit dieser alten Tradition. Er legte den Namen ab, den seine Eltern ihm gegeben hatten, und suchte sich einen neuen Namen. Das taten Widerstandskämpfer häufig, um ihre Angehörigen zu Hause vor Repressalien des burmesischen Militärregimes zu schützen. Mein Vater wählte den Namen Mahn Sha Lah Phan, »Herr Stern Mond Hell«. Er nahm »Stern« und »Mond«, weil er daran glaubte, dass der Himmel das Licht der Zukunft ist, und »Phan«, weil er der Überzeugung war, die Zukunft würde »hell« strahlen – für die Karen und für das gesamte burmesische Volk.

In der Jugend meines Vaters hatte es einen Karen-Anführer gegeben, der Mahn Phan Shaung hieß, »Herr Helle Einheit«. Er war ein großer Militärkommandeur und Widerstandskämpfer und für meinen Vater ein Vorbild. Er glaubte an die Freiheit für das Volk der Karen und an Menschenrechte und Demokratie für alle. Mein Vater übernahm also »Phan« als eigenen Familiennamen, und als wir geboren wurden, gab er diesen Namen an uns weiter, damit das Andenken an diesen Mann auch in künftigen Generationen lebendig bliebe.

Ich nannte meinen Vater Pah – was in unserer Sprache »Papa« bedeutet. Meine Mutter war für mich Moe, »Mama«. Mein älterer Bruder hieß Say Say, »Silber Silber«. Aber ich nannte ihn »älteren Bruder«. Meine ältere Schwester wurde Bwa Bwa genannt, »Weiß Weiß«. Diesen Namen gaben ihr meine Eltern, weil sie bei ihrer Geburt schneeweiß war. Ich allerdings nannte sie immer Nor, »ältere Schwester«. Und natürlich nannte mich Bwa Bwa Day Mu, »jüngere Schwester«.

Als mein kleiner Bruder Slone Phan geboren wurde, wurde es kompliziert, denn immer wenn Slone »Nor! Nor!« rief, liefen Bwa Bwa und ich herbei, weil wir nicht wussten, welche von uns er meinte.

Mein Vater war ein liebevoller, sanftmütiger Mann, und ich stand ihm sehr nahe. Er hatte meine Geburt miterlebt, die seiner anderen Kinder nicht. Er richtete es so ein, dass er nach meiner Geburt sechs Monate bei der Familie bleiben konnte, und ich glaube, das erklärt zum Teil unsere besonders enge Verbundenheit.

Er war mittelgroß und schlank, aber stark. Er hatte braune, von Lachfältchen umrahmte Augen und schwarze Haare. Wann immer möglich, rasierte er sich mit einem Rasiermesser. Seine Kleidung sah immer gleich aus: ein kariertes Hemd mit aufgerollten Ärmeln und dazu einen Longyi – *hteh ku* in der Karen-Sprache – der um die Hüften gewickelt wurde.

Der Longyi ist eine Stoffbahn, die man um die Hüfte gewickelt trägt. Er ist ein sehr vielseitiges Kleidungsstück. In der Regenzeit kann man ihn zu einer Art Shorts raffen und damit durch die Wasserfluten waten, außerdem kann man ihn als Handtuch und sogar als Decke benutzen.

Wie die meisten Mitglieder der Widerstandsbewegung hatten meine Eltern nur wenig Geld. Deshalb trug mein Vater Flip-Flops, die inoffizielle Fußbekleidung des Widerstands. An einer Seite war der Riemen gerissen, und er ersetzte ihn jahrelang durch einen Bambusstreifen.

Als ich klein war, wollte mir mein Vater einmal in dem mächtigen Fluss Thu Mweh Klo das Schwimmen beibringen. Wenige Karen können schwimmen, und es fällt uns auch nicht gerade leicht. Meine älteren Geschwister schrien und lachten vor Vergnügen, aber ich weinte, weil ich mich so vor dem Wasser fürchtete.

Mein Vater versuchte, mich zu trösten:»Hab keine Angst, Kleine Tochter, ich halte dich fest in meinen Armen. Keine Angst, Kleine Tochter, dir passiert nichts.«

Ich hörte nicht auf zu weinen, aber nach einer Weile ließ ich zu, dass er mich durch das klare, schnell dahinströmende Wasser zog, während ich mit den Beinen strampelte. Bald vergaß ich meine Angst.

Als ich endlich richtig schwimmen konnte, spielte ich sehr gerne im Fluss und legte mich dann zum Ausruhen an das flache Flussufer. Say Say kletterte oft auf einen der riesigen Wasserbüffel, die sich im seichten Wasser suhlten, und packte ihn an den Hörnern. Diese großen, friedfertigen Tiere werden vor hölzerne Karren gespannt und zum Pflügen der Felder verwendet.

Bei Sonnenuntergang holte Say Say gerne Netze und nahm mich mit zum Fischen. Er warf die Netze in den Fluss und ließ sie über Nacht draußen. Sehr früh am Morgen weckte er mich dann, und wir gingen nachsehen, ob wir etwas gefangen hatten. Gewöhnlich waren die Netze voller kleiner Buntbarsche, die wir nach Hause brachten und stolz meinem Vater zeigten. Meine Mutter bereitete aus ihnen ein Curry zu oder kochte sie mit Wasserspinat zu einem köstlichen Eintopf.

Aber diese glücklichen Zeiten mit meinem Vater waren kurz und selten. Meistens war er fort und engagierte sich im Widerstand. In der Regel war er zehn Monate im Jahr abwesend. Ich hatte nicht genug Zeit, mit ihm zu spielen oder ihn wirklich kennenzulernen, und manchmal kam er mir vor wie ein Fremder. Wenn er wieder da war, hatten Say Say, Bwa Bwa und ich ihn schon fast vergessen. Doch dann lief ich immer als Erste auf ihn zu und folgte ihm überallhin.

Wenn mein Vater wieder fortmusste, ließ sich meine Mutter Tricks einfallen, damit wir ihn gehen ließen. Sie schickte uns unters Haus zu den Tieren, damit er sich unbemerkt davonschleichen konnte. Dann war er auf einmal weg, ohne Abschied. Doch ohne ihr Täuschungsmanöver hätten wir ihn nie fortgelassen.

Trotz seiner häufigen Abwesenheit versuchte mein Vater uns zu zeigen, dass wir ihm etwas bedeuteten. Immer wenn er nach Hause kam, brachte er etwas mit, das er eigenhändig hergestellt hatte: einen geflochtenen Bambushut, Löffel, Gabeln und Schüsseln aus Holz, manchmal sogar ein geschnitztes Spielzeug – Dinge, die wir wie unseren Augapfel hüteten.

Wenn er bei uns war, nahm er uns in die Arme und küsste uns

auf die Wangen. Wenn wir in seiner Nähe waren, streckte er die Hände nach uns aus und umarmte und küsste uns immer wieder. Ich beklagte mich dann über seinen kratzigen Stoppelbart, aber eigentlich ließ ich mich sehr gerne von ihm küssen.

Mein Vater sah nicht besonders gut aus, aber er war sehr intelligent und hatte viel Humor. Er hatte in der burmesischen Hauptstadt Rangun die Universität besucht und eine Prüfung im Fach Geschichte abgelegt. Es gab wenige Akademiker im Karen-Widerstand, und seine Bildung machte ihn in den Augen unserer Mutter zu einem ganz besonderen Menschen.

Meine Mutter war groß für eine Karen-Frau, fast so groß wie mein Vater. Sie trug immer einen roten Longyi – Rot muss ihre Lieblingsfarbe gewesen sein, denn sie trug ihn jeden Tag. Sie hatte glatte, rabenschwarze Haare, die sie zu einem Knoten schlang. Sie trug das Haar nur dann offen, wenn sie es gewaschen hatte und an der Luft trocknen ließ.

Ich bewunderte ihre Haare. Sie fielen ihr wie ein weicher, schimmernder Wasserfall bis über die Taille.

Meine Mutter hatte etwas dunklere Haut als mein Vater, ich hatte seinen helleren Teint geerbt. Sie cremte sich das Gesicht jeden Tag mit *tha na kha,* einer traditionellen Karen-Gesichtspflege, ein, die sie aus der Rinde der Tamarinde selbst herstellte.

Dazu nahm sie einen flachen, glatten Stein, auf dem sie ein Stück Rinde hin- und herrollte. Ab und zu träufelte sie etwas Wasser dazu. Nach und nach wurde die Rinde zu einer hellgelben Paste. Diese verteilte sie mit kreisförmigen Bewegungen auf ihren Wangen, bis zwei kleine gelbe Sonnen entstanden waren.

Wir Karen glauben, dass diese Gesichtscreme einer Frau Schönheit verleiht. Zudem schützt sie unsere Haut vor der Sonne. Meine Mutter rieb auch mir die Wangen, Arme und Beine bei Hitze ein. Und als Mutter älter und schwächer wurde, taten wir, ihre erwachsenen Kinder, dasselbe für sie.

Meine Mutter galt als große Schönheit. Sie war eine außergewöhnliche Frau, viel mehr als »nur« eine Hausfrau. Früher hatte sie als bekannte Widerstandskämpferin eine Kompanie Soldatinnen befehligt und hatte sich auch später noch im Widerstand aktiv engagiert.

Solange ich denken kann, arbeitete meine Mutter in der Informationsabteilung des Karen-Widerstands. Da mein Vater so selten da war, half ihr niemand, die Kinder zu beaufsichtigen. Ich spielte mit meinen Geschwistern in ihrem Arbeitszimmer, dessen Wände aus Bambus bestanden, während sie auf ihre alte Schreibmaschine einhackte.

Mein ältester Bruder Say Say war adoptiert. Er hatte ein spitzes Gesicht, meine Eltern dagegen eine runde Gesichtsform, ähnlich meiner. Er kam mit ungefähr zehn Jahren in unsere Familie, als ich gerade erst vier Monate alt war. Er galt als einer der freundlichsten und hilfsbereitesten Menschen in unserem Dorf. Wenn man Say Say um etwas bat, half er immer.

Da mein Vater so oft weg war, half Say Say meiner Mutter bei der Hausarbeit. Und wenn meine beiden Eltern unterwegs waren, übernahm Say Say ganz das Kommando. Er wusch, kochte und putzte für uns drei Kinder, als wäre er Mutter und Vater gleichzeitig. Und er trug mich in einen Longyi gewickelt auf dem Rücken überall mit hin.

Ich war noch klein, als ich eines Tages erfuhr, wie Say Say zu uns gekommen war. Mein Vater berichtete meiner Mutter von seiner Arbeit im Distrikt Kler Lwee Htu, aus dem er gerade zurückgekehrt war. Dieser Distrikt lag weit entfernt von unserem Dorf dicht an der Front, dort, wo das burmesische Militär unsere Dörfer angriff.

Das burmesische Regime verfolgte seit langem seine berüchtigte Politik der »Vier Schnitte«, mit denen es das Volk der Karen vernichten wollte. Diese Politik war von brutaler Einfachheit: Sie schnitt den Karen-Widerstand von Verpflegung, Information, Rekruten und Einnahmen ab.

Und diese Politik zeigte erste gravierende Auswirkungen. Ganze Dörfer im Distrikt Kler Lwee Htu waren von einer Hungersnot bedroht. Burmesische Soldaten hatten ihre Anbauflächen und Vorratsspeicher zerstört. Hungernden Familien blieb nichts übrig, als die Triebe von Bananenbäumen zu essen.

Als mein Vater diesmal nach Hause zurückgekommen war, war mir aufgefallen, wie erschöpft und ausgemergelt er war. Ich hatte zugesehen, wie er hastig die Reste der letzten Mahlzeit hinuntergeschlungen hatte. Meine Mutter hatte angeboten, ihm ein frisches Curry zu kochen, aber er hatte sich sofort auf die Reste gestürzt und keinen Bissen übrig gelassen. Da, wo er herkam, gab es nichts zu essen, erklärte er, dort mussten die Leute stinkenden, verdorbenen Reis essen.

Die Politik der »Vier Schnitte« hatte, wie mein Vater erläuterte, schreckliche Folgen für die Menschen. Ich versuchte, genau zuzuhören, aber ich war noch zu klein, um alles zu verstehen. Ich wusste, dass mein Volk Hunger litt, und ich wusste auch, dass die Feinde dafür verantwortlich waren und dass sie Menschen waren wie wir. Aber ich hatte Angst und wollte nicht zu viel daran denken.

Zu meiner eigenen Beruhigung flüsterte ich mir oft zu: »Ach, wir haben ja genug zu essen, und das alles ist weit weg …«

Ich spürte, dass mein Vater litt, aber ich verschloss absichtlich die Augen davor. Wir Kinder hatten zu jener Zeit ein engeres Verhältnis zu meiner Mutter, aus einem einfachen Grund: weil sie da war.

Die Politik der »Vier Schnitte« trieb die Familien zu immer verzweifelteren Maßnahmen. Eines Tages hatte ein Mann, der für den Widerstand kämpfte, meinen Vater angesprochen. Sie hatten sich bei der Arbeit kennen- und schätzen gelernt. Der Mann erzählte meinem Vater, er habe sieben Kinder und wolle wenigstens einem eine ordentliche Ausbildung zukommen lassen. Aber durch die Politik der »Vier Schnitte« waren alle Schulen in der Gegend zerstört.

Er bat meinen Vater, einen seiner älteren Söhne – Say Say – mitzunehmen und in unserem Heimatdorf auf die Schule zu schicken. Meine Eltern hatten zu jener Zeit nur ein Kind, meine ältere Schwester Bwa Bwa, und mein Vater empfand tiefes

Mitgefühl mit seinem Freund. Er versicherte ihm, er werde Say Say wie seinen eigenen Sohn aufziehen, und so wurde Say Say das Adoptivkind meiner Eltern.

Einmal im Jahr versuchten Say Says Eltern, ihren Sohn zu besuchen, wenn sie sich die lange Reise leisten konnten. Wenn sie kamen, waren sie glücklich und stolz auf Say Say, der ein sehr guter Schüler war. Say Say war zehn und besuchte die erste Klasse unserer Dorfschule, in der die meisten Kinder halb so alt waren wie er. Aber Say Say machte das nichts aus. Er war einfach froh, dass er überhaupt zur Schule gehen konnte, und lernte fleißig, um die verlorene Zeit aufzuholen.

Als ich vier war, fing Say Say an, mich in die Schule mitzunehmen, damit er auf mich aufpassen konnte. Die Schule war eine schlichte Bambushütte mit klaffenden Fensteröffnungen und mehreren Reihen grob gezimmerter Schreibtische. Dort spielte ich still zu Say Says Füßen, während er eifrig lernte. Inzwischen besuchte Say Say die vierte Klasse, und die Leute witzelten darüber, dass ich noch keine vier war und auch schon in die vierte Klasse ging.

Am liebsten buk ich Schlammkuchen auf dem Lehmboden des Klassenzimmers. Ich formte einen Schlammhügel, bohrte ein Loch in die Mitte und spuckte hinein – das war mein Kochtopf. Dann rührte ich den Inhalt um und stellte mir vor, mein Lieblingsessen – Schweinefleisch-Curry – würde darin köcheln. Wenn es Zeit war, nach Hause zu gehen, war ich über und über mit Schlamm beschmiert, aber das kümmerte mich nicht. Es machte solchen Spaß, in der Schule bei Say Say zu spielen!

Weil Say Say aus einem Dschungeldorf kam, kannte er das Wesen des Waldes – seine Launen, seine Verheißungen und Gefahren. Immer wenn meine Geschwister und ich ohne ihn in den Dschungel gingen, verirrten wir uns unweigerlich. Wir verließen das Dorf auf der einen Seite und kehrten von der anderen Seite zurück, und keiner von uns wusste, wie es dazu gekommen war. Say Say dagegen hatte einen sechsten Sinn, er hatte nie Probleme mit dem Rückweg.

Meine Schwester Bwa Bwa ähnelte im Aussehen meiner Mutter, auch sie war ungewöhnlich groß. Bwa Bwas Haare waren tiefschwarz und glatt, wie meine, und meinem Vater gefiel es, wenn wir sie als kinnlangen Bob trugen. Baw Baw hatte nichts dagegen, mir aber gefiel es nicht. Ihre Lippen waren schmaler als meine, und ihr Gesicht war runder, aber die Leute sagten, wir seien beide gleich hübsch. Sie war sehr klug und immer die Klassenbeste. Ich blickte zu meiner Schwester auf.

Meine Schwester kam verkehrt herum zur Welt, mit den Füßen zuerst. Es war eine schwierige Geburt für meine Mutter, und danach hatte sie eine Fehlgeburt. Als sie mit mir schwanger war, bewegte ich mich in den ersten sechs Monaten kaum, und sie befürchtete schon, sie würde wieder eine Fehlgeburt erleiden. Mein kleiner Bruder Slone Phan hatte wie ich eine schwache Konstitution. Er war meinem Vater wie aus dem Gesicht geschnitten, aber er war winzig. Die meisten Karen haben einen bissigen Humor, und so gaben wir ihm den Spitznamen Maung Bala, »Muskelprotz«. Der Name ist ihm geblieben, sogar heute wird er manchmal so genannt.

Slone war dünn und klein, aber absolut furchtlos. Er schien seine mangelnde Größe durch sein Temperament ausgleichen zu wollen. Seine Wutanfälle waren berüchtigt. Seine Freunde lernten bald, auf seine Launen Rücksicht zu nehmen, und meistens richteten sie sich nach ihm. Er war der Anführer einer Bande, und wenn sie auf einen Baum klettern wollten, bestimmte Slone, auf welchen sie kletterten. Er stieg als Erster hoch, wies den anderen ihre Äste zu und befahl ihnen, welche Früchte sie pflücken sollten.

Ich war Slone Phans große Schwester und begeistert, dass ich so einen kleinen Bruder hatte. Die Schilderung seiner Geburt beeindruckte mich tief. Er kam, erzählte meine Mutter, mit einer merkwürdigen Schädelkappe auf die Welt. Seine Schädeldecke war von einer »Mütze« aus haarloser weißer Haut bedeckt. Alle Dorfbewohner strömten herbei, um sich Baby Slone anzuschauen, weil noch nie jemand so etwas gesehen hatte.

Meine Mutter zog die Haut vorsichtig ab, und unter ihr kam ein weicher schwarzer Haarschopf zum Vorschein. Meine Mutter legte die Hautkappe sorgfältig zusammen und hob sie auf. In unserem animistischen Glaubenssystem ist jemand gesegnet, der mit einem so auffälligen Merkmal geboren wird; es lässt erkennen, dass er eine bedeutende Zukunft vor sich hat.

Meine Eltern waren im animistischen Glauben aufgewachsen. In dieser traditionellen Religion werden der Natur – Bäumen, Flüssen, Bergen, dem Himmel und den Sternen – eine Seele und ein Bewusstsein zugeschrieben. Meine Eltern erklärten uns selten, was Animismus genau bedeutete, sie lebten es uns lieber vor. Es gab ja auch keine Schriften oder bestimmten Gebete und kein heiliges Buch: Es ging immer um die persönliche Beziehung eines Menschen zu den Geistern des Universums. Wenn ein Junge im Fluss ertrinkt, glauben wir, dass der Geist des Flusses zornig sein muss. Dann muss man dem Flussgeist ein Opfer bringen und ihn um Vergebung bitten.

Mein Vater feierte den Tag meiner Geburt mit einer traditionellen animistischen Zeremonie. Der Name unseres Dorfes, Per He Lu, bedeutet »Teak-Berg«. Das Dorf liegt am Fuß eines dunklen, von Teak-Bäumen bestandenen Hügels. Mein Vater nahm meine Nabelschnur und stieg hinauf, und als er oben angekommen war, suchte er den größten Baum. Je höher ein Baum ist, so glauben die Animisten, desto mächtiger ist der Geist, der in ihm wohnt.

Er vergrub meine Nabelschnur unter einem uralten Baumgiganten, und dann betete er für seine Kleine Tochter. Er betete zu dem Baumgeist auf dem Berggipfel, weil er so weit oben thront, einen weiten Blick hat und in die Zukunft sehen kann. Er betete, ich möge stark werden und meinem Land und Volk helfen. Mein Vater konnte die Zeremonie nur bei meiner Geburt durchführen, denn bei der Geburt von Bwa Bwa und Slone war er ja nicht zu Hause.

Wann immer wir Gäste hatten, erzählte er diese Geschichte. Dass mein Vater viel für mich empfand, wusste ich noch aus einem anderen Grund. Zoya ist kein Karen-Name. Die Leute fragten ständig, wie ich zu diesem Namen gekommen sei. Dann erklärte mein Vater, dass Zoya eine russische Partisanin war, die im Zweiten Weltkrieg gegen die Nazis gekämpft hatte, festgenommen und exekutiert worden war. Nach dieser Zoya hatte er mich benannt.

Doch als ich klein war, hatte das alles keine große Bedeutung für mich. Ich interessierte mich nicht für die andere Zoya, ich interessierte mich für mich. Und ich hatte keine Ahnung, wo Russland lag, wer die Nazis waren und worum es in diesem Krieg gegangen war. Erst in späteren Jahren verstand ich, wie prophetisch die Namensgebung meines Vaters gewesen war. Denn er hatte mir in meinem Namen gezeigt, wer und was ich werden sollte.

2

GROSSVATER GEBEUGTER RÜCKEN

Unsere Legenden besagen, dass in alter Zeit Pu Tau Meh Pa, der erste Anführer der Karen, sein Volk auf der Suche nach einer neuen Heimat aus der Mongolei nach Süden führte. Unterwegs trennten sich die Karen und bildeten zwei Gruppen. Eine Gruppe, bekannt als die »mütterliche Seite« oder Pwo Karen, wanderte weiter durch Zentralburma und ließ sich im heutigen Irrawaddy-Delta nieder.

Die »väterliche Seite«, Sgaw Karen, folgte dem Fluss Salween und siedelte sich in einer bergigen Dschungelgegend an, die sich heute an der Grenze zwischen Burma und Thailand befindet. Die Grenzlinie zwischen den beiden Ländern Burma und Thailand wurde viele Jahrhunderte später von britischen Offizieren willkürlich gezogen; damit spalteten sie unser Volk. Wir nannten unsere neue Heimat Kaw Lah, »Grünes Land«.

Ein Karen-Ältester namens Pu Ta Ku, also »Großvater Gebeugter Rücken«, führte uns in die fruchtbare Ebene des heutigen Rangun. Pu Ta Ku bastelte eine Fahne aus einer Angel und einem traditionellen Karen-Hemd, die er in den Boden steckte, und so wurde Rangun gegründet. Zuerst hieß die Siedlung Way Ta Ku, »Stadt Gebeugter Rücken«, nach Großvater Pu Ta Ku. Jahrhunderte später kamen die Briten und tauften die Stadt um in Rangun.

Wir selbst nennen uns Pwa K'Nyaw, und das bedeutet ganz einfach »das Volk«. Als die Burmesen kamen, die heute die vorherrschende ethnische Gruppe in Burma bilden, gaben sie uns den Namen »Kayin«. Das Wort »Karen« ist vermutlich die Bezeichnung, die die Briten aus »Kayin« machten.

Im Laufe der Jahrhunderte breiteten sich die verschiedenen ethnischen Gruppierungen in Burma aus, und immer mehr Menschen besiedelten das Land. Dabei gerieten sie in Konflikt miteinander. Die Karen-Gruppen wurden von den Burmesen und den Mon-Gruppen unterdrückt und verfolgt. Als die Briten Burma kolonisierten, wurden die Karen gerechter behandelt, und deshalb waren viele Karen mit dem Leben unter den Briten zufriedener.

Viele Karen ließen sich zum Christentum bekehren, und die scheinbare Nähe der Karen zu den britischen Kolonialherren verstärkte die schon bestehenden Ressentiments, die viele Burmesen gegenüber den Karen hegten.

Diese Konflikte verschärften sich, als die Karen im Zweiten Weltkrieg an der Seite der Briten gegen die japanischen Invasoren kämpften. Aung San, der Anführer der burmesischen Unabhängigkeitsbewegung und Vater der heute berühmten Aung San Suu Kyi, hatte sich den Japanern angeschlossen, um die Briten aus dem Land zu vertreiben. Später wechselte er die Seiten und kämpfte gegen die Japaner, aber einige Burmesen waren der Ansicht, die Karen hätten gemeinsame Sache mit den Unterdrückern gemacht.

Im Zweiten Weltkrieg versprachen die Briten den Karen einen eigenen Staat, sobald Burma die Unabhängigkeit erlangt habe und frei von Unterdrückung sei. Doch die Briten brachen ihr Versprechen und ließen die Karen in Burma, als das Land 1948 unabhängig wurde. So begannen für die Karen Jahrzehnte der Unterdrückung und Diskriminierung.

Viele sind der Ansicht, die Probleme in Burma hätten 1962 begonnen, als der erste Diktator an die Macht kam, oder aber 1988, als demonstrierende Studenten in Rangun auf den Straßen massakriert wurden und eine noch viel brutalere Diktatur einsetzte. Doch die Unterdrückung der Karen gibt es seit Jahrhunderten; sie eskalierte lediglich, als Burma unabhängig wurde.

Die Karen erhielten 1948 keine gleichen Rechte, und der burmesische Premierminister U Nu sagte zu Vertretern der Karen sogar, der einzige Weg zu Rechten und Unabhängigkeit führe über Kämpfe. Die Angriffe eskalierten, ganze Karen-Dörfer wurden niedergebrannt, die Bewohner erschossen und Frauen vergewaltigt. Karen-Organisationen wurden verboten und Politiker inhaftiert. Im Januar 1949 riefen Karen-Anführer ihr Volk auf, sich mit Waffengewalt zu verteidigen. Den Freiheitskampf leitete eben die Widerstandsbewegung, die sich Karen National Union (KNU) nennt. Sie gab dem Karenland den Namen Kaw Thoo Lei –»Land ohne Übel«. Ich wurde in einem Dschungeldorf nahe Manerplaw, dem Hauptquartier des Widerstands, geboren. In unserer Sprache bedeutet Manerplaw »Feld des Sieges«.

Meine Eltern erzählten uns Kindern sehr gerne davon, wie sie auf unterschiedlichen Wegen zum Widerstand gefunden hatten. Für mich klang es sehr romantisch, auf welch verschlungenen Wegen sie sich begegnet waren.

Meine Eltern stammten ursprünglich aus ein und demselben Dorf, das tief im Inneren von Burma im Irrawaddy-Delta lag. Als mein Vater ein junger Mann war, griff die burmesische Armee das Dorf an, und er floh mit seiner Familie in den Wald, wo sie sich viele Tage versteckten. Er verlor die jüngere Schwester durch die Ruhr, und bald darauf starb seine Mutter an Pocken. Mein Vater hat diese traumatische Erfahrung nie verwunden.

Nach dem Tod von Mutter und Schwester wurde mein Vater von seinem Vater großgezogen, der eine Betelnuss-Plantage am Rand des Dorfes besaß. Die Plantage hatte den Angriff der burmesischen Armee gut überstanden. In ganz Burma wird Betelnuss gekaut, vermischt mit Limettenblättern und Betelpfeffer. Das wirkt milde stimulierend, ähnlich wie Kaffee. Mein Großvater nutzte das Geld, das er mit dem Betelverkauf verdiente, um meinem Vater eine gute Ausbildung zu ermöglichen. Nach Abschluss der höheren Schule ging mein Vater in Rangun auf die Universität. Er war neunzehn und lernte gerade für sein Geschichtsexamen, als Armeegeneral Ne Win 1962 bei einem Staatsstreich das Land unter seine Kontrolle brachte. Alle Studentenvereinigungen wurden verboten, ebenso die Gewerkschaften, und mein Vater zog an der Spitze zorniger Studenten demonstrierend durch die Straßen. Das Militär griff hart durch, und Hunderte wurden verhaftet.

Zum Glück entkam mein Vater den Soldaten. Er schloss sich der Karen National Union an, die wie alle Widerstandsgruppen nur im Untergrund operieren konnte. Sobald mein Vater sein Examen abgeschlossen hatte, stellte er sich in Manerplaw in den Dienst des Widerstands. Dort traf er meine Mutter und entdeckte auch seine frühere Zuneigung zu ihr wieder.

Als Kind besaß meine Mutter nur zwei Kleider. Sie war die älteste Tochter verarmter Eltern und hatte noch sechs Geschwister. Als sie die siebte Klasse beendet hatte, waren ihre Eltern zu arm, um sie weiter auf die Schule zu schicken, und so beschloss sie, etwas zu unternehmen, um ihrer Familie zu helfen.

Meine Mutter hatte gehört, dass die Karen National Union Kurse anbot, um sich zur Krankenschwester ausbilden zu lassen. Die Ausbildung dauerte zwei Jahre und war kostenlos. Meine Mutter plante, im Anschluss als Krankenschwester in ihr Dorf zurückkehren und Geld zu verdienen, damit ihre Geschwister weiter zur Schule gehen konnten.

Also verließ sie mit Zustimmung ihrer Eltern das Dorf und begann ihre Ausbildung. In dieser Zeit musste sie viele verwundete Soldaten und Menschen behandeln, die bei Angriffen der burmesischen Armee verletzt worden waren. Doch nach ihrem Aufenthalt bei der Karen National Union war es zu gefährlich für sie geworden, wieder in ihr Dorf zurückzukehren, und so wurde sie Mitglied der Karen National Union. Sie war erst Anfang zwanzig und sollte ihr Heimatdorf nie wiedersehen.

Zunächst leistete sie in der südwestlichen Deltaregion Dienst in einer Militäreinheit. Die Kommandanten erkannten ihr Talent und ihren Eifer, und sie wurde zur Befehlshaberin einer Kompanie Soldatinnen befördert. Als die burmesische Armee immer mehr Truppen in die Region schickte, erließ das Hauptquartier den Befehl, sich zurückzuziehen und den Hauptstreitkräften im Osten des Landes anzuschließen.

Meine Mutter war todunglücklich, als sie das Delta verlassen musste, denn sie fürchtete, ihre Eltern nie wiederzusehen. In der Kultur der Karen sind die Eltern auf die Kinder angewiesen, wenn sie alt und gebrechlich werden, und so hatte meine Mutter schreckliche Schuldgefühle. Es gab keine direkte Route, auf der die Einheit meiner Mutter, das Delta-Bataillon, zur Haupttruppe im Osten gelangen konnte, und ihr Marsch führte sie durch unbekannte Gegenden. Meine Mutter ahnte nicht, dass dieser Marsch fünf Jahre dauern und sie vor eine der größten Herausforderungen ihres Lebens stellen sollte.

Sie waren mehrere hundert Kämpfer und marschierten nach Norden in die zerklüfteten Arakan-Berge, doch als sie immer weiter in fremdes Territorium vordrangen, wurde Nahrung knapp. Sie kamen an einen Ort, an dem Elefantenherden lebten. Elefanten haben in der Kultur der Karen einen besonderen Stellenwert, und normalerweise würde es niemandem einfallen, einen zu erschießen und sein Fleisch zu essen. Aber die Soldaten waren verzweifelt und halb verhungert, daher erschossen sie zwei Elefanten.

Doch das Delta-Bataillon umfasste etwa zweihundert Soldaten, und das Fleisch reichte kaum für alle.

Etwa um diese Zeit machte die burmesische Armee sie ausfindig. Meine Mutter befehligte ungefähr dreißig Soldatinnen. Sie war fest entschlossen, ihre Truppe vor dem Feind zu retten. Eines Morgens entfernte sie sich auf der Suche nach Nahrung vom Lager, als ihr Blick auf eine riesige Python fiel, die schlafend im Unterholz lag.

So schnell sie konnte, lief sie ins Lager zurück und erklärte ihren Soldatinnen, was sie vorhatte. Vier Frauen sollten sich an die Schlange anschleichen und sie töten.

Doch erst als meine Mutter zum Schlangennest zurückkam, begriff sie, wie gefährlich ihr Vorhaben war.

Sie zählte bis drei und sprang. Das aufgeschreckte Tier schnappte wütend nach der Angreiferin, aber meine Mutter hielt den dicken, muskulösen Nacken der Python mit aller Kraft fest.

Während meine Mutter versuchte, die Schlange zu halten, schlugen die anderen Frauen mit Bambusstöcken auf die Python ein, bis sie das riesige Tier endlich überwältigt hatten.

Meine Mutter liebte die Geschichte vom Kampf mit der Python. Sie erzählte sie uns gerne abends, wenn mein Vater fort war und Say Say, Bwa Bwa, Slone und ich neben ihr am Kochfeuer saßen. Sie spielte den Kampf nach, und wir Kinder lauschten gebannt und staunten über ihren Mut. Sie war eine weichherzige, liebevolle Mutter, und ich fragte mich oft, wie sie einmal so wild gewesen sein konnte.

Das Fleisch der Schlange reichte nicht lange, nur ein, zwei Tage später musste meine Mutter wieder mit einigen ihrer Soldatinnen auf Nahrungssuche gehen. Doch als sie zurückkehrten, fanden sie den Kommandeur getötet: Die burmesische Armee hatte das Lager überrannt.

Verzweifelt marschierten sie weiter und erreichten schließlich die burmesische Zentralebene. Nun mussten sie nur noch den Sittaung-Fluss überqueren, dahinter lag das östliche Hochland, das von Karen-Truppen kontrolliert wurde.

Es war Regenzeit, und der Sittaung war zu einem reißenden Fluss angeschwollen, durch den man unmöglich waten konnte. Deshalb begannen sie, Flöße zu bauen. Meine Mutter befahl ihren Soldatinnen, schnell zu arbeiten, weil sie befürchtete, dass die burmesische Armee ihnen auf den Fersen war. Ein Platzregen setzte ein, der auf die Blätter trommelte. Je stärker es regnete, desto schwerer wurde es, die Bambusrohre zu schneiden und zu Flößen zusammenzubinden. Sie mussten Seile aus Bambusfasern flechten und Paddel aus gespaltenen Bambusrohren herstellen. Endlich stieß meine Mutter das erste Floß in die starke Strömung, die anderen kletterten hinauf und paddelten auf das gegenüberliegende Ufer zu. Doch gerade als sie mitten auf dem Fluss waren, peitschten im Dschungel hinter ihnen Schüsse. Die burmesischen Soldaten hatten sie gefunden.

Meine Mutter, die noch am Ufer stand, rief Freiwillige auf, einen letzten Verteidigungsgürtel zu bilden. Die restlichen Soldaten kletterten auf ein bereits überfülltes Floß. Als sie sich abstießen, befahl meine Mutter den Freiwilligen am Ufer durch Zuruf, über den Fluss zu schwimmen. Die meisten hatten jedoch noch nie einen so breiten und reißenden Strom gesehen. Vielen gelang es nicht, das rettende Ufer zu erreichen. Am Ende waren fünfzehn im Fluss ertrunken, darunter auch einige aus der Truppe meiner Mutter.

Meine Mutter gab sich die Schuld an ihrem Tod. Sie erzählte mir oft, dass sie diese Verluste nie verwinden konnte, sie gingen ihr lange nach.

Aber die Toten hatten ihr Leben nicht umsonst geopfert, erklärte meine Mutter uns. Wenige Monate nach der unseligen Flussüberquerung erreichten sie und ihre Soldaten sicheres Karen-Territorium, das Kernland des Widerstands. Endlich hatten sie es geschafft.

Für mich war meine Mutter die mutigste Frau der Welt. Aber ich fragte mich doch, warum sie die Python nicht einfach erschossen hatte. Eines Tages fragte ich sie danach. Da erklärte sie mir, wie knapp die Munition gewesen war. Sie war rationiert und durfte nur verwendet werden, um einen Feind zu töten. Auf eine Python zu schießen hätte als fahrlässige Pflichtverletzung gegolten.

Meine Mutter war zweiunddreißig, als mein Vater und sie sich in Manerplaw wiedersahen. Und mein Vater begann, seine ehemalige Spielkameradin aus dem Heimatdorf auf eine sehr romantische Weise zu umwerben.

Normalerweise schrieb ein Mann der Frau, die er mochte, einen Brief. Darin stand dann schlicht: »Ich empfinde Liebe für dich, empfindest du dasselbe für mich?« Der Mann suchte sich einen Boten, der die Nachricht überbrachte, und das Kennenlernen fand durch den Austausch solcher Briefe statt. Wenn sie sich wirklich gern hatten, trafen sie sich schließlich.

Mein Vater jedoch verhielt sich anders, er tat Dinge, die kein Karen-Mann normalerweise tun würde. Er pflückte meiner Mutter Blumen und brachte sie ihr selbst, er schrieb romantische Gedichte und schenkte ihr ein Kopfkissen mit einer aufgestickten Liebesbotschaft. Die Karen-Tradition kennt das Verschenken von Kopfkissen unter Liebespaaren – auf das Kissen legt das Paar vielleicht am Ende die Köpfe. Aber üblicherweise schenkt die Frau dem Mann ein Kissen, nicht umgekehrt! Mein Vater war sehr romantisch veranlagt, und mit der Zeit eroberte er ihr Herz.

Meine Eltern heirateten 1976. Mein Vater war stolz auf die Art und Weise, wie er die Liebe meiner Mutter errungen hatte. Er erzählte uns oft davon. Und er brachte meiner Mutter zeitlebens immer wieder duftende Blumensträuße.

Als meine Eltern sich wiedergetroffen und verliebt hatten, war meine Mutter längst keine Soldatin mehr, sondern arbeitete als Pressebeauftragte für die Karen National Union. Doch trotz der harten Jahre im Dschungel war meine Mutter ein sanftmütiger, freundlicher Mensch geblieben. Sie hat die Tricks, die sie als Widerstandskämpferin lernte, allerdings nie vergessen. Nicht selten gab es bei uns Schlangen-Curry, auch wenn nie das Fleisch einer riesigen Python in der Schüssel lag. Die meisten Schlangen, die wir aßen, waren ungefähr armlang und wurden im dichten Unterholz des Dschungels gefangen, der unser Dorf umgab. Meine Mutter räucherte das Schlangenfleisch über dem Kochfeuer, bevor sie es mit Zwiebeln, Knoblauch, Salz und Chili in Öl anbriet. Das gebratene Fleisch schmeckte wie eine Mischung aus Huhn und Fisch und war sehr lecker.

Giftige Schlangen aßen wir nicht, obwohl es in unserer Umgebung viele gab, denn wir hatten Angst, ihr Gift würde uns schaden.

Doch die eigentliche Gefahr ging nicht von den Giftschlangen aus, sondern von der zunehmenden Dunkelheit des Krieges.

3

Die Schweine-Zeremonie

Gemessen an dem, was im Rest von Burma geschah, war unser Dorf eine Oase der Ruhe. Es schmiegte sich ans Ufer des Mu Yu Klo, eines Nebenflusses des mächtigen Moei. Der Moei, ein tiefes Gewässer von einem dunklen Smaragdgrün, wird von hoch aufragenden Bergen gesäumt. Unsere Gegend war nicht so bergig, der Mu Yu Klo ist seichter und sein helles Wasser jadegrün. Manerplaw lag nur eine Stunde Fußweg von unserem Dorf entfernt auf der anderen Seite des Teak-Bergs. Auf einer Seite des Dorfes lag der Fluss, auf der anderen eine steil ansteigende, von Dschungel bewachsene Bergflanke. Das Dorf bestand aus Bambushütten, die sich am Flussufer entlangzogen. Unsere Hütte stand auf Pfählen zwei Meter über dem Erdboden, und eine Bambusleiter führte zu ihr hinauf. Der Platz darunter wurde als Holzlager und Tiergehege genutzt.

Niemand hatte Schlösser an den Türen. Wozu hätte das gut sein sollen? Unsere Kultur beruhte auf Ehrlichkeit, und niemand hätte auch nur im Traum daran gedacht, etwas zu stehlen. Selbst wenn wir für mehrere Tage weg waren, schlossen wir nichts ab. Der einzige Grund für Riegel an den Türen waren die Hühner, die wir daran hindern wollten, ins Haus zu laufen, wenn niemand da war, und drinnen alles zu verdrecken oder die Essensreste zu fressen.

Wir hatten im Dorf auch keine Uhren. Für die Zeiteinteilung war der Hahn zuständig. Er krähte zu bestimmten Tageszeiten. Zum ersten Mal krähte er ungefähr um zwei Uhr morgens, das nannten wir *hsaw oh oh ter tablaw,* »der erste Hahnenschrei«. Er war für die Bauern das Signal zum Aufstehen, und dann wurde als Erstes der Reis für das Frühstück zerstoßen.

Um drei Uhr krähte er wieder: der zweite Hahnenschrei. Dann war es Zeit, das Frühstück zu kochen. Beim dritten Krähen um vier Uhr aßen die Bauern und gingen dann auf ihre Felder. Der Hahn hieß bei uns auch die »Karen-Uhr«.

In den meisten Jahren stieg der Mu Yu Klo während der Regenzeit über die Ufer, so dass sich schlammiges braunes Wasser gurgelnd ins Dorf ergoss. Aber wir schliefen in unseren Pfahlhütten ruhig über den Fluten.

Meine Mutter arbeitete die Woche über in Manerplaw und musste uns im Dorf zurücklassen. Während der Regenzeit gelangte sie leicht mit dem Longtail-Boot dorthin. Diese Boote sehen aus wie verlängerte Kanus, haben einen Pkw- oder Lastwagenmotor am Heck und einen langen Ausleger mit einer Schiffsschraube am Ende. Gewöhnlich waren Karen zu Fuß oder in Einbäumen unterwegs, aber in den letzten Jahren waren die Longtail-Boote zu einem beliebten Transportmittel geworden.

In der Regenzeit brauchte man für die Fahrt nach Manerplaw auf dem Fluss ungefähr dreißig Minuten, da das Wasser tief und die Boote daher leicht zu navigieren waren. In der Trockenzeit dauerte es länger, denn der Bootsführer musste sich einen Weg durch die Untiefen suchen. Manchmal war der Fluss für Longtail-Boote unpassierbar, und meine Mutter musste zu Fuß über den Teak-Berg gehen, eine gefährliche Route, denn im Dschungel lebten wilde Elefanten.

Meine Eltern hatten unser Haus eigenhändig gebaut. Überhaupt war mein Vater ein sehr begabter Handwerker, er zimmerte auch für Freunde und Nachbarn Tische, Stühle und Betten. Aus jungem, biegsamem Bambus fertigte er riesige Hüte an, in die er Blätter wob. Sie waren dazu gedacht, den gesamten Körper zu schützen – vor Sonne oder Regen, je nach Jahreszeit.

Eines Tages nahm mich mein Vater mit in den Dschungel, um mir zu zeigen, wie man Bambus schneidet. Das war eine wichtige Lektion, denn Bambus ist ein zentrales Element im Leben der Karen. Wir bauen mit ihm den Fußboden, die Wände und die

Decke unserer Hütten. Wir konstruieren mit ihm Brücken über die Flüsse. Wir verwenden ihn als Brennmaterial, für Wasserleitungen und Wasserbehälter und für unsere Möbel. Wir benutzen Bambusstangen als Waffen, und Bambusblätter sind die Lieblingsspeise der Elefanten.

Bambus ist das Herz des Karen-Volkes, und wir haben viele Namen für die verschiedenen Bambusarten, die man im Dschungel findet. Es gibt zum Beispiel Wa Glu, schlicht und einfach die größte Bambusart, die man findet, oder Wa Blaw, eine Art, bei der die einzelnen Abschnitte besonders lang sind.

Es gibt sogar einen Volkstanz mit dem Namen *ta si kli*, »Bambustanz«. Dabei werden zwei Bambusstangen parallel zueinander auf den Boden gelegt, und an jedem Ende steht ein Mann. Die Männer heben die Bambusstangen gleichzeitig hoch und schlagen sie gegeneinander, wodurch ein hohles, knallendes Geräusch entsteht. Die Tänzer müssen im Rhythmus der Schläge springen und dabei aufpassen, dass ihre Knöchel nicht getroffen werden.

Aber Bambus nützt nur denjenigen etwas, die sich mit ihm auskennen. Er wuchs in meterhohen Hainen im Dschungel um das Dorf. Mein Vater zeigte mir, wie man mit einer *gheh*, einer »Machete«, die kleineren Blätter und Triebe abhackt, damit man an die besten Rohre herankommt. Oft musste derjenige, der den Bambus schneidet, den Stamm hinaufklettern und ihn auf halber Höhe abschneiden. Denn wenn er an der Basis abgehackt wurde, konnte er umfallen und jemanden verletzen oder gar töten.

In der Trockenzeit half ich meinen Eltern, im Dschungel Feuerholz zu sammeln und es unter dem Haus zu verstauen. Wenn der Platz unter dem Fußboden gefüllt war, baute mein Vater eine Außenwand aus Feuerholz um unsere Hütte herum. So wurde der Regen abgehalten, und das Holz im Inneren blieb trocken.

Die Wände unserer Hütte bestanden aus flach geklopften Bambusstücken. Erst musste man sich ausrechnen, wie lang das Stück sein sollte, das man brauchte, und wie viele Bambushalme man brauchte. Nachdem der Bambus zurechtgeschnitten war, legte man ihn auf den Boden und markierte ihn der Länge nach mit einer Machete. Man spaltete ihn und entfernte das Mark. Dann nahm man einen großen Stein und rollte ihn über den Bambus, bis er flach war. Wir nannten die Bambusbretter, die auf diese Weise entstanden, *pu dah*. Damit sie haltbarer wurden, legten wir mehrere übereinander zum Einweichen in den Fluss, mit Steinen beschwert, damit sie nicht weggeschwemmt wurden. Dort ließen wir sie ungefähr eine Woche liegen, und in dieser Zeit wusch das Wasser den Pflanzensaft ab. Das machte den Bambus weniger attraktiv für *ta ghah*, die »Zerstörer der Dinge«, die Termiten. Termiten lieben Bambus, und ein massiver Termitenangriff hinterlässt nur krümeliges Pulver.

Das Gerüst unserer Hütte, an dem der Bambusboden und die Wände befestigt waren, bestand aus solidem Holz. Das waren meist Reststücke aus einem nahe gelegenen Sägewerk. Mein Vater nahm mich mit, wenn er solche Reststücke holen ging, aber er ermahnte mich, vorsichtig zu sein, denn es war nicht ungefährlich.

Das Sägewerk stand am Ufer eines Flusses. Das Gebäude bestand aus Holzbalken und einem Blätterdach. Die Baumstämme wurden ein Stück flussaufwärts geschlagen und beim Sägewerk aus dem Wasser geholt. Zahme Elefanten zogen sie vom Ufer hoch, damit sie im Sägewerk zu Brettern gesägt werden konnten. Auf einer Seite lag ein großer Stapel Restholz. Die Arbeiter warfen Holzabfälle auf diesen Stapel, der immer höher wurde. Die größte Gefahr beim Holzholen war, dass man von den Arbeitern inmitten der Holzmengen übersehen wurde. Sie warfen Holzbretter, und man musste ihnen ausweichen, damit man nicht getroffen wurde. Die andere ›Gefahr‹ war, dass ich den Elefanten nur zu gerne bei der Arbeit zusah. Ich stand da und träumte vor mich hin und vergaß vor lauter Begeisterung, Holz zu sammeln!

Elefanten haben in der Kultur der Karen einen ganz besonderen Platz. Praktisch alles, was wir brauchten, stellten wir aus Bambus her, und für all unsere Transportbedürfnisse gab es den Elefanten.

Ein Mann, der einen Elefanten besaß, hieß bei uns *theh hti*, »reicher Mann«. Elefanten können sehr lange leben, länger als Menschen sogar. Gewöhnlich hatte ein *theh hti* seinen Elefanten von seinem Vater geerbt. Nur selten wurde ein junger Elefant im Dschungel gefangen. Natürlich ist es alles andere als leicht, einen Elefanten zu fangen. Man muss erst eine Grube graben und sie mit Zweigen zudecken. Dann treibt man Elefanten auf die Grube zu und hofft, dass einer hineinfällt. Anschließend kann man beginnen, ihn zu zähmen.

Unser Dorf hatte seinen eigenen Elefanten, und zwar eine Elefantenkuh namens Mo Ghay Bay, sie hieß also »die Elefantenkuh mit der schönen Haut«. Mo Ghay Bay hatte vor allem die Aufgabe, schwere Holzlasten aus dem Dschungel zu ziehen, damit sie zu Feuerholz verarbeitet werden konnten. Mo Ghay Bay lebte in einem mit Blättern gedeckten Elefantenhaus aus Bambus am Rand des Dorfes. Sie konnte unter dem Dach im Trockenen bleiben oder herumwandern und nach jungen Bambusblättern suchen, die sie besonders liebte.

Mo Ghay Bay hatte einen Wärter, den alle Ka Hsaw Kwah nannten, den »Elefantenmann«. Er war es auch, der ihr den Namen »Elefantenkuh mit der schönen Haut« gegeben hatte. Seine Aufgabe war es, sich um Mo Ghay Bay zu kümmern und dafür zu sorgen, dass sie immer sauber geschrubbt, gesund und wohlgenährt war.

Dass wir mit einer Elefantenkuh im Dorf aufwuchsen, kam uns völlig normal vor. Sie war sehr sanftmütig, und wir spielten Fangen um ihre Beine herum. Sie tat uns nie etwas, nicht einmal dann, wenn wir ihr im Weg waren. Mir kam nie in den Sinn, dass Mo Ghay Bay eigentlich ein seltsamer Name für einen Elefanten war. Die Vorstellung, dass ein Elefant schön sein konnte, war für mich irgendwie ganz in Ordnung.

Mo Ghay Bay war älter als die meisten Menschen in Per He Lu, und das Dorf betrachtete sie deshalb wie eine weise alte Großmutter. Es gab keine Fahrzeuge und keine Straßen durch den Dschungel um uns her, deshalb musste alles von einem Elefanten oder auf dem Fluss transportiert werden. Manchmal kamen Elefanten aus Nachbardörfern und halfen Mo Ghay Bay bei der Arbeit. Es freute uns, wenn sie andere Elefanten als Gesellschaft hatte.

Unser Haus stand etwa in der Mitte des Dorfes, gleich neben dem Dorfplatz. Bambusstufen führten nach links in ein Wohnzimmer, nach rechts in das Schlafzimmer. Wir schliefen auf Binsenmatratzen auf dem Fußboden. Wenn mein Vater zu Hause war, schlief er an der Tür, damit die Ungeheuer sich nicht ins Haus trauten. Ich wollte immer neben ihm liegen und überließ meinen Geschwistern gerne die Plätze neben meiner Mutter, denn dann hatte ich meinen Vater für mich.

Als Kleinkind schlief ich am liebsten auf seiner Brust, den Kopf auf seinen Kopf gelegt. Wir hatten keine Windeln, und wenn ich nachts pinkeln musste, bekam er alles ab. Morgens musste er dann erst einmal seine Kleider und die Decke waschen. Aber mein Vater war nie wütend auf mich. Als ich etwas älter war, weckte er mich mitten in der Nacht und brachte mich zum Pinkeln nach draußen.

Rechts neben unserem Schlafzimmer gab es ein freies Zimmer, in dem für Gäste zwei Bettgestelle aus Bambus standen. Im hinteren Teil des Hauses befand sich die Küche. Die Kochstelle bestand aus drei Steinen, die im Dreieck auf dem Lehmboden plaziert waren. Zum Kochen wurde Feuerholz zwischen die Steine geschoben und ein Kochtopf darauf gestellt.

Über der Kochstelle befand sich ein Gestell, auf dem Lebensmittel wie Chili, Gemüse, Fleisch und Pilze getrocknet wurden. So konnten wir Nahrungsmittel konservieren. Mein Vater legte auch seine selbstgeflochtenen Hüte zum Haltbarmachen darauf. Meistens übernahm meine Mutter das Kochen, aber mein Vater mischte sich ständig ein.

Wenn meine Mutter ein Hühnchen-Curry zubereitete, briet sie Fleisch mit Zwiebeln, Knoblauch, Kurkuma, Öl, Chili, süßem Basilikum und Zitronengras an. Doch kaum hatte sie sich umgedreht, probierte mein Vater und warf noch mehr Zutaten in den Topf, zum Beispiel Salz und Zitronen. Wenn meine Mutter ihn erwischte, schimpfte sie ihn aus, aber es war immer nur Spaß. Ich glaube sogar, er tat das alles nur, um sie zu necken!

»Du! Andauernd mischst du dich ein!«, schalt meine Mutter. »Willst du mir etwa beibringen, wie man kocht?«

Mein Vater lachte. »Nein, nein – es ist andersherum. Ich bin nicht dein Lehrer – du bist meiner!«

Einmal gab mein Vater Salz aus einer Flasche neben der Feuerstelle in die Suppe. Als meine Mutter wieder in den Topf schaute, schäumte die Suppe. Sie konnte sich das nicht erklären, bis sie den Inhalt der »Salzflasche« probierte. Sie enthielt kein Salz, sondern Waschpulver! Ihr blieb nichts anderes übrig, als den Topfinhalt komplett wegzuwerfen!

»Ich fasse es nicht!«, rief sie aus. »Waschpulver in der Suppe! Wer verwechselt denn Waschpulver mit Salz!«

Wir warteten hungrig auf unser Essen, und nun war die Suppe ruiniert! Aber es war so komisch, dass meine Mutter herzhaft lachen musste. Sie lachte wie ich, ihr Gelächter klang wie spitze Vogelschreie. Trotz unseres Hungers wirkte ihr Lachen ansteckend. Man musste schließlich alles auch von seiner komischen Seite sehen.

Zum Essen saßen wir alle um einen runden Holztisch auf dem Boden. Wir durften sitzen, wo wir wollten, und bei den Mahlzeiten ging es sehr locker zu. Bei den Karen wird während der Mahlzeiten wenig oder nicht gesprochen, die Zeit für Gespräche kommt später. Normalerweise aßen wir eine Suppe und dann einen Salat aus Wasserspinat, Gurke und Tomaten. Der Hauptgang bestand meist aus Hühner- oder Schweinefleischeintopf. Wenn mein Bruder Say Say beim Fischen gewesen war, gab es auch mal ein Fischgericht.

Zu jeder Mahlzeit gehörten unweigerlich Chilipulver und Fischpaste. Ob Frühstück, Mittagessen oder Abendessen, das gehörte immer dazu. Wir zogen unsere eigenen Chilischoten und zerstießen sie im Mörser.

Fischpaste esse ich besonders gerne. Der fermentierte Fisch ist breiig und riecht durchdringend, und die meisten Leute aus westlichen Ländern mögen ihn nicht. Bei den Karen jedoch ist Fischpaste sehr beliebt.

Jeder aß aus seiner eigenen Holzschale. Zu besonderen Anlässen benutzten wir die, die mein Vater geschnitzt hatte, aber wir hatten Angst, sie zu beschädigen, denn sie waren sehr kostbar für uns. Wir nahmen uns Reis, Curry und Chili und mischten alles mit den Händen, und dann schoben wir uns die Bissen in den Mund.

Wenn meine Eltern nicht zu Hause waren, mussten wir mit dem Essen warten, bis Say Say aus der Schule zurückkam. Er war als Einziger alt genug, um Feuer zu machen und Essen zuzubereiten. Aber zuerst mussten wir Say Say helfen, die Hühner und Enten zu füttern und das Futter für die Schweine – gewöhnlich Bananenschösslinge – zu Brei zu stampfen. Say Say hatte nichts dagegen, für uns zu kochen, und er kümmerte sich um uns, so gut er konnte.

An den meisten Abenden brachte Say Say nur Reis, Fischpaste und einen Salat aus Wasserspinat zustande, aber das reichte uns. Wenn er, was selten vorkam, mehr Zeit hatte, kochte er seine Spezialität: ein reichhaltiges Hühnchen-Curry. Aber dafür brauchte er Fleisch, und Fleisch gab es nicht oft. Die Grundnahrungsmittel für Frühstück, Mittag- und Abendessen waren Reis und Fischpaste. Wir freuten uns auf die Wochenenden, wenn Mutter nach Hause kam, denn dann kochte sie uns immer etwas Besonderes. Aber selbst bei ihr gab es nur zwei Mal im Monat Fleisch.

An den Wochentagen stand Say Say sehr früh – beim dritten Hahnenschrei – auf und machte sich an seine erste Haushaltspflicht, die darin bestand, Reis zu stampfen. Unter dem Haus stand ein altertümlicher Reismörser, den mein Vater aus Holz angefertigt hatte. Er bestand aus einem Holztrog, in den der Reis geschüttet wurde, und einer langen Holzstange mit einem Schwingarm. Say Say musste sich ans Ende der Stange stellen, sie mit aller Kraft hochstemmen und auf den Reis fallen lassen. Ein Stück Hartholz, das im rechten Winkel an der Stange angebracht war, krachte auf den Reis hinab und löste die Hülse vom Kern.

Der Fall der Holzstange verursachte ein langsames, rhythmisches Bumm-Bumm-Bumm. Das Geräusch hallte durch das schlafende Dorf und wurde von den Bäumen und dem aus dem Fluss aufsteigenden Nebel gedämpft. Das einzige Problem war, dass Say Say nicht schwer genug war, den Schwungarm alleine zu bedienen. Mein kleiner Bruder Slone war noch zu klein und zu leicht, und meine Schwester war zu groß, nur ich hatte genau die richtige Größe.

Deshalb weckte Say Say mich frühmorgens, band mich auf seinem Rücken fest und fing an, den Reis zu stampfen. Dabei sang er mich wieder in den Schlaf:

Schlaf, schlaf, meine Kleine Schwester ...
Schlaf, schlaf, meine Kleine Schwester ...
Schlaf, schlaf, meine Kleine Schwester ...
Schlaf.

Bis er genug Reis für den Tag gestampft hatte, schlief ich schon wieder tief und fest. Als Nächstes trennte Say Say die Spelzen von den Reiskörnern. Dazu hielt er sich einen breiten, flachen Korb über den Kopf und ließ den Inhalt herausrieseln. Im Fallen lösten sich die leichteren Spelzen und wurden weggeweht, und die schwereren Körner sammelten sich in einem zweiten Korb, der auf dem Boden stand. Dann blies er auf die Glut in der Kochstelle, fächelte das Feuer an und kochte den Reis für den kommenden Tag.

Um sieben war Say Say schon auf dem Weg zur Schule. Bwa Bwa, Slone und ich wachten ungefähr um diese Zeit auf und aßen, was er für uns bereitgestellt hatte. Wir zogen Say Say gerne damit auf, dass er zu dünn war, um den Reis ordentlich zu stampfen. Aber als Bwa Bwa, Slone und ich größer wurden, mussten auch wir uns hänseln lassen, denn keinem von uns fiel es leichter.

Meine Familie hatte nur wenige Habseligkeiten und wenig Geld. Wir arbeiteten auf unserem eigenen Reisfeld und im Gemüsegarten und hielten Hühner, Schweine und Enten. Ich liebte die Hühner, besonders wenn sie ihre Küken ausbrüteten. Dann ging ich mit ein paar Reiskörnern ins Hühnerhaus, setzte mich aufs Stroh, streckte die Hand aus, lockte sie mit leisem Schnalzen an und ließ sie den Reis aus der offenen Hand picken.

Aber die Enten und Hühner meiner Mutter scharrten auch mit Vorliebe in den geliebten Blumenrabatten meines Vaters. Er hatte um unsere Hütte herum kleine Blumengärten angelegt, sie waren sein ganzer Stolz. Außerdem hatte er einen kleinen Fischteich ausgehoben und ihn mit Kieselsteinen aus dem Flussbett ausgekleidet. Der Teich diente nur zur Zierde, und die Fische konnte man nicht essen. Mein Vater war der romantische und intellektuelle Elternteil, wogegen meine Mutter die praktische, pragmatische Seite der Partnerschaft verkörperte.

Natürlich setzten die Enten meiner Mutter alles daran, die Fische meines Vaters zu fangen. Und wenn er bei der Arbeit war, wurde der Teich vernachlässigt. Eines Morgens entdeckten Bwa Bwa und ich, dass das Wasser eine hässliche grüne Färbung angenommen hatte und die Fische tot waren. Meine Mutter war in Manerplaw, und so holten wir die toten Fische selbst heraus. Es schien uns eine Verschwendung, sie wegzuwerfen, also kochte Say Say sie zum Abendessen.

Da der Teich kein Fischteich mehr war, beschlossen Bwa Bwa und ich, ihn zu unserem Privatschwimmbecken zu machen. Wir schwammen jeden Tag darin und freuten uns über »unseren« Swimmingpool. Schließlich wurde das Wasser so trübe und roch so schlecht, dass wir damit aufhören mussten. Einige Monate später kam mein Vater nach Hause und fand nur noch eine vertrocknete, fischlose Grube vor. Natürlich gab niemand zu, die Fische gegessen zu haben.

Niemand in unserem Dorf war wohlhabend, und wir taten unser Möglichstes, gegenseitig unsere Not zu lindern. Einer der Höhepunkte des Jahres war *dut htaw hee koh*, »die Zeit, das Haus mit Blättern zu bedecken«. Das fand immer vor Beginn der Regenzeit statt und lieferte den Beweis, wie viel leichter das

Leben war, wenn alle an einem Strang zogen. Im Dorf sprach sich beispielsweise herum, dass es für Familie Soundso so weit war, ihr *dut htaw hee koh* zu machen. Niemand versprach zu kommen – alles ging sehr informell zu –, aber an dem betreffenden Tag waren immer genügend Helfer zur Stelle.

Das Dach musste jedes Jahr neu gedeckt werden, und jeder war bestrebt, die gesamte Arbeit innerhalb eines Tages zu erledigen. Sehr früh am Morgen gingen wir in den Dschungel und sammelten die Blätter des *tur lah*, des »Baums der Blätter«. Die Blätter wurden in geflochtenen Bambuskörben gestapelt, an denen Riemen befestigt waren. Diese Riemen legte man sich um die Stirn, und jeder Erwachsene trug aus dem Wald einen Korb voller Blätter auf dem Rücken zur Hütte.

An Ort und Stelle angekommen, wurde der Korb geleert und die Blätter wurden flach auf dem Boden ausgebreitet. Jedes war ungefähr so groß wie ein Kuchenteller. Wir holten Wasser in Schüsseln, besprengten die Blätter und beschwerten sie mit Steinen. So hielten sie länger als Dachmaterial, aber die Nässe zerstörte auch schnell ihre Schönheit.

Wenn unser Dach gedeckt wurde, kletterten Vater und Say Say als Erste auf das Gerüst, während wir unten die Blätter vorbereiteten. Nach und nach trafen die kräftigsten Männer und Jungen des Dorfes ein. Jedes Blatt wurde einzeln hochgereicht und mit dem Stiel über einen Dachsparren aus Bambus gehakt. Die Stiele wurden mit Bambusseil an dem Sparren festgebunden, damit sie besser hielten. So entstand eine Blätterreihe nach der anderen, wobei sich die Reihen überlappen mussten.

Meine Mutter kochte währenddessen ein spezielles Gericht, ein Kürbis-Hühnchen-Curry. In der Karen-Tradition bewirtet man damit all jene, die beim Dachdecken helfen. Meine Mutter achtete darauf, dass sämtliche Helfer genug zu essen bekamen. Je mehr Leute kamen, desto schneller wurde das Dach fertig – aber desto mehr brauchte man auch von dem Kürbis-Hühner-Curry! Die Leute plauderten, erzählten sich Witze und lachten viel, und manchmal arbeiteten die Helfer auf dem Dach in einem anderen

Tempo als die unten, und das Dach wurde auf einmal schief. Dann mussten Helfer aus einer Gruppe zur anderen wechseln. Bei Anbruch der Nacht war das Dach fertig.

Solche gemeinsamen Aktivitäten waren der soziale Klebstoff, der das Dorf zusammenhielt. Jedes Jahr im August aber versammelte sich das ganze Dorf zu dem wichtigsten Ereignis des Karen-Kalenders, dem »Monat des Verknüpfens der Handgelenke«. Diese Zeremonie findet gleichzeitig mit der »Zeremonie des Schweine-Berührens« statt.

Das war eine bittersüße Zeit für unsere Familie. Einerseits genossen wir es, wie diese Zeremonien unsere Identität als Karen festigten. Auf der anderen Seite erinnerten sie meine Eltern daran, wie vollständig sie von ihrem Heimatdorf und ihren Verwandten abgeschnitten waren.

Beide Zeremonien sind von ihrem Ursprung her animistisch. Zur »Handgelenk-Zeremonie« fand sich das ganze Dorf im nahe gelegenen Kloster ein. Die Älteren saßen in einer Reihe ganz vorne, die jungen Leute ihnen gegenüber. Dazwischen standen Körbe voller leckerer Speisen – Kokosnüsse, süßer Klebreis und köstlicher Bambus-Reis, der auf spezielle Weise in Bambus geröstet wird.

Die Älteren blieben auf ihren Plätzen sitzen, und die Jüngeren standen auf und stellten sich vor sie. Dann banden die Älteren eine nach Art der Karen geknüpfte weiße Schnur um die Handgelenke der vor ihnen Stehenden. Anschließend sprachen sie einen Segen und riefen den Geist des Jungen oder Mädchens an, damit er oder sie im kommenden Jahr vom Glück begünstigt war.

»Geist, komm zurück, komm zurück in den Körper«, sagte die ältere Person. »Geist, komm zurück zu diesem Jungen, in Frieden und in Hoffnung, um dem Körper langes Leben, Gesundheit und Glück zu verleihen. Bleib nicht unter dem Bambus oder dem Baum, sondern komm zurück in den Körper.«

Währenddessen streichelte der Sprecher die Schnur am Handgelenk des Jüngeren. War der Segen zu Ende gesprochen, vollzog der Jüngere die gleiche Handlung bei dem Älteren. Erst wenn alle auf diese Art gesegnet worden waren, begannen wir mit dem Festmahl, und die Erwachsenen tranken Reisschnaps und Reiswein. Das Essen und Trinken zog sich üblicherweise bis weit in die Nacht hinein.

Nach der Dorfzeremonie folgte eine private Familienzusammenkunft, die *aw gheh* genannt wurde, eben jene »Zeremonie des Schweine-Berührens«. Das war für viele Familien eine sehr schmerzliche Zeit. Entscheidend war, dass alle lebenden Familienmitglieder in das Elternhaus zurückkehrten. Wenn Familienangehörige abwesend waren, konnten deren Geister keine Heimat mehr finden. Das ist in einer animistischen Kultur etwas sehr Schlimmes; es gab kaum etwas Traurigeres für eine Familie, als zu *aw gheh* nicht zusammen zu sein.

Aber natürlich war es meinen Eltern unmöglich, in die Heimat ihrer Familie zurückzukehren. Als sie Widerstandskämpfer wurden, hatten sie alle Familienbindungen kappen müssen. Mit einer Familie, die Verbindung zum Widerstand hatte, kannte das burmesische Regime kein Erbarmen.

Meine Eltern lebten mittlerweile seit Jahren von ihren Familien getrennt, und die ganze Zeit über hatten diese keine richtige Zeremonie mehr abhalten können. Die einzige Möglichkeit bestand darin, eine Zeremonie abzuhalten, bei der die fehlenden Familienmitglieder ausgestoßen wurden, aber natürlich widerstrebte es Eltern, ihren Kindern dies anzutun.

Eines Tages besuchte uns eine Cousine meiner Mutter. Sie hatte Monate gebraucht, uns zu finden, denn sie hatte von Dorf zu Dorf wandern und sich nach dem Aufenthaltsort meiner Mutter erkundigen müssen. Ihre Familie wusste zwar, dass sie sich dem Widerstand angeschlossen hatte, aber sie hatte keine Ahnung, wo sie wohnte und ob sie überhaupt noch am Leben war. Diese Cousine fragte nun meine Mutter, ob sie bereit sei, nach Hause zu kommen, damit eine richtige Zeremonie abgehalten werden konnte.

Ich war damals noch sehr jung, aber ich erinnere mich noch, wie traurig meine Mutter war. Sie hätte ihre Eltern und Geschwister so gerne wiedergesehen, aber sie war hin- und hergerissen.

»Was wird geschehen, wenn ich versuche, nach Hause zu gehen?«, fragte sie sich. »Vielleicht sehe ich meine Kinder nie wieder!«
Der Gedanke, sie zu verlieren, erschreckte uns sehr, und wir
wollten sie nicht fortlassen.
Ich erzählte meiner Mutter von einem Traum, der mir wie eine
Vorahnung erschienen war: Ich hatte geträumt, dass meine Mutter verschwunden war. Mein Vater war bei der Arbeit, und sie
hatte uns vier – Say Say, Bwa Bwa, Slone und mich – allein gelassen. Es war Abend, wir waren hungrig und einsam, aber meine
Mutter kam nicht. Ich war traurig und verängstigt, weil ich so an
ihre Gegenwart gewöhnt war.
Wir vier saßen wartend an der Tür, während der Himmel sich ver-
dunkelte und die Nacht mit all ihren Ängsten und Unsicherhei-
ten hereinbrach. Wir fragten uns, ob wir ins Bett gehen und abwarten sollten, ob sie am folgenden Tag käme, aber ich wusste,
dass ich nicht einschlafen würde. Ich fühlte mich völlig verlassen.
Auf einmal tauchte meine Mutter aus der Dunkelheit auf. Sie
trug ein Bündel langer Blätter, wie wir sie zum Dachdecken benutzen. Ich rannte auf sie zu, umarmte sie und sagte ihr, wie
traurig wir gewesen waren, weil sie uns allein gelassen hatte.
Meine Tränen flossen unaufhaltsam.
»Pomu Sit – Kleine Tochter –, ich lasse dich nicht allein«, erwiderte meine Mutter. »Ich musste mich um Dinge für das Haus
kümmern; siehst du, ich habe neue Blätter fürs Dach mitgebracht.«
Meine Mutter machte Feuer und fing an, Reis zu kochen. Und in
diesem Moment war ich aus meinem Traum aufgewacht. Ich
hatte mich verstört umgeblickt, voller Furcht, dass mein Traum
echt wäre. Aber meine Mutter hatte die ganze Zeit neben mir
geschlafen und war von meinem Weinen aufgewacht. Sie schaute
mich verschlafen und besorgt an.
»Was ist mit dir?«, fragte sie. »Pomu Sit, hast du schlecht geträumt?«
Mir kam der Gedanke, dass ich vor Kummer verrückt werden

oder sterben würde, wenn meine Mutter mich je verließe oder starb. Aber das erzählte ich ihr nicht. Ich schluchzte nur immer weiter und weinte mich schließlich in den Schlaf.

Meine Mutter hatte mir versichert, dass sie uns nie, nie verlassen würde. Und jetzt stand sie vor der Entscheidung – und sie begriff, dass sie nicht gehen konnte, obwohl das bedeutete, dass ihre Familie sie ausstoßen würde. Natürlich wurde sie nicht wirklich ausgestoßen, und wenn sie zurückgekehrt wäre, hätte man sie gerne wieder aufgenommen. Aber dennoch war sie lange nach dieser Begebenheit noch sehr niedergeschlagen.

Da wir von unserer Großfamilie getrennt waren, entschied mein Vater, dass wir zu Hause eine eigene Zeremonie abhalten würden. Dabei wurde üblicherweise ein fettes Schwein geschlachtet und an einem Spieß über dem Feuer gebraten. Jedes Familienmitglied, vom ältesten bis zum jüngsten, berührte das Schwein, während es briet. Wir konnten uns kein Schwein leisten und nahmen deshalb einen Truthahn für die Zeremonie.

Als Ältester der Familie leitete mein Vater die Zeremonie. Er band die traditionelle weiße Schnur um mein Handgelenk und begann zu beten.

»Geist, komm zurück zu meiner Kleinen Tochter; komm zurück und mach sie gesund, mach sie glücklich und mach das Jahr, das vor ihr liegt, zu einem glücklichen Jahr. … Geist, wohne nicht unter dem Baum; Geist, bleibe nicht im Bambushain; Geist, verbirg dich nicht auf dem Gipfel des Berges. Geist, komm lieber zurück zu meiner Kleinen Tochter … Komm zurück, komm zurück zu meiner Kleinen Tochter …«

Nach dem Binden und Beten aßen wir gerösteten Truthahn mit Klebreis und tranken die kühle, süße Milch aus Kokosnüssen, denen man die Spitze abgeschlagen hatte. Den Truthahn ›berühren‹ konnten wir aber nicht, denn dieser Teil der Zeremonie *musste* mit einem Schwein vollzogen werden.

Mein Vater war unerbittlich: ›Berühren‹ durfte man nur ein Schwein. Alles andere war nicht gut genug.

4

DIE BAMBUSMENSCHEN

Als ich drei Jahre alt war, gingen wir einmal in den Dschungel, um ein Stück Land für den Reisanbau zu roden. Bwa Bwa, Slone und ich waren noch zu klein für diese Art von Arbeit, deshalb blieben wir unten am Hang und spielten. Wir beschlossen, aus Bananentrieben Spielzeuggewehre zu basteln. Wir hatten kein richtiges Spielzeug, aber die Bananentriebe waren so weich, dass man etwas aus ihnen formen konnte, und gleichzeitig so hart, dass sie eine Weile hielten. Wir hatten Proviant dabei, und ich holte ein Messer hervor, mit dem ich den Abzug und den Lauf meines Gewehrs schnitzen wollte.

So klein ich war, so vertraut war mir der Anblick von Karen-Soldaten, die mit der Waffe über der Schulter durch das Dorf marschierten, und so wusste ich, wie Gewehre aussahen. Doch als ich den Lauf meines Gewehrs schnitzen wollte, rutschte das Messer ab. Plötzlich sprudelte Blut aus meinem Finger, und ich schrie laut auf. Bwa Bwa warf einen Blick auf meine Hand und rannte los, um Hilfe zu holen.

»Komm schnell! Komm schnell!«, rief sie, sobald sie meine Mutter sah. »Kleine Schwester hat sich in den Finger geschnitten!«

Meine Mutter kam den Abhang heruntergelaufen und sah sofort, dass ich mir die Spitze des Zeigefingers fast völlig abgeschnitten hatte. Sie hing nur noch an einem Hautfetzen. Meine Mutter war entsetzt, vor allem deshalb, weil sie uns das Messer in unser Essenspaket gesteckt hatte.

»Oh meine Kleine Tochter«, rief sie. »Es tut mir so leid! Das ist mein Fehler! Ich hätte dieses Messer nicht bei euch lassen dürfen!«

Sie riss eine Handvoll Blätter von einem wild wachsenden Busch. Sie rollte sie zu einer Kompresse zusammen und wickelte sie mit einem Stück Baumwolle, das sie von ihrem Longyi abriss, eng um meinen Finger, damit die Blutung aufhörte. Zwei Wochen später entfernte sie den Verband, und mein verletzter Finger war wieder zusammengewachsen, fast so, als hätte ich ihn mir nie verletzt. Wie die meisten Karen wussten meine Eltern, welche Pflanzen aus dem Dschungel man verwenden konnte, um Krankheiten und Wunden zu heilen.

Aber am besten von uns allen kannte Say Say die Gesetze des Waldes. Als er mich die ersten Male zu Ausflügen in den Dschungel mitnahm, war ich noch fast ein Säugling, und er trug mich fest auf seinen Rücken gebunden. Er wusste alles über Nahrung aus dem Wald. Zum Pilzesammeln stiegen wir auf die Anhöhe über dem Dorf. Die beste Zeit dafür war das Ende der Regenzeit, wenn der Dschungel feuchtheiß und modrig war – das perfekte Klima für Pilze.

Say Say zeigte uns, welche man essen konnte und welche giftig waren. Aber der Hauptgewinn war der *gur toh pwi*, der »Vogelpilz«. Er wuchs an feuchten, schattigen Plätzen auf dem Waldboden und ähnelte ausgebreiteten Vogelschwingen. Eine Gruppe Vogelpilze konnte man nicht verwechseln, sie sah aus wie ein Schwarm weißer Tauben, der sich in die Luft erhebt. Das Fleisch war weich und wohlschmeckend, und ich mochte diesen Pilz am liebsten von allen.

Als mein kleiner Bruder Slone alt genug war, gingen wir vier Kinder gemeinsam Pilze sammeln. Dabei hielten wir auch nach essbaren Blättern und Wildgemüse Ausschau. Zu Beginn der Regenzeit suchten wir immer Bambussprossen. Die fanden wir in der Umgebung der Bambusgehölze, wo sie aus dem Boden ragten. Mit ungefähr dreißig Zentimetern konnte man sie noch essen, größere waren schon zu hart. Wir gruben sie ein Stück aus, bevor wir sie abschnitten, denn der beste Teil wuchs unter der Erde. Wir aßen sie entweder in Wasser gekocht und mit Pflanzenöl bestrichen, oder meine Mutter briet sie mit Zwiebeln und Knoblauch und ein paar Gewürzen. Man konnte sie aber auch auf dem Gestell über dem Feuer trocknen oder sie in Salzwasser einlegen.

Say Say wusste auch, wo man die saftigsten Früchte und die schönsten Wildblumen fand. Der Dschungel war für ihn wie ein zweites Zuhause, und er brachte uns alles bei, was er wusste. In der Abenddämmerung nahm er uns oft mit zum Heuschreckenfangen. Wir steckten die Insekten in eine Tasche und nahmen sie mit nach Hause. Am nächsten Morgen aßen wir sie als frittierten Snack – knusprig, süß und triefend von Fett. In der Regenzeit gingen wir nachts auf die Suche nach Fröschen. Wir krochen durch das dunkle Gebüsch und lauschten auf das heisere Quaken, das durch die Blätter drang. Say Say leuchtete mit einer Taschenlampe in Richtung des Geräusches, und zwei nadelkopfgroße Lichtpunkte blitzten im Dunkeln auf – die Froschaugen!

Der Frosch war vom Licht wie gelähmt. Während Say Say die Taschenlampe ruhig hielt, kroch ich auf den Frosch zu und packte ihn. Die Frösche waren dunkelgrün, glitschig und manchmal so groß wie eine Männerfaust. Wir steckten sie in einen Topf, setzten einen Deckel darauf und beschwerten diesen mit einem Stein, damit sie nicht fliehen konnten. Am Morgen warfen wir sie in kochendes Wasser, das die Frösche rasch tötete.

Am besten eigneten sich Frösche für ein Curry. Wir rösteten Knoblauch und Zwiebelscheiben mit Kurkuma und Salz an, bis die Zwiebeln goldbraun waren. Dann gaben wir die Froschteile dazu, und brieten sie, bis die Gewürze und das Salz ins Fleisch eingezogen waren. Anschließend gossen wir Wasser an, probierten und ließen das Ganze dann etwa 15 Minuten köcheln. Kurz vor Schluss gaben wir noch Zitronengras oder süßes Basilikum dazu. Das half, den fischähnlichen, stechenden Geruch des Froschs zu neutralisieren.

In der Trockenzeit, wenn es keine Frösche gab, sammelten wir Wasserschnecken. Sie saßen gern auf den glatten, mit Algen bewachsenen Steinen im Flussbett. Die größten waren etwa so groß wie ein Weinkorken. Wenn wir genug gesammelt hatten, schnitten wir die Spitze von ihrem kegelförmigen Gehäuse ab. Wir taten das aus zwei Gründen: Erstens enthält sie den Kot des Tiere, und zweitens kann man so das Fleisch aus dem Gehäuse saugen. Wir bereiteten sie auf die traditionelle Karen-Art zu, nämlich als »Wasserschnecken-Brei«. Wasserschnecken schmecken wie Tintenfisch, und die Vorliebe der Karen für den sogenannten *ta ka paut* ist in ganz Burma bekannt.

Nahe bei unserem Haus plätscherte ein klarer Bach vom Gebirge herab, in dem wir nach Süßwasser-Garnelen und Krebsen suchten. Die größten Garnelen waren etwa fingerlang und viel zu flink, als dass man sie mit der Hand zu fassen bekam. Wir trieben sie in ein kleines Netz oder Stoffsäckchen. Wenn wir genug gefangen hatten, machte meine Mutter aus ihnen Garnelen-Curry. Die Krebse waren größer, ungefähr so groß wie eine Kinderhand. Es machte großen Spaß, unter den Steinen nach ihnen zu tasten. Sie ergaben eine köstliche Krebssuppe, oder man schälte die harten Teile ab und zerstieß das Fleisch mit Chili zu einer würzigen Krebspaste.

Manchmal ging Say Say allein auf Nahrungssuche in den Wald. Eines Tages kam er stolz mit einem kompletten Ameisennest zurück. Er erklärte, dies seien »saure Ameisen«. Jede war etwas über einen Zentimeter lang und feuerrot. Das Nest selbst wurde von Blättern zusammengehalten und quoll über von Ameiseneiern. Say Say gab es meiner Mutter, und sie verkochte es zu einer Suppe. Man sah die Ameiseneier wie Reiskörner in der Flüssigkeit herumschwimmen. Die Suppe schmeckte säuerlich, und ich verstand nicht recht, was Say Say so wunderbar daran fand. Aber er und meine Mutter waren ganz aus dem Häuschen wegen dieser Ameisennest-Suppe.

Wenn mein Vater zu Hause war, suchte ich mit Say Say im Dschungel nach Baumorchideen. Diese Orchideen wuchsen im Blätterdach, manchmal zwölf bis fünfzehn Meter über dem Waldboden, aber Say Say ließ sich davon nicht abhalten. Er war unglaublich wendig und trittsicher, und ich sah ihn nie abrutschen oder fallen, wenn er mit ganzen Orchideenpflanzen in den Armen durch die Bäume kletterte. Wenn Say Say meinem Vater die Orchideen gab, verzog sich dessen Gesicht zu einem breiten Lächeln. Er saß auf den Stufen vor der Hütte und bewunderte die Orchideen, deutete auf die verschiedenen Pflanzenteile und erklärte, wozu jedes Teil diente. Say Say, der Orchideensammler, strahlte dann von einem Ohr zum anderen.

Mein Vater bastelte aus Kokosnussschalen Blumentöpfe für die Orchideen. Von unseren Balken hingen viele Pflanzen herab. Jeden Morgen standen meine Eltern spätestens um fünf Uhr auf. Meine Mutter ging in ihren Gemüsegarten und fütterte die Tiere, während mein Vater sich um seine Blumen kümmerte. Die Morgendämmerung war seine glücklichste Zeit im Garten. Häufig brachte er meiner Mutter einen hübschen Blumenstrauß mit. Sie tat verlegen, aber insgeheim freute sie sich sehr. Die romantischen Gesten meines Vaters halfen, ihre Liebe frisch und lebendig zu halten. Wir gaben Vater den Spitznamen Paw Ka Sar, »Blumenmann«.

Als meine Eltern in unser Dorf gezogen waren, hatten sie nicht gewusst, wo sie wohnen sollten, und so waren sie bei der Familie von Ter Pay Pay untergekommen, einem Karen von Anfang dreißig. Ter Pay Pay lebte bei seinen Eltern, die schon recht alt waren. Mit der Zeit wurde er ein enger Freund, und seine Eltern wurden zu unseren Großeltern »ehrenhalber«. Natürlich waren sie nicht wirklich mit uns verwandt, aber wir liebten sie, als gehörten sie zur Familie.

Ihr Haus lag von uns aus gesehen hinter der Schule und damit nur einen kurzen Fußweg entfernt. Großvater war ein ruhiger Mann, Großmutter das genaue Gegenteil. Sie redete ununterbrochen und erzählte uns unentwegt Geschichten aus ihrer Jugend. Sie und Großvater waren schon über achtzig und hatten noch die britische Kolonialzeit erlebt. Mit Anfang zwanzig hatte Großmutter in einer Schule gearbeitet, die von den Briten gegründet worden war.

Im Allgemeinen waren die Karen und die britischen Kolonialherren gut miteinander ausgekommen, denn die Briten hatten die Kultur der Karen weitgehend respektiert. Zum ersten Mal in der neueren Geschichte Burmas wurde unter den Briten den Karen das Recht zuerkannt, ihren Neujahrstag im ganzen Land zu begehen.

Der Kalender der Karen unterscheidet sich von dem gregorianischen Kalender, der weltweit am stärksten verbreitet ist. Es ist ein Mondkalender; jeder Monat dauert einen Mondzyklus. Es gibt zwölf Monate mit je dreißig Tagen, wodurch das Jahr 360 Tage hat, so dass in jedem Jahr eine Abweichung von fünf Tagen entsteht. Jeder Monat hat einen sprechenden Namen; der dritte Monat heißt zum Beispiel »Monat, in dem die Zikaden singen«. Der zwölfte Monat hat den unheimlichen Namen »Monat, in dem die Geister der Verstorbenen auf der Erde wandeln«. Das Karen-Neujahr ist der erste Tag des ersten Monats des Jahres. Dies war der Tag, den die Briten offiziell anerkannt und zum gesetzlichen Feiertag erhoben hatten.

Eine von Großmutters Lieblingsgeschichten handelte von den Angriffen der Japaner im Zweiten Weltkrieg.

Großmutter erzählte uns viele Geschichten darüber. Sie wollte damit erreichen, dass wir nie vergessen würden, wie die Karen gekämpft und gelitten hatten. Ich hörte ihr gerne zu, weil ich spürte, dass es wichtig war. Die Briten hatten den Karen ein gewisses Maß an Autonomie im Nachkriegsburma versprochen. Damit sollten diese dafür belohnt werden, dass sie geholfen hatten, die Japaner aus dem Land zu vertreiben.

Doch als der Krieg zu Ende war, gerieten diese Versprechen in Vergessenheit. Im Jahr 1947, kurz nach dem Zweiten Weltkrieg, war dann die »Karen National Union« (KNU) gegründet worden, die zum Herz der Widerstandsbewegung wurde. Nach Jahrhunderten der Unterdrückung in Burma wollte die KNU einen unabhängigen Staat. Sie betrachtete dies als die einzige Möglichkeit, die Rechte der Karen zu sichern und ihre Kultur zu bewahren.

Bei Großvater fühlte ich mich wohl, er rauchte eine Holzpfeife und bat mich oft, sein Feuerzeug aus dem Schlafzimmer zu holen. Großmutter rauchte auch, und die beiden Feuerzeuge, ihres und seines, lagen nebeneinander am Bett. Der Tabakrauch hing bläulich und duftend in der Luft. Während Großvater zufrieden paffte, schlief ich in seinen Armen ein. Oft musste mich Say Say schlafend nach Hause tragen.

Kurz vor meinem vierten Geburtstag starb Großvater ganz plötzlich. Er war der erste Mensch, bei dem ich das erlebte. Meine Mutter erklärte mir, dass Großvater tot war und ich ihn nie wiedersehen würde. Ich war sehr traurig.

Ich hatte viel zu Großvaters Füßen gespielt und wollte sie ein letztes Mal berühren. Deshalb ging ich in sein Haus und fand Großvater, von Kerzen umgeben, im Wohnzimmer aufgebahrt. Er war von einem weißen Tuch bedeckt, und nur sein Gesicht schaute hervor. Er sah sehr friedlich aus, und wenn ich es nicht besser gewusst hätte, hätte ich geglaubt, er schliefe nur. Ich ging zu ihm und hob das Tuch hoch, so dass seine Zehen sichtbar wurden. Ich spielte an allen herum, bis ich sicher war, dass sie noch vollzählig waren.

Nach dem Begräbnis fragte ich meine Mutter, wo Großvater jetzt sei. Der animistische Glaube der Karen besagt, dass nach dem Tod des Körpers der Geist auf der Erde bleibt, so dass in gewisser Weise Großvater noch bei uns war. Das erklärte mir meine Mutter, und mir gefiel die Vorstellung, dass Großvater noch da war und mich beschützte.

Großvater starb zu Beginn der Regenzeit. Zwischen Juni und September gab es die stärksten Regenfälle, es regnete Tag und Nacht ohne Unterlass. Kurz vor dem großen Regen wurden die Reisfelder gepflügt und bepflanzt. November und Dezember waren die trockensten Monate und Erntezeit. Reispflanzen und Reisernte waren die beiden Eckpunkte des Karen-Jahres, und jedes Stadium des Reisanbaus wurde mit einer Zeremonie begangen.

Zuerst wurde ein Stück Dschungel abgeholzt und verbrannt,

dann wurde der aschehaltige Boden bepflanzt. Unser Reis wurde nur mit Regenwasser bewässert und wuchs oft an steilen Hängen. Bevor der erste Baum gefällt wurde, vollzog Vater die animistische Zeremonie »Baumfällen«. Er sprach Gebete über einer kleinen Portion Nahrung, die er dann dem Wald opferte. Damit bat mein Vater die Baumgeister um Verzeihung und erklärte, dass er die Bäume fällen musste, um Nahrung für seine Familie anzubauen.

Nachdem das Gelände gerodet und abgebrannt war, hielt mein Vater eine zweite Zeremonie ab, das »Reispflanzen«. Wieder opferte er Speisen und bat den Geist des Feldes, den Reis zu beschützen. Das Opfer sollte für eine reiche, üppige Ernte sorgen. Als ich klein war, half ich oft Say Say bei der Aussaat, aber anstatt vier oder fünf Körner warf ich eine ganze Handvoll Reis in jedes Loch. Say Say musste hinter mir her gehen und die überzähligen Körner wieder herausholen, denn Verschwendung konnten wir uns nicht leisten!

Das dritte Ritual, die »Reisernte«, lief ähnlich ab wie die Dachdeck-Zeremonie. Wir kündigten an, dass wir an einem bestimmten Tag unsere Reisfelder abernten wollten. An dem betreffenden Tag kamen dann die Nachbarn, und wir gingen gemeinsam zu den Feldern. Meine Mutter kochte ein Hühnchen-Kürbis-Curry, diesmal in einem improvisierten Unterstand neben den Feldern.

Vor der Ernte bedankten sich die animistischen Karen gewöhnlich bei den Geistern. Wir opferten kleine Schalen mit Essen als Zeichen unserer Dankbarkeit. Mein Vater und Say Say organisierten die Helfer, und dann beugten sich alle in Reihen mit ihren Reismessern über die Pflanzen. Jeder nahm ein paar grüne Halme in die Hand, schnitt sie dicht über dem Boden ab, band sie mit einem Halm zu einem festen Bündel und legte sie auf die Seite.

Wenn man genug Bündel geschnitten hatte, legte man sie auf eine Webmatte neben die Hütte. Nachdem sie drei Tage in der Sonne getrocknet waren, musste man vorwärts und rückwärts über die Bündel laufen, bis alle Reiskörner von den Halmen abgefallen waren. Dann entfernte man die Reishalme und brachte sie als Futter zu den Tieren oder legte sie als Dünger auf die Felder.

Der frisch geerntete Reis wurde in drei Haufen sortiert: Der größte Haufen diente der Familie als Nahrung, ein zweiter wurde als Saat für das nächste Jahr aufgehoben, und ein dritter Teil ging als Dank an alle, die bei der Ernte geholfen hatten. Der Reis für die Familie wurde in einen riesigen Reisbehälter geschüttet. Er war so groß wie ein kleines Auto und bestand aus geflochtenem Bambusseil, das außen mit einem Gemisch aus Kuhdung und Lehm bestrichen war. Das Gemisch wurde steinhart und ergab eine unempfindliche, wasserdichte Schicht. Eine Leiter führte zu einem Deckel, den man abnahm, um an den Inhalt zu gelangen.

Mein Vater und Say Say hatten unseren Reisbehälter selbst hergestellt. Sie drückten den Verputz mit bloßen Händen an, und man sah ihre Handabdrücke auf der getrockneten Außenhaut.

Es gab einen beliebten Witz darüber: Eines Tages inspizierten ein Karen-Wissenschaftler und ein Karen-Philosoph Vorratsbehälter für Reis. Der Wissenschaftler sagte: »Ich verstehe das nicht – wie kam die Kuh so hoch, dass sie auf den Behälter kacken konnte?« – »Das ist einfach«, antwortete der Philosoph. »Gib mir einfach deine Hände, und ich zeige dir, wie es geht.«

Normalerweise stand der Behälter neben oder unter dem Haus. Aber seit die burmesische Armee gegen die KNU vorging, bauten die Leute ihre Reisbehälter immer häufiger an versteckten Orten. Natürlich bestand in unserem Dorf keine Gefahr, dass burmesische Soldaten unsere Reisvorräte verbrennen würden. Noch nicht.

In meinem kindlichen Denken war der Krieg weit, weit weg, und wir lebten an einem wunderschönen, friedlichen Ort. Es war für mich unvorstellbar, dass sich das je ändern könnte.

5

DIE BLUMENKINDER

Mit fünf Jahren kam ich in die Schule. Das Schulgebäude war eine einfache, große Bambushütte ohne Wände, in der Reihen grob gezimmerter Bänke vor der Tafel standen. Doch etwas anderes kannten wir nicht, und ich liebte die Schule vom ersten Tag an. Im ersten Jahr wurden wir in der Karen-Sprache, in Englisch und Schreiben unterrichtet. Es gab eine Schuluniform – ein blauer Rock mit weißer Bluse –, aber viele Familien waren so arm, dass sie sich diese nicht leisten konnten. Doch diese Kinder durften in ihren Alltagskleidern in die Schule kommen. Glücklicherweise hatte ich die abgelegte Schuluniform meiner Schwester. Im ersten Schuljahr fragte uns die Lehrerin, was wir einmal werden wollten. Ich sagte »Lehrerin«, weil das so ungefähr der wichtigste Beruf war, den ich mir vorstellen konnte. Die Schule diente gleichzeitig als Dorfkirche und Versammlungsraum. Jungen und Mädchen saßen getrennt voneinander. In der Schule hing eine Art Glocke, die aus einem dreieckigen Eisenstab in Triangelform bestand. Jeden Morgen »läutete« der Direktor, indem er einen Metallstab dagegenschlug. Das metallische Klirren hallte durch das Dorf und war das Signal für die Morgenversammlung. So wurde auch am Ende des Schultags und vor dem Sonntagsgottesdienst geläutet.

In unserem Dorf lebten Christen, Animisten und Buddhisten. Niemand versuchte, den anderen offen zu bekehren, aber der Gottesdienst am Sonntag war eine eindeutig christliche Veranstaltung. Wer kein Christ sei, hieß es dort, komme in die Hölle. Als ich das von der Gottesdiensthelferin hörte, befürchtete ich, es könnte wahr sein, und bekam Angst.

Meine Eltern gingen mit religiösen Dingen sehr entspannt um. Wenn sie nach ihrer Religion gefragt wurden, erwiderten sie, sie seien *pwa aw gheh*, »Leute, die an Geister glauben«. Mir sagten sie immer, es stünde mir frei, meinen Glauben zu wählen. Deshalb hörte ich im Sonntagsgottesdienst aufmerksam zu und versuchte, mir selbst eine Meinung zu bilden.

Die verschiedenen Religionen in unserem Dorf existierten die meiste Zeit ohne Spannungen oder Konflikte friedlich nebeneinander. Ein gutes Beispiel dafür war die Reaktion der Nachbarn auf meine lebensgefährliche Krankheit. Ich hörte zum ersten Mal davon, als ich fünf Jahre alt war. Wir hatten Gäste, und meine Mutter hatte Lust, ihnen die Geschichte zu erzählen. Beim Zuhören ging mir auf, dass sie mein Überleben tatsächlich als ein Wunder betrachtete. Ihrer Meinung nach war mir damals das Leben neu geschenkt worden.

Die Gäste waren höchst erstaunt, dass sie jemanden vor sich sahen, der drei Tage bewusstlos gewesen war und überlebt hatte. Es gab in unserer Gegend keine richtige medizinische Versorgung, und ihrer Ansicht nach hätte ich tot sein müssen. Christen, Animisten oder Buddhisten – alle sahen die Geschichte aus der Perspektive ihrer Religion und deuteten das Wunder meines Überlebens aus ihrem Glaubenssystem heraus.

Da in unserem Dorf eine geregelte medizinische Versorgung fehlte, suchten viele Zuflucht bei alternativen Heilmethoden. Meine Mutter galt als Heilerin, ihre Methode war die Akupunktur, die sie »chinesische Nadeln« nannte. Sie hatte die Grundlagen während ihrer Ausbildung zur Krankenschwester kennengelernt. Von nah und fern strömten Leute in unsere Hütte, die über Rücken- oder Gelenkschmerzen klagten. Die meisten waren arme Dorfbewohner oder Bauern. Meine Mutter wies nie jemanden ab.

Sie ließ ihre Patienten auf einem Teppich auf dem Bambusfußboden Platz nehmen. Dann öffnete sie ein Holzkästchen und holte ihre Nadeln hervor. Sie sterilisierte sie in einem Becher mit kochendem Wasser. Währenddessen fragte sie die Patienten, was genau ihnen fehle. Ich erinnere mich an einen Mann, der schreckliche Rückenschmerzen hatte. Er war Bauer und erklärte, die Schmerzen habe er schon lange. Es gab keine Klinik in der Gegend, aber er hatte von meiner Mutter gehört und war daher gekommen. Meine Mutter fragte ihn, ob er sicher sei, dass sie ihn behandeln solle. Er bejahte. Sie suchte nach der richtigen Stelle am Rücken und stach die Nadel hinein. Ab und zu drehte sie sie ein wenig, um die richtige Stelle zu finden. Der Mann blieb ungefähr eine Stunde liegen, dann sagte sie ihm, sein Schmerz würde nachlassen. Lächelnd stand er auf. Er schien sich viel besser bewegen zu können. Ein paar Tage später kam er mit einem Hühnchen als Geschenk zurück. Sein Rücken fühlte sich besser an, und er konnte wieder arbeiten.

Manchmal kamen auch verwundete Widerstandskämpfer zu uns, um sich behandeln zu lassen. Ich fragte meine Mutter, wie die Nadeln wirkten. Normalerweise benutzte man Nadeln doch für Spritzen und sah, wie die Medizin in den Körper gelangte. Mutter erklärte mir, dass diese Nadeln bereits Medizin in sich hatten. Aber man musste sich konzentrieren und eine ruhige Hand haben, sonst trafen die Nadeln nicht die richtige Stelle. Für mich war es ein sehr erschreckender Anblick, wenn jemand so mit Nadeln gespickt war, dass er aussah wie ein Nadelkissen. Aber offenbar funktionierte die Behandlung, denn meine Mutter war wegen ihrer »chinesischen Nadeln« berühmt.

Weil ich eine Dorfschule besuchte, waren die meisten meiner Schulkameraden Nachbarskinder, mit denen ich sowieso spielte. Meine engsten Freundinnen hießen übersetzt Lilienblüte, Süße Wasserblume und Nightingale, also Nachtigall. Nightingale hieß tatsächlich so, sie hatte keinen Karen-Namen. Es war nicht unüblich, dass Karen-Kinder englische Namen bekamen, vor allem, wenn sie aus Familien stammten, die im Widerstand aktiv waren. Nightingale wohnte nebenan und war so alt wie ich. Ihre Hütte lag zwischen dem Fluss und unserem Haus. Wir waren eng befreundet und spielten ständig miteinander.

Ich konnte sie aus unserer Hütte rufen: »Nightingale, bist du da?«

Und wenn sie da war und mich hörte, fragte sie zurück, ob ich spielen kommen wollte.

Nightingale hatte sehr kurze Haare. Sie war ebenso neugierig wie ich und immer für ein Abenteuer zu haben. Einmal schlichen wir in den Garten der Nachbarin und stibitzten ein paar Mangos vom Baum. Danach liefen wir zu Nightingale zurück und verzogen uns in die Toilette. Sie war nicht gerade der angenehmste Ort für ein Mangofest, denn sie bestand nur aus einem Loch im Boden, das von Bambuswänden umgeben war, und roch ekelhaft. Aber uns fiel nichts anderes ein, wo wir die Mangos essen konnten, ohne erwischt zu werden.

Wir verschlangen die Früchte und warfen die Kerne in das dunkle, stinkende Loch. Leider hatte Nightingales ältere Schwester gesehen, wie wir ins Klo geschlichen waren. Sie wartete auf uns, als wir mit saftverschmierten Händen herauskamen.

»Ihr ungezogenen Mädchen!«, schalt sie uns. »Ihr habt Mangos aus dem Garten der Nachbarin gestohlen! Ich habe euch gesehen! Wisst ihr nicht, dass sie Zauberkräfte hat und ihr jetzt schreckliche Baumschmerzen kriegen werdet?«

Ich hatte solche Angst, dass ich die Mangos erbrechen wollte, aber ich schaffte es nicht. Wir stritten die Tat nicht ab, so große Angst hatten wir. Ich war beim Spielen stets die Anführerin, und wahrscheinlich ging der Mangodiebstahl auf mein Konto.

Auf der anderen Seite, hinter Nightingales Haus, lebte Süße Wasserblume. Sie hatte eine schöne Stimme und sang in der Kirche das Solo. Sie und ich waren Mitglieder im Kirchenchor, und die Lieder, die wir lernten, gefielen mir gut. Eines handelte davon, wie sehr Jesus mich liebte, die Bibel erzählte davon. Er war gekommen, um meine Sünden von mir zu nehmen. Ich sei sein Kind:

Jesus loves me, yes I know
For the Bible tells me so,
He came to free me from sin,
And now I am his child again.

Die dritte in unserer Clique war Lilienblüte. Ihre Hütte stand etwas abseits, näher am Teak-Berg. Sie war groß und kräftig gebaut und damit äußerlich das genaue Gegenteil von Süße Wasserblume. Sie war das größte Mädchen in unserer Klasse und kommandierte Nightingale und Süße Wasserblume gerne herum. Aber sie konnte auch lieb und großzügig sein.

Meine vierte Freundin war Fräulein Blume. Ihr Vater war ein politischer Gefangener, und deshalb war die Familie sehr arm. Fräulein Blume wohnte am hinteren Ende des Dorfes, und das war ihr Problem, denn das Dorf zog sich zwischen Fluss und Berg am Wasser entlang. Von einem Ende des Dorfes zum anderen war es ein ziemlich langer Weg. Ich war die meiste Zeit die Anführerin der Gruppe. Das lag unter anderem daran, dass mir immer neue Spiele einfielen. Aber mein Vorteil war auch, dass der Fußboden unserer Hütte auf ungewöhnlich hohen Pfählen stand, so dass wir darunter viel Platz zum Spielen hatten. Oft kletterte unsere Clique in die Guavenbäume. Manchmal kam Bwa Bwa mit, manchmal auch Slone mit seinem besten Freund, Nightingales Bruder. Wenn auch noch Fräulein Blume dazukam, waren wir acht Kinder, die in den Ästen schaukelten, Früchte pflückten und spielten.

An einem steilen Abhang bauten wir uns unter ein paar Bäumen eine Lehmrutsche. Kreischend vor Lachen sausten Nightingale und ich auf dem Hinterteil die schlammige Rutschbahn hinunter. Wir wussten, dass wir das nicht sollten, denn am Ende waren wir von Kopf bis Fuß schlammverschmiert.

Ich war gut befreundet mit Mondlicht, dem Anführer der Jungenbande. Mondlicht hatte seine Freunde fest im Griff. Wenn Mondlicht etwas entschied, mussten die anderen folgen.

Mondlicht lebte neben Süße Wasserblume, war also fast auch mein Nachbar. Einmal unterbrachen wir an einem sonnigen Tag den Unterricht zum Mittagessen. Auf dem Weg nach Hause begannen Mondlicht und ich in der Sonne zu spielen. Als ich endlich nach Hause kam, war meine Mutter krank vor Sorge. Sie hatte sogar schon Say Say losgeschickt, um nach mir zu suchen.

»Kleine Tochter, wo warst du denn?«, rief sie. »Du bist zum Mittagessen nicht gekommen, und jetzt bist du auch so spät dran!«

»Ich war nirgendwo, Moe«, sagte ich. »Ich habe nur mit Mondlicht in der Sonne gespielt.«

Danach waren alle überzeugt, dass zwischen mir und Mondlicht »etwas lief« und wir später einmal ein Liebespaar werden würden. Seine und meine Familie neckten uns erbarmungslos. Am schlimmsten trieb es meine Schwester, mit williger Unterstützung von Say Say und Slone. Ich war schüchtern und ließ mich nicht gerne so gnadenlos verspotten. Und auch Mondlicht wurde wütend, wenn er von seinen Geschwistern damit aufgezogen wurde, ich sei wohl seine Freundin.

Einer aus Mondlichts Bande hieß Winston Churchill. Keiner von uns hatte je von dem berühmten britischen Premierminister gehört, für uns war das nur ein beliebiger englischer Name. Warum der Junge Winston Churchill hieß, verstand ich allerdings nie!

Eines Tages verliefen Nightingale und ich uns im Dschungel. Weil meine Schwester älter war, nahm ich mir meistens an ihr ein Vorbild. Als Bwa Bwa und ihre Freundinnen im Dschungel Mangos pflücken wollten, folgten wir ihnen. Bald waren wir tief im Waldesinneren. Der Pfad verlor sich im Unterholz, und niemand wusste mehr, in welcher Richtung die Mangobäume lagen. Wir waren schon stundenlang gewandert, als wir die Hütte eines Reisbauern sahen. Eine von Bwa Bwas Freundinnen war der Meinung, die Mangobäume stünden nur noch ein kleines Stück unterhalb von uns bergab. Meine Schwester versuchte noch einmal, uns zurückzuschicken, aber ich weigerte mich. Wir rutschten also den steilen Abhang hinunter, wobei wir uns an Büschen und Zweigen festhielten. Unsere Ausrüstung bestand aus einem Korb und einem Messer für die Mangos. Wasser hatten wir nicht mitgenommen, und wir waren schrecklich durstig.

Während meine Schwester einen Bananenbaum von der Seite einschnitt, ruhten wir uns etwas aus. Dann formten wir mit den

Händen eine Schale und tranken das Bananenwasser, das aus dem Baum herausfloss. Es schmeckte ähnlich wie eine wässrige, reife Banane und war herrlich kühl und erfrischend. Anschließend gingen wir weiter und erreichten endlich die Mangobäume. Überall lagen Früchte herum. Sie waren ungefähr so groß wie Pflaumen, weil sie zu einer kleinen Sorte gehörten, und schmeckten köstlich. Jemand schlug vor, wir sollten den Wind herbeipfeifen, damit er noch mehr reife Früchte vom Baum schüttelt. Viele Karen glauben, dass man durch ein pfeifendes Geräusch, das wie Wind in den Bäumen klingt, tatsächlich den Wind herbeirufen kann. Wir versuchten es alle, aber mir wollte einfach kein Pfeifton gelingen.

»Wahrscheinlich liegt es daran, dass deine Lippen so dick sind«, witzelte Bwa Bwa. »Seht doch, wie groß sie sind! Kein Wunder, dass du nicht pfeifen kannst!«

Die anderen folgten ihrem Beispiel und fingen an, mich wegen meiner Lippen zu hänseln.

»Sie sind vielleicht groß, aber sie sind schön«, wehrte ich mich.

»Sie haben genau die richtige Größe, um den Wind herbeizupfeifen!«

In diesem Moment erhob sich wie durch ein Wunder ein kräftiger Wind. Er rüttelte an den Ästen, und die Mangos fielen herunter. Wir sammelten möglichst viele und machten uns dann auf den Heimweg. Nach einer Weile merkten wir, dass wir den Pfad nicht mehr fanden, den wir auf dem Hinweg genommen hatten. Wir hatten die Zeit vergessen, und im Dschungel wird es schnell dunkel. Nachts zeigt er ein ganz anderes Gesicht als bei Tag, und wir wollten keinesfalls im Dunkeln darin verloren sein. So liefen wir eilig immer weiter, voller Angst, uns vollends zu verirren. Wir waren unglaublich erleichtert, als wir bei anbrechender Dunkelheit das Dorf erreichten.

Wir waren am Morgen losgezogen und hatten den ganzen Tag mit der Suche nach Mangos verbracht. Das war eine ziemlich verrückte Idee gewesen, denn im Dschungel lauerten so viele Gefahren: Schlangen, Skorpione, giftige Spinnen, Tiger und wilde Elefanten. Und wir trugen nur T-Shirts, leichte Shorts und Flip-Flops.

In der Schule meisterte ich schnell das englische Alphabet und lernte die ersten einfachen Sätze. Die Lehrerin schrieb die Worte »this is« auf die Tafel, hielt einen Gegenstand – zum Beispiel ein Stück Kreide oder einen Apfel – in die Höhe, und wir mussten die fehlenden Wörter hinschreiben.

Damals wussten wir noch nicht, welches Glück wir hatten, auch die Karen-Sprache lernen zu können. In Gegenden, die das von Burmesen dominierte burmesische Regime kontrollierte, durfte niemand Karen oder eine andere Minderheitensprache lernen.

In Burma gibt es acht große ethnische Gruppen: die Shan, die Arakan, die Mon, die Kachin, die Chin, die Karen, die Karenni – und die Burmesen. Dazu kommen Dutzende kleinerer Gruppierungen, die ebenfalls alle ihre eigene Sprache haben. Doch die einzige Sprache, die in den vom Regime kontrollierten Schulen außer Englisch unterrichtet wurde, war das Burmesische. Bei den Prüfungen nach dem ersten Schuljahr war ich die Klassenbeste. Auf dem Schulhof fand eine große Feier mit Preisverleihung statt. Meine Mutter war da, die meisten anderen Eltern waren auch gekommen. Als ich nach vorne gerufen wurde, um meinen Preis entgegenzunehmen, freute ich mich riesig. Natürlich trug ich einen der abgelegten Röcke meiner Schwester, der mir noch viel zu groß und weit war. Ich rannte zur Bühne vor und hielt dabei den Rock mit den Händen fest. Doch als ich die Hand nach dem Preis ausstreckte, ließ ich in meiner Aufregung los, und der Rock fiel zu Boden.

Alle brachen in lautes Gelächter aus. Die Lehrer lachten, die Eltern lachten, die Schüler lachten, und meine Geschwister lachten. Selbst meine Mutter konnte sich das Lachen nicht verkneifen. Ich war erschrocken und ratlos und wusste nicht, was ich machen sollte. Sollte ich zuerst den Preis nehmen oder den Rock hochziehen? Schließlich griff die Lehrerin ein und zog den Rock für mich hoch. Sie sagte, ich solle mit einer Hand den Preis festhalten und mit der anderen den Rock. Ich folgte ihrem Rat, drehte mich um und lief zu meiner Mutter. Ihr Gesicht glühte vor Stolz … und Verlegenheit. Der Preis war, als ich ihn schließlich begutachtete, jede Peinlichkeit wert – ich bekam sechs Übungshefte und drei Schreibstifte. Wir hatten so gut wie kein Geld für solche Dinge, deshalb waren sie ein wahrer Schatz für mich. Das Lustigste war, dass sich das Spektakel im folgenden Jahr wiederholte. Ich war auch im zweiten Schuljahr Klassenbeste, und wieder rutschte der Rock! Im dritten Jahr war schon fast eine Tradition daraus geworden: Zoya wurde Erste, bekam einen Preis, und ihr Rock fiel zu Boden. Die Leute warteten geradezu darauf.

Im Dorf kannte man mich bald unter dem Namen »das-Mädchen-dessen-Rock-runterrutscht«. Wir Karen haben einen boshaften Humor und machen uns gerne über die Missgeschicke anderer lustig – solange dabei nichts Ernsthaftes passiert ist. Noch Jahre später konnten sich viele ältere Leute an meine fallenden Röcke erinnern und neckten mich deswegen.

Ich bewahrte alles, was ich besaß, in einem Rucksack auf, der neben meinem Bett stand, auch den Schulpreis, denn ich wollte nicht, dass andere ihn anfassten. In diesem Rucksack lagen neben meinen wenigen Kleidungsstücken die Holzschüssel, die mein Vater für mich geschnitzt hatte, eine Handvoll Fotos, die auf Dorfhochzeiten aufgenommen worden waren, und meine Schulpreise. Das war all mein irdisches Hab und Gut.

Als Kinder hatten wir nie genug Geld für Unterrichtsmaterial, und auch für die kleinen Bequemlichkeiten des Alltags reichte es nicht. Ich hatte keine Zahnbürste und keine Zahnpasta. Say Say brachte mir bei, wie man sich die Zähne mit Holzasche aus dem Kochfeuer putzt. Die Asche, die ich mit einem Finger auf den Zähnen verrieb, schmeckte scheußlich, aber wenn ich mir den Mund ausgespült hatte, glänzten meine Zähne.

Zum Waschen benutzten wir die »Seifenfrucht«. Diese Seifenfrucht ist so groß und rund wie ein Hühnerei. Sie wächst an einem Dschungelbaum, und Say Say fand immer welche für uns.

Man rieb sich die Haut mit dem Fruchtfleisch ein, wodurch eine dünne Schaumschicht entstand. Als Shampoo benutzten wir Kurkumawurzel, gemischt mit der »glitschigen Pflanze« und dem Samen des »sauren Obstbaums«. Wir kochten alles zusammen auf und ließen es über Nacht stehen, und am Morgen war das Wasser dickflüssig und schleimig. Damit wuschen wir die Haare, dann spülten wir sie mit klarem Wasser aus. Überhaupt sind die Haare als der »höchste« Teil des Körpers uns Karen fast schon heilig. Deshalb schneiden sich Karen-Frauen nur sehr selten die Haare, wenn überhaupt.

Wir glaubten auch, dass unser Shampoo Traurigkeit beseitigen konnte. Dafür existierte eine spezielle Zeremonie. Einmal im Jahr sorgte meine Mutter dafür, dass wir uns die Haare mit diesem besonderen Shampoo wuschen, und danach wuschen wir Kinder auch unseren Eltern damit die Haare. Anschließend badeten wir die Haare in Wasser, das mit Blumenöl parfümiert war. Auf diese Weise bezeugten wir ihnen unsere Liebe, Fürsorge und Achtung, und die Eltern gaben uns ihren Segen.

Unser Badezimmer war nach allen Seiten offen; auf einer Bank stand ein Eimer, nach oben bot ein Blätterdach Schutz. Mehrere Bambusrohre, die der Länge nach halbiert waren, bildeten eine Art Rohrleitung, mit der das Wasser aus einem höher gelegenen Fluss in unser Badezimmer geleitet wurde.

Als ich klein war, kam es mir nicht sehr darauf an, sauber zu sein, und deshalb machte ich es Slone nach. Mein Bruder goss sich einfach ein paar Schalen Wasser über den Kopf und erklärte, er sei sauber.

Unsere Grundschullehrer unterwiesen uns in den Legenden des Karen-Volkes. Eine der wichtigsten hatte die Form eines Gedichts; es erzählte die Geschichte von den Ursprüngen unseres Stammes: Am Anfang gab es einen animistischen Gott namens Ywa. Ywa war weder Mann noch Frau und hatte keine menschliche Gestalt. Ywa war der Schöpfer der Welt und eine Kraft des Guten. Als Ausgleich zu Ywa gab es auch eine Kraft des Bösen, Mu Kaw Lee genannt.

Ywa schuf drei Söhne in menschlicher Gestalt. Der älteste war ein Karen, der zweite ein Burmese und der jüngste ein weißer Mann. Dem Karen-Sohn gab Ywa ein goldenes Buch, dem Burmesen ein silbernes Buch, und dem Weißen gab Ywa ein Buch, das in normales Papier gebunden war.

Als der Regen einsetzte und der Karen-Sohn sein Reisfeld bepflanzen wollte, legte er das goldene Buch in der Nähe auf einen Baumstumpf. Aber sein jüngster Bruder, der weiße Mann, war neidisch und begehrte das schöne goldene Buch. Als der Karen einmal nicht hinsah, schlich sich der weiße Mann heran, stahl das Buch und legte stattdessen sein eigenes hin. Dann baute der weiße Mann ein Boot und flüchtete in ein fernes Land. Seinen kostbarsten Besitz nahm er mit – das Goldene Buch, das die Lehren enthielt, die Ywa seinem ältesten Sohn gegeben hatte.

Nachdem er einen Tag lang im strömenden Regen gearbeitet hatte, ging der Karen zum Baumstumpf, um sein Buch zu holen. Doch das Buch, das der weiße Mann hingelegt hatte, war im Regen auseinandergefallen. Nichts war von ihm übrig. Ein Huhn hatte um den Baumstumpf herum nach Futter gescharrt, und der Karen fand nur noch die Kratzspuren des Huhns. Er kam zu dem Schluss, dass das Goldene Buch durch diese Spuren ersetzt worden war und dass sie die Botschaft enthielten, dass Ywa ihn verlassen hatte.

Und so brachte sich der Karen bei, Schriftzeichen zu lesen und zu schreiben, die wie Scharrspuren aussahen. Nach einer Weile erfuhr er die Wahrheit über den Diebstahl des Goldenen Buchs, aber da war es schon zu spät – Scharrspuren waren zur offiziellen Karen-Sprache geworden. Der Karen schrieb die Geschichte des Diebstahls des Goldenen Buchs und des Verlusts von Ywas Wort in einem neuen Buch auf. Er nannte es – das »Buch der Hühnerscharr-Lehren«.

Jahrhunderte später kamen die ersten weißen Missionare nach Burma. Viele Karen hielten sie für den »jüngeren Bruder«, der das Goldene Buch in Gestalt der Bibel zurückbrachte, und hießen sie willkommen. Denn viele Karen glaubten fest an die alte

Geschichte und an die Rückkehr des jüngeren Bruders, des weißen Mannes, der eines Tages unser Volk retten werde. Die traditionelle »Scharrspuren«-Schrift der Karen ist so gut wie ausgestorben. Ohne eine allgemein gebräuchliche Schriftsprache war es für die Missionare schwer, die Menschen zum Christentum zu bekehren, da sie die Bibel nicht lesen konnten. So erfanden die Missionare eine Schriftsprache für die Karen, basierend auf dem burmesischen Alphabet. Wir verwenden sie noch heute.

Der Buddhismus ist in Burma die vorherrschende Religion, und viele Karen sind Buddhisten. Einmal im Jahr nahmen meine Eltern mich zum Wasserfest mit, das jeden April stattfindet. Wir fuhren mit einem Longtail-Boot nach Ka Paw Lu, »Spinnenhügeldorf«, am Ufer des Moei. Der Ort hieß Spinnenhügeldorf, weil die Dorfbewohner viele riesige Spinnen entdeckt hatten, als sie den Dschungel rodeten, um ihre ersten Hütten zu bauen. Das Wasserfest wurde in dem buddhistischen Kloster gefeiert, das über dem Dorf liegt.

Das Wasserfest wird in der heißesten Zeit des Jahres gefeiert, und die Menschen sollen sich gegenseitig mit Wasser übergießen, um sich abzukühlen. Aber natürlich entwickelt sich das Ganze unweigerlich zu einer fröhlichen Wasserschlacht! Die Mönche legten ihre safrangelben Roben an und klingelten mit ihren kleinen Handglocken, während sie ihre endlosen Gesänge anstimmten. Auf Tabletts stapelten sich köstliche Speisen – Reis, Curry, Gebäck und traditionelle Snacks. In der Luft hing der dicke Rauch der aromatischen Räucherstäbchen.

Aber am schönsten waren die Heißluftballons, jeder so groß wie ein Elefant. Die Mönche stellten sie aus leuchtend buntem Papier her; unterhalb der Öffnung brannte ein kleines Holzfeuer. An den Ballons hing ein langes Seil mit Geschenken – Kinderkleider, Seife und Süßigkeiten. Die Mönche ließen den Ballon steigen, und er erhob sich in die Lüfte, während alle beobachteten, in welche Richtung er flog. Wenn das Feuer ausgebrannt war, fing der Ballon an zu sinken. Die Leute versuchten zu erraten, wo der Ballon landen würde, und rannten los, um ihn zu suchen. Die Ersten, die ihn fanden, konnten sich ihre Geschenke aussuchen.

Natürlich waren wir Kinder hellauf begeistert. Für uns war das Fest ein wunderbares Abenteuer, aber meine Eltern wollten vor allem dem Buddhismus ihren Respekt erweisen.

Während meiner gesamten Kindheit nahmen uns meine Eltern zu singenden buddhistischen Mönchen und predigenden christlichen Pfarrern mit, während sie zu Hause ihre animistischen Traditionen pflegten. Auf diese Art lernten wir die wichtigsten Religionen in Burma kennen und hatten die Freiheit, unsere eigene zu wählen.

Der Höhepunkt des christlichen Jahres war Weihnachten, und in unserem Dorf war das ein sehr wichtiges Ereignis. Wie das Wasserfest war auch Weihnachten eine magische Zeit. Mit der Hilfe der Elefantenkuh Mo Ghay Bay zerrten wir einen gewaltigen Baum aus dem Wald. Mo Ghay Bay war so stark, dass sie allein mit dem Rüssel einen Baumstamm hochheben konnte. Mit Mo Ghay Bays Hilfe stellten wir den Baum auf dem Schulhof auf und dekorierten ihn mit Ballons und Geschenken. Zum Einpacken benutzte man Schnur und das Papier von alten Schulheften, denn das war alles, was wir hatten.

Am Weihnachtsabend wurde auch ein Krippenspiel aufgeführt, bei dem ich immer ein Schaf sein wollte, das unter einem weißen Tuch auf allen vieren herumkrabbelt. Aber schließlich wurde mir das doch zu langweilig, und ich wollte lieber ein Engel sein, der mit engelsgleicher Stimme im Chor sang.

Am Weihnachtstag wurden morgens die Geschenke ausgepackt. Eltern machten ihren Kindern im Allgemeinen nicht viele Geschenke, da sie es sich nicht leisten konnten. Stattdessen bekamen wir Gebäck, Süßigkeiten oder Seife, und es wurde erwartet, dass wir mit unseren Freunden teilten.

Bis zum Mittag hatte sich das ganze Dorf in der Schule eingefunden. Jede Familie brachte ihr eigenes Weihnachtsessen mit – gewöhnlich war das Bambusreis, Klebreis und Hühnchen. Bambusreis war mein liebstes Weihnachtsessen. Dazu brauchte man ein etwa armdickes Bambusrohr von einem Meter Länge. Das Innere wurde zur Hälfte mit Reis gefüllt und dann mit Wasser bedeckt. Dann legte man den Bambus in die glühende Asche, so dass drei Viertel des Rohrs im Feuer lagen und man das freie Ende drehen konnte. Während der Bambus im Feuer schwarz wurde, wurde drinnen der Reis gar. Schließlich holte man den Bambus aus der Glut und schnitt ihn der Länge nach auf. Der Reis kam in Form einer Säule aus dem Inneren zum Vorschein. Er war kochend heiß und verströmte ein feines Aroma.

Eine andere Lieblingsspeise an Weihnachten war ein spezielles Gericht mit Klebreis. Man musste den Klebreis mit Sesamsamen mischen und in einem Mörser zerstoßen, bis er eine feste, klebrige Masse bildete. Wenn er fertig war, schnitt man ihn in Scheiben und aß ihn wie einen würzigen Kuchen.

Aber das Beste an Weihnachten war der Weihnachtsmann. Er trug einen roten Baumwollanzug und einen spitzen Hut mit einem weißen Pompon. Er rief »Ho! Ho! Ho!« und warf uns Süßigkeiten und Kekse in Hülle und Fülle zu. Wir jagten wie toll hinter den Keksen her, fielen dabei übereinander und lachten, bis uns die Luft ausging. In meinen Augen war der Weihnachtsmann ein freundlicher Mensch aus einem fernen Land, der an Weihnachten kam, um die Karen-Kinder glücklich zu machen.

In unserem Dorf, schien mir, lebten wir in einer Art Paradies. Aber leider ist nicht einmal das Paradies von Dauer.

6

DER FLUSS DER DUNKELHEIT

Wenn wir nicht in der Schule waren, sorgten wir selbst für unsere Freizeitbeschäftigung. Eines unserer beliebtesten Spiele nannten wir das »Samenspiel«. Die Samen, die wir dazu benutzten, waren hart und holzig und hatten eine glatte, feste Oberfläche. Sie waren etwa so groß wie Dominosteine, flach und stromlinienförmig.

Wir stellten zuerst die Samen in einer Reihe auf die Erde; sie mussten auf einem Ende balancieren. Dann gingen wir zur Startposition zurück und schnipsten einen Samen von der Handfläche auf die Samenreihe zu. Er beschrieb einen Bogen, ein bisschen wie eine fliegende Untertasse. Wenn man die Samenreihe an der richtigen Stelle traf, fielen alle Samen um wie Dominosteine. Mädchen und Jungen spielten gemeinsam, und man bekam so viele Punkte, wie Samen umfielen.

Einer meiner Klassenkameraden namens Herr Goldsilber war der Champion des Samenspiels. Sein Vater war der Wärter unseres Dorfelefanten. Doch im zweiten Schuljahr wurde Herr Goldsilber plötzlich sehr krank. Er litt unter etwas, das wir die »Beulenkrankheit« nannten; man bekam dabei schmerzhafte Pusteln am ganzen Körper. Er starb schließlich unter Höllenqualen. Um gesund zu werden, hätte er nur Antibiotika und antiseptische Verbände gebraucht, aber in unserer Krankenstation gab es nur ein paar harmlose Medikamente.

In unserer Gegend starben viele, weil uns die einfachste medizinische Versorgung fehlte. Für uns war das normal, denn etwas anderes kannten wir nicht. Der Tod war kein Fremder; er war ein Begleiter, mit dem wir täglich lebten. Ich erinnere mich sehr gut an die erste »richtige« Sprechstunde, die je in unserer Gegend abgehalten wurde. Ich war fünf oder sechs, als zwei französische Sanitäter, ein Mann und eine Frau, zur Behandlung der Kranken in unser Dorf kamen. Diese Rucksack-Sanitäter waren eine Art mobile Krankenstation; sie mussten alle Medikamente auf dem Rücken durch den Dschungel tragen. Doch für uns war es, als sei ein richtiges Krankenhaus in den Ort gekommen, so eindrucksvoll waren ihre medizinischen Vorräte.

Sie waren auch die ersten Weißen, die ich sah. Man erklärte mir, sie seien »Franzosen«, aber das sagte mir nichts. Ich wusste nur, dass sie *gaw la wah*, »weiße Menschen«, waren. Ihre Haare waren heller als die Stoßzähne der Elefanten und ihre Augen blauer als der Himmel. Ich starrte ihre bleichen Gesichter und langen Nasen an und fand, dass sie absolut furchterregend aussahen.

Sie saßen auf Kissen, die die Dorfbewohner ihnen gebracht hatten, und breiteten ihre Medikamente vor sich aus. Ich verstand nicht, warum sie auf Kissen saßen. In der Karen-Kultur ist ein Kissen der Platz, an den man den Kopf legt, wenn man ausruht oder schläft. Deshalb gibt man es auch einem Geliebten als Geschenk. Kein Karen würde sich je mit dem Hintern daraufsetzen!

Die Franzosen riefen die Erwachsenen zusammen und verkündeten, sie seien gekommen, um die Kinder zu impfen. Wir saßen auf der Erde und warteten nervös, während die Dorfkrankenschwester uns nacheinander aufrief. Schließlich war ich an der Reihe. Ich ging zu meiner Lehrerin, setzte mich auf ihren Schoß und wartete ab, was passieren würde. Viele Kinder vor mir hatten geweint. Die französische Dame wandte sich mir zu und gab mir eine Spritze in den Arm. Es tat nicht sehr weh, und ich dachte: »Wenn das alles war, ist es nicht so schlimm.«

Ich blickte zu der Frau hoch, während sie meinen Arm mit einem Stück Watte betupfte. Ich konnte nicht aufhören, ihre Nase anzustarren. Sie war lang und weiß und spitz, und der Nasenrücken war von der Sonne gerötet. Da begriff ich, dass die anderen Kinder nicht vor Schmerz geweint hatten, sondern aus Angst vor der Krankenschwester! Mir war sie auch unheimlich, aber ich weinte nicht. Ich wünschte nur, meine Mutter wäre da gewesen, um mich im Arm zu halten.

Wenn wir vom Samenspiel oder einem Murmelspiel mit selbstgemachten Lehmmurmeln genug hatten, tanzten wir unter der Anleitung meiner Schwester manchmal selbsterfundene Kindertänze.

Die Abenteuerlustigen unter uns spielten im Dschungel und an den Flüssen in der Umgebung des Dorfes. Es gab ein Gebiet, in dem Lianen in allen möglichen Formen und Größen von den Bäumen hingen und einen natürlichen Spielplatz bildeten. Es gab dünne Lianen und Lianen, die dick wie ein Handgelenk waren, es gab glatte und knotige und sogar stachelige Lianen. Letztere mied man besser, denn bei unserem Lieblingsspiel kletterte man auf einen Baum und rutschte an einer der Lianen herunter. Wenn wir uns sehr mutig fühlten, hielten wir uns an einer Liane fest und schwangen weit hinaus über den reißenden Fluss. Wir klammerten uns fest, als hinge unser Leben davon ab – und so war es auch, denn wenn die Liane riss, landeten wir mitten im Fluss. Wie gefährlich das war, darüber dachten wir Kinder nicht nach. Wir hatten wenig Gefühl dafür.

Mein Vater jedoch wusste genau, welche Gefahren bei diesem Spiel lauerten, und so baute er uns ein wunderbares Baumhaus im Garten. Er konstruierte es mitten in einem herrlichen, ausladenden Tamarindenbaum und nahm dafür Bambus und Holzreste aus dem Sägewerk. Ich denke, er hatte sich überlegt, dass wir wenigstens auf festem Boden landen würden, wenn wir aus dem Baumhaus fielen, und nicht vom Fluss mitgerissen würden. Der Tamarindenbaum ist ein immergrüner Baum, der gelbe, rot geäderte Blüten und essbare Früchte hervorbringt. Wir liebten unser Baumhaus so sehr, dass ich es kaum sagen kann. Slone und ich spielten stundenlang darin, aber auch Bwa Bwa war oft mit dabei. Wir taten so, als sei es unser Zuhause. Einige der Äste waren in unserer Phantasie die Schlafzimmer, andere die Küche oder das Wohnzimmer. Wir kletterten höher hinauf, um Tamarinden zu pflücken, und brachten sie ins Baumhaus zurück.

Dann stippten wir sie in Salz und Chili und »kochten« ein Festessen aus Tamarinden. Wir aßen und aßen, bis wir nicht mehr konnten.

Unter dem Boden unserer Hütte baute uns mein Vater noch ein Spielgerät, eine Art riesige Holzwiege. Sie hing an Bambusseilen von den Balken und war groß genug für fünf bis sechs Kinder. Einer musste draußen bleiben und anstoßen, und wir anderen quetschten uns hinein, schaukelten hin und zurück und lachten uns schief. Am Ende schaukelten wir immer zu hoch oder machten zu viel Unsinn, und einer purzelte hinaus.

Für ein anderes Spiel brauchte man einen großen fliegenden Käfer, den Kywee, der in verfaultem Bambus lebte. Er war glänzend grünschwarz und ungefähr so groß wie ein Apfelschnitz. Das Männchen hatte Hörner am Kopf. Slone war der Experte, wenn es darum ging, am Bambus hochzuklettern und Käfer zu fangen. Er gab mir einen und verteilte die anderen unter unseren Freunden, und dann ließen wir die Männchen gegeneinander kämpfen. Derjenige, dessen Käfer flüchtete, wurde zum Verlierer erklärt und musste zur Strafe ein Glas Wasser trinken. Wenn man zehn Mal hintereinander verlor, musste man zehn Glas Wasser trinken. Wesentlich riskanter aber war es, wenn der Käfer mit seinen Zangen einen Finger erwischte. Dann durchbohrte er die Haut, und das tat höllisch weh. Man musste den Käfer am Rücken festhalten und aufpassen, dass das nicht passierte. Wir banden immer ein Stück Faden um die Wurzel der Hörner, damit der Käfer nicht entkommen konnte. Dann konnte man ihn am Faden fliegen lassen wie einen kleinen Hubschrauber. Wenn wir genug davon hatten, mit den Käfern zu spielen, war es an der Zeit, sie zu essen. Wir legten sie in die Glut und sahen zu, wie sie knisternd aufbrachen. Wenn der Panzer verbrannt war, nahmen wir sie heraus und ließen sie ein wenig abkühlen. Dann konnte man die harten Teile, inklusive Kopf und Beine, abschälen und den Rumpf essen. Die Käfer schmeckten ähnlich wie Heuschrecken, nur nicht ganz so gut. Wir fingen noch andere Käfer, die ähnlich aussahen und im Dung lebten, aber ich brachte es nie über mich, sie zu essen, obwohl viele meiner Freunde das taten.

Eines der beliebtesten Karen-Spiele ist Volleyball – ich habe keine Ahnung, wie es dazu kam. Jedes Dorf stellte eine Mannschaft, und die Dörfer konkurrierten heftig miteinander. Meine Mutter war Mitglied im Volleyball-Team des Dorfes Per He Lu. Beim Neujahrsfest fand immer ein Volleyball-Turnier statt, und alle hatten großen Spaß daran.

Eine andere Sportart stammt ursprünglich von den Karen; man nennt diese Kampfkunst *ta ker met su,* »den Gegner mit Fäusten und Füßen schlagen«.

Dieser Kampfsport ist nur etwas für Männer, und das Turnier ist das größte Ereignis um Neujahr herum. Bei diesem Kampf tragen die jungen Männer nur Shorts oder einen hochgebundenen Longyi und umwickeln sich die Fäuste mit Stoff. Es gibt viele Regeln – kein Beißen, kein Festhalten, kein Blenden –, aber beide Hände und Füße dürfen zum Einsatz kommen. Ein Kampf geht über mehrere Runden, ein Kämpfer kann jedoch jederzeit signalisieren, dass er aufgibt, und in diesem Fall bestimmt der Schiedsrichter den Sieger. Aber das kam in der Praxis sehr selten vor. In der Regel trugen beide Kämpfer Wunden im Gesicht davon und bluteten stark, und manchmal wurde einer auch bewusstlos geschlagen.

Der Wettkampf bot den jungen Männern die Chance zu zeigen, dass sie echte Kerle waren. Der Sieger bekam einen kleinen Preis, aber in Wirklichkeit ging es um die Ehre. Für unverheiratete Männer war der Kampf eine gute Gelegenheit, sich vor den Zuschauerinnen aufzuspielen.

Als ich ungefähr sechs war, bekamen unsere fröhlichen Spiele plötzlich einen bitteren Beigeschmack. Eines Tages spielte ich mit meinem Bruder und meiner Schwester am Fluss. Es war die heiße Jahreszeit, und wir planschten im kühlen, seichten Wasser. Die Wurzeln eines großen Baumes bildeten unter Wasser eine Schlinge, und man musste tauchen, durch sie hindurchschwimmen und dahinter wieder auftauchen. Es war eng da unten, selbst für jemanden, der so klein war wie ich, und es kostete Kraft, sich hindurchzuwinden. Von unseren Eltern wusste niemand, dass wir dort spielten, und sie wären sicher nicht sehr glücklich darüber gewesen.

Es war schon fast Abend, die Sonne verschwand gerade hinter den Bergen. Als wir im dunkler werdenden Wasser spielten, stieg uns auf einmal ein widerwärtiger Geruch in die Nase. Etwas so Grässliches hatte keiner von uns je gerochen. Instinktiv bekam ich Angst, aber ich war auch neugierig und wollte wissen, was da war.

Als wir uns vorsichtig zu den hinteren Baumwurzeln vorkämpften, ließ ich meinen Geschwistern den Vortritt. Vor uns lag ein Mann mit dem Gesicht im Wasser, dessen Körper unförmig angeschwollen war. Er klemmte unter einer Baumwurzel und war deshalb von der Strömung nicht weiter mitgetragen worden. Der Gestank war absolut ekelerregend, und wir drehten uns alle gleichzeitig um und rannten nach Hause.

Zu Hause packten wir unseren Vater am Arm.

»Papa! Papa! Komm! Komm!«

»Da liegt ein toter Mann im Fluss!«

»Es riecht so schrecklich …«

Er ging mit uns zurück zum Fluss. Ich hatte Angst und blieb ein Stück zurück. Slone und Bwa Bwa waren mutiger und gingen so nahe heran, dass sie meinem Vater zeigen konnten, wo der Leichnam lag. Mein Vater befahl uns zurückzubleiben, als er sich dem Toten näherte. Ich sah starr vor Entsetzen zu, wie er einen Stock nahm, sich vorbeugte und den Körper so lange unter Wasser drückte, bis er versank. Kurz darauf tauchte der Leichnam noch einmal ein Stück flussabwärts auf, offenbar von der Strömung mitgezogen.

Während der Mann davongetragen wurde, sah ich, dass sein Rücken voller Wunden und mit einem Netz aus hässlichen roten Striemen überzogen war. Es sah so schrecklich aus, dass ich den Blick abwenden musste. Was um alles in der Welt war ihm zugestoßen? War er von einem wilden Tier angegriffen worden? Obwohl ich mich abgewandt und mir die Augen zugehalten hatte, konnte ich den schrecklichen Anblick nicht vergessen. Ich war mir sicher, dass ich davon Alpträume bekommen würde. Mein Vater sagte, es sei Zeit, nach Hause zu gehen, und zog uns mit.

»Wie ist dieser Mann in den Fluss gefallen und gestorben?«, fragte ich ihn leise.

Mein Vater sah mich schweigend an. Ich begriff, dass er überlegte, welche Art von Antwort er mir geben sollte. Schließlich muss er sich entschlossen haben, mir die Wahrheit zu sagen.

»Weit oben am Fluss gibt es noch anderen Karen-Dörfer«, erklärte er. »Manchmal geht die burmesische Armee in diese Dörfer und entführt Leute. Sie machen sie zu Zwangsarbeitern, sie müssen ihre schweren Lasten tragen. Diese armen Leute bekommen nichts Richtiges zu essen und dürfen sich nicht ausruhen. Wenn sie erschöpft sind und keine Waffen oder Lebensmittel mehr tragen können, werfen die burmesischen Soldaten sie in den Fluss. So ist dieser Mann hierhergekommen.«

»Aber wieso ist sein Rücken so schlimm verletzt?«, fragte ich. »Wie ist das passiert?«

»Die burmesischen Soldaten schlagen ihre Träger, damit sie weiterlaufen«, antwortete mein Vater. »Wenn sie nicht mehr können, tun sie ihnen manchmal schlimme Dinge an, damit die anderen Träger sehen, was ihnen bevorsteht, wenn sie ihre Lasten nicht mehr tragen. Und wenn sie gar nicht mehr weiter können, werfen sie sie zum Sterben in den Fluss.«

Wie grauenhaft das war. Obwohl ich noch so klein war, wurde ich ungemein wütend auf die Soldaten, die das getan hatten. Dies war mein erster unmittelbarer Kontakt mit dem Krieg und eine einschneidende Erfahrung für mich. Wir hatten diesen toten Menschen gefunden, und wir hatten ihn an einem unserer Lieblingsplätze gefunden, wo wir stets unbeschwert gespielt hatten. Es war kein Anblick für ein Kind, und er warf für viele Wochen einen dunklen Schatten über uns. Eines Nachts belauschte ich meine Eltern, die sich gedämpft über den Vorfall unterhielten.

Sie klangen besorgt, und das wiederum beunruhigte mich. Sie sprachen über die Kämpfe und darüber, dass sie immer näher an uns heranrückten.

Meine Mutter wirkte besonders bekümmert; immer wenn der Krieg ein Stück näher kam, spürte sie, wie er unser glückliches Leben bedrohte und verdüsterte. Vielleicht spielte dabei auch eine Rolle, dass sie selbst Soldatin gewesen war und die Schrecken des Krieges aus eigener, bitterer Erfahrung kannte. Ich war mir sicher, dass ich nie eine Kriegerin, eine echte Karen-Heldin wie sie sein würde. Der Anblick des Toten im Fluss machte mir nur noch mehr Angst. Das Bild blieb lange Zeit in meinem Kopf. Es verfolgte mich bis in meine Träume.

Nach diesem Ereignis spielten wir sehr lange nicht mehr im Fluss.

7

MANERPLAW

Da meine Mutter nun so viel in Manerplaw arbeitete, entschied mein Vater, dass wir dort ein Haus bräuchten. Wir bauten uns deshalb dort ein neues aus Bambus, ähnlich dem im Dorf. Daneben lag ein kleines Reisfeld, das mein Vater in einen Blumengarten umgestaltete. Er liebte Blumen sehr, ihre Schönheit, aber auch, weil ihr Anblick und ihr Duft die Menschen glücklich macht – und er konnte es sich leisten, weil wir nicht mehr so viel Reis anpflanzen mussten. Früher hatten die Karen-Widerstandskämpfer von der KNU Essensrationen statt Lohn erhalten. Aber das war immer ungeschälter Rohreis gewesen, und deshalb hatten meine Eltern zusätzliche Nahrungsmittel anbauen müssen. Aber in den letzten Jahren war es besser geworden: Die KNU-Ration umfasste nun geschälten Reis, Salz, Tee und Fischpaste.

Während mein Vater seinen Blumengarten pflegte, baute meine Mutter um das neue Haus herum Gemüse an. Sie pflanzte Koriander, Wasserspinat, Zwiebeln, Knoblauch und grüne Bohnen. Zu meinem Vater sagte sie gerne im Spaß, wenn es ans Essen ginge, könne er ja seine Blumen verspeisen. Deshalb pflanzte er Ananas, Mangos, Limonen, Pflaumen und Bananenbäume, damit er behaupten konnte, er lege in Wirklichkeit einen Obstgarten an. Aber seine wahre Leidenschaft blieben die Blumen. Er tauschte Samen mit seinen Freunden und züchtete immer neue Sorten.

Als Kind aß ich am liebsten Obst. Slone und ich kletterten oft auf die Mangobäume meines Vaters, blieben möglichst lange oben und stopften uns mit Mangos voll. Meine Schwester und ich verbrachten auch Stunden damit, im Blumengarten meines

Vaters Schmetterlinge zu fangen. Die hübschesten steckten wir in eine transparente Plastiktüte, bis wir flatternde Flügel in allen Regenbogenfarben zusammenhatten. Wenn die Tüte voll war, stellten wir einen »Marktstand« auf und verkauften die Schmetterlinge. Wir benutzten Bonbonpapier als Geld. Der gelbe war der »goldene Schmetterling« und deshalb der teuerste. Der »Himmelsschmetterling« war blau und weniger teuer. Grün war der »Blattschmetterling«, er kostete am wenigsten. Meine Freunde kamen vorbei und boten uns Blütenblätter als Tauschobjekte an. Aus irgendeinem Grund waren die violetten Blüten am meisten wert, gefolgt von den roten und den gelben. Aus den Blüten, die wir für unsere Schmetterlinge eingetauscht hatten, mischten wir einen Blüten-Lilienblatt-Salat und taten so, als würden wir ihn essen. Der Handel mit den Schmetterlingen und den Blüten war eines der besten Spiele überhaupt.

Der Blumengarten meines Vaters reichte bis ans Ufer des Moei. Leute, die mit Booten auf dem Fluss unterwegs waren, machten oft Bemerkungen, wie schön der Garten sei, und wollten wissen, wer da lebte. Einmal baute mein Vater während der Trockenzeit mitten im Garten ein Sommerhaus aus Bambus mit Blick auf den Fluss. Wenn es heiß war, hielten wir uns dort auf und lasen. Aber wir hießen dort auch oft Besucher willkommen.

Aus der Sicht meines Vaters war ein Blumengarten ohne einen Zierteich nicht vollständig. Er ließ sich vom Schicksal seines ersten Fischteichs nicht abschrecken und grub einen neuen neben unserem Haus in Manerplaw, in den er hübsche graue und silberne Fische einsetzte. Aber wenn meine Eltern bei der Arbeit waren, passte niemand auf den Teich auf. Bald war das Interesse der Enten geweckt, und sie quakten vor Freude, wenn sie auf dem Teich herumschwammen und nach und nach sämtliche Fische fingen und verschlangen. Als mein Vater von der Arbeit zurückkam, fand er nur noch einen leeren Teich vor und Enten, die zufrieden mit den Schwanzfedern wackelten.

Mein Vater drehte sich verärgert zu meiner Mutter um: »Schau dir das an! Sieh doch, was die Enten gemacht haben! Ich habe so viel Zeit damit verbracht, den Teich auszuheben und die Fische hineinzusetzen, und …«

»Warum hast du ihn nicht eingezäunt?«, unterbrach ihn meine Mutter. »Außerdem isst du immer gerne Ente, wenn ich sie zubereite, oder nicht?«

»Aber sitzt du nicht auch gerne am Teich und siehst den Fischen zu? Wie wollen wir das jetzt machen?«

Meine Mutter schnaubte. »Als ob ich die Zeit dazu hätte! Ich arbeite die ganze Zeit im Garten und kümmere mich um das Gemüse, das zum Entenfleisch gehört.«

Es war selten, dass sich meine Eltern ernsthaft stritten, und wenn es vorkam, hielten wir uns still im Hintergrund. Der Streit wurde nie sehr heftig, und das schlimmste, was passieren konnte, war, dass einer von beiden hinausstürmte. Nachdem die Enten alle Fische gefressen hatten, wurde der Zierteich zum Ententeich, und das Wasser wurde trüb und schmutzig – genau wie bei unserem ersten Teich im Dorf!

Die Karen-Soldaten legten oft mit ihren Longtail-Booten an der Bucht vor unserem Haus an. Sie war wie ein kleiner Hafen geformt, und die Soldaten setzten sich gerne ein Weilchen zum Ausruhen in den Blumengarten meines Vaters, bevor sie den Hügel hinauf zu ihrem Stützpunkt marschierten. In der Regenzeit ließen die Kämpfe immer nach, weil der Dschungel unpassierbar wurde. Dann fanden an dem Sandstrand unterhalb unseres Hauses militärische Übungen statt. Das sah zum Beispiel so aus, dass ein Soldat durch den Fluss schwamm und ein Seil an einen Baum auf der anderen Seite band. Es wurde aus dem Wasser gezogen und auch auf unserer Seite um einen Baum gebunden, so dass es straff gespannt war. Dann musste ein Soldat nach dem anderen Arme und Beine um das Seil schlingen und sich hinüberhangeln. Wenn sie das geschafft hatten, mussten sie zurückschwimmen. Wir sahen von unseren Logenplätzen im Garten fasziniert zu und hofften, dass niemand ins Wasser fiel.

In Manerplaw gab es keine Grundschule, deshalb war Per He Lu weiterhin der Mittelpunkt unseres Lebens. Wenn die Prüfungszeit nahte, blieb meine Mutter im Dorf, kümmerte sich um die Tiere, kochte und passte auf uns auf. Mein Vater versprach mir immer eine besondere Überraschung, falls ich den ersten Preis bekäme. Das spornte mich noch zusätzlich an, denn ich wollte meinem Vater eine Freude machen und natürlich auch sehen, was er für mich hatte.

Im dritten Schuljahr war ich wieder Klassenbeste, und mein Vater schenkte mir ein wunderschönes rosarotes Kleid. Es sah aus wie ein westliches Partykleid. So etwas Hübsches und Exotisches hatte ich noch nie gesehen. Normalerweise erbte ich immer die abgelegten Kleider meiner Schwester Bwa Bwa. Ich hatte noch nie ein eigenes Kleidungsstück besessen und ein richtiges Kleid schon gar nicht.

Zu Hause trug ich immer nur Baumwollshorts und ein T-Shirt, und auch die hatte meine Schwester schon vor mir getragen. Im Grunde machte mir das nichts aus. Alle im Dorf waren so angezogen, deshalb fiel ich nicht aus dem Rahmen. Ich wusste, warum wir nie neue Kleidung hatten: Meine Eltern konnten es sich einfach nicht leisten, welche zu kaufen. Wer sich der Widerstandsbewegung anschloss, tat dies freiwillig und bekam außer Essensrationen und ein paar Haushaltsgegenständen keinen Lohn.

Zusätzlich Geld verdienen konnte man allenfalls durch ein kleines Nebengeschäft. Meine Mutter führte in Manerplaw einen kleinen Laden. Er bestand aus einem Verkaufsstand unter dem Haus, den sie abends und am Wochenende öffnete. Dort verkaufte sie Obst, hausgemachte Snacks aus Reismehl und Rohrzucker und Klümpchen aus knusprigem, braunem Zucker, *ghan da gah* genannt. Im Laden verkaufte sie auch Betelnuss, dadurch hatten viele Käufer immer den Mund voller Speichel und dunkelrot gefärbte Zähne.

Meine Mutter hielt Schweine, Enten, Truthähne und Hühner. Die Enten- und Hühnereier ergänzten unseren eigenen Speisezettel, aber einen Teil verkaufte sie auch wegen der Einnahmen. Wenn sie ein Ferkel schlachtete, verdiente sie mit dem Verkauf des Fleisches ungefähr 300 Thai Baht, keine zehn Euro. Ein ausgewachsenes Schwein brachte 2000 Baht. Mit den Einnahmen bezahlte sie unser Schulgeld und die Schuluniformen oder Waren, die sie an ihrem Stand verkaufen konnte, wie zum Beispiel billige Zigarren.

Wir hatten jetzt zwei Leben – den Alltag im Dorf und die Wochenenden, die wir oft in Manerplaw verbrachten. Ich war sieben, als unser Leben in Manerplaw an Bedeutung für uns gewann. Eines Abends brachte mein Vater vier burmesische Studenten mit nach Hause. Er teilte uns mit, sie würden bei uns wohnen, bis sie sich eine eigene Hütte gebaut hatten.

Ich hatte noch nie zuvor einen Burmesen kennengelernt, und es war ein seltsames Gefühl, die vier im Haus zu haben, vor allem, da meine Geschwister und ich uns nicht mit ihnen verständigen konnten. Sie sprachen Burmesisch, und wir sprachen Karen. Eines Abends erklärte einer der Studenten meinen Eltern, warum genau sie sich dem Widerstand angeschlossen hatten. Meine Eltern hörten sich sein Burmesisch an und wiederholten dann für uns auf Karen, was er gesagt hatte. Ich verstand nicht alles, aber sinngemäß konnte ich folgen.

Zu jener Zeit war General Ne Win der Kopf der Militärdiktatur in Burma. Viele hielten ihn für psychisch gestört. Wie als Beweis dafür hatte er urplötzlich verkündet, alle Banknoten außer denen im Wert von 45 und 90 Kyat, der burmesischen Währung, seien nicht länger gültig. Von nun an gälten als gesetzliches Zahlungsmittel nur noch Werte, die durch neun teilbar seien, denn neun, erklärte General Ne Win, sei eine Glückszahl.

Über Nacht verloren die meisten Leute ihre Ersparnisse. Für eine Bevölkerung, die seit Jahren unter seiner Diktatur litt, war das der Tropfen, der das Fass zum Überlaufen brachte. Es kam zu Protestaktionen auf der Straße, deren treibende Kraft die Studenten waren. Die Demonstrationen wurden immer massiver und breiteten sich über das ganze Land aus, bis in allen größeren Städten Hunderttausende von Demonstranten auf die Straßen gingen. Sie verlangten einmütig das Ende der Militärdiktatur und eine Rückkehr zur Demokratie im Land.

Doch am 8. August 1988 wurde der Aufstand vom Militär blutig niedergeschlagen. Tausende unbewaffneter Demonstranten wurden kaltblütig niedergeschossen und unzählige weitere verhaftet. Selbst buddhistische Mönche, die bis dahin in Burma allgemein respektiert worden waren, wurden nicht verschont, sondern geschlagen, verhaftet und getötet. Der Aufstand wurde bekannt unter dem Namen 8/8/88.

Viele von denen, die den blutigen Vergeltungsmaßnahmen des Militärs entkommen waren, flohen ins Karen-Gebiet und landeten in Manerplaw oder »Victory Field«, »Feld des Sieges«, wie es in unserer Sprache heißt. Sie hatten sich mühsam bis dorthin durchgeschlagen – durch unwegsames Bergland oder auf den Flüssen, die sich durch den Urwald schlängelten. Auf diesem Weg waren auch die vier Studenten in unser Haus gekommen.

Als ich ihre Geschichte hörte, begriff ich, dass die Karen nicht die Einzigen waren, die litten. Andere ethnische Gruppierungen – auch die Burmesen selbst – litten unter der brutalen Herrschaft von General Ne Win und auch unter seiner Junta, als der General sein Staatsamt niedergelegt hatte. Es überraschte mich, dass die burmesische Junta ihr eigenes Volk unterdrückte und nicht nur ethnische Gruppierungen wie die Karen.

Mein Vater riet der Führung der KNU, die Flüchtlinge des 8/8/88 aufzunehmen. In und um Manerplaw entstanden in der Folge immer mehr Anlaufstellen für die demokratischen Widerstandsgruppen. Die jungen Männer ließen sich ausbilden, um sich dem bewaffneten Arm des Widerstands anschließen und mit den Karen-Soldaten kämpfen zu können. Mein Vater war der perfekte Kandidat für die Koordinierung all dieser Aktivitäten: Er sprach fließend Burmesisch, er war Animist und damit in Religionsfragen »neutral«, und er hatte in Rangun studiert und wusste, wie der Widerstand in einer Stadt funktioniert.

Manerplaw verwandelte sich in das Zentrum der demokratischen Widerstandsbewegung in Burma, und mein Vater wurde zum Sonderberater von General Saw Bo Mya, dem Präsidenten der Karen National Union, ernannt, den er bei der Bewältigung der neuen Entwicklungen unterstützen sollte.

Ich verstand damals von alledem nur wenig, nur eines wurde mir schlagartig klar und machte mich glücklich: Infolge seiner neuen Aufgabe musste mein Vater nicht mehr an die Front. Wie meine Mutter würde auch er in Zukunft die Woche über in Manerplaw arbeiten und die meisten Wochenenden bei uns im Dorf verbringen. Kurz gesagt: Mein Vater kam wieder nach Hause.

Von diesem Zeitpunkt an lernte ich meinen Vater erst richtig kennen – seine Liebe zu dem Blumengarten und seinen Glauben, dass Burma eines Tages frei sein würde. Der Zustrom der 8/8/88-Flüchtlinge hatte einen neuen Geist der Hoffnung und des Widerstands nach Manerplaw getragen. Dieser Geist war überall spürbar.

Doch das alles hatte auch eine Schattenseite, denn durch diese Vorgänge wurde die Aufmerksamkeit der Junta noch stärker auf uns gelenkt.

8

DIE FLUSSGEISTER

Meine Eltern versuchten nicht, uns die Existenz des Krieges zu verschweigen. Aber im Großen und Ganzen ging das Leben so weiter wie bisher, erfüllt von Lachen und Fröhlichkeit. Ich war inzwischen acht und freute mich auf das Picknick am Schuljahresende. Doch als der Tag näher rückte, sagte meine Mutter, ich könne nicht teilnehmen. Ich war schrecklich enttäuscht.

»Alle meine Freunde gehen hin, warum darf ich nicht?«, beschwerte ich mich. »Warum bin ich die Einzige, die nicht mitdarf?«

»Es tut mir leid, Kleine Tochter, aber Mädchen in deinem Alter müssen von ihren Eltern begleitet werden«, antwortete meine Mutter, »und ich kann nicht mitkommen.«

»Aber ich kann mit Bwa Bwa gehen. Sie ist alt genug.«

»Sie ist kein Elternteil, oder? Du musst es dir eben zu Hause schön machen.«

Als der Morgen des Schulpicknicks kam, war ich zum Erstaunen meiner Mutter schon sehr früh wach.

»Oh! Heute ist meine Kleine Tochter aber schon früh wach. Warum?«

Ich ignorierte ihre Frage und lächelte unschuldig. Ich hatte einen geheimen Plan und wollte ihn meiner Mutter auf keinen Fall verraten. Sie gab Bwa Bwa ihr Picknick – ein von einem großen Bananenblatt umwickeltes Essenspäckchen, um das sie eine Bambusschnur band. Als Bwa Bwa bereit zum Aufbruch war, schlich ich aus dem Haus und versteckte mich gut.

Bwa Bwa ging an meinem Versteck vorbei, ohne mich zu sehen, und nachdem sie sich ein Stück entfernt hatte, folgte ich ihr. Ich hielt Abstand, damit sie mich nicht sehen konnte, und blieb ihr gleichzeitig so dicht auf den Fersen, dass ich sie nicht aus den Augen verlor. Als sie den Schulhof erreichte, liefen dort schon viele Kinder durcheinander, und ich mischte mich unauffällig unter sie.

Als ich den Eindruck hatte, dass es für Bwa Bwa zu spät war, mich zurückzuschicken, rannte ich zu ihr. »Ältere Schwester! Ältere Schwester! Ich bin auch da, und ich komme mit!«

»Nein, nein! Du kannst nicht mitkommen!«, wehrte Bwa Bwa überrascht ab. »Mama erlaubt es nicht. Du musst nach Hause zurück.«

»Bitte, Ältere Schwester. Bitte. Es ist ein langer Heimweg, und du hast keine Zeit, mich nach Hause zu bringen.«

Bwa Bwa war verärgert, aber sie wusste, dass ich recht hatte – es war keine Zeit mehr, mich zurückzubringen. Sie ließ mich also mitkommen – aber unter einer Bedingung: Ich musste die ganze Zeit in ihrer Nähe bleiben. Die erste halbe Stunde stiegen wir den Teak-Berg hinauf. Dann liefen wir auf der anderen Seite wieder hinunter und kamen an ein schönes, sandiges Ufer ein Stück flussaufwärts von Manerplaw. Ich kannte es nicht, und mir gefiel dieser Picknickplatz sehr gut.

Im Nu waren wir im Wasser, planschten und spielten. Zwar war mir schon klar, dass ich kein Lunchpaket hatte, aber ich hoffte, Bwa Bwa würde ihr Essen mit mir teilen. Und selbst wenn ich hungrig nach Hause käme, hatte sich der herrliche Ausflug gelohnt. Gerade als mir diese Gedanken durch den Kopf gingen, sah ich, wie meine Mutter aus dem Wald auf uns zurannte. Ich traute meinen Augen kaum und bekam plötzlich Angst.

Man rief mich heran. Meine Mutter erklärte den Lehrern, dass sie mir nicht erlaubt hatte mitzukommen. Sie hatte mich zu Hause vermisst und überall nach mir gesucht. Sie hatte Slone gefragt, aber er hatte mich auch nicht gesehen. Schließlich hatte sie erraten, dass ich wohl Bwa Bwa gefolgt war. Sie kannte unser Ziel und hatte sich auf den Weg gemacht. Ich stand mit gesenktem Kopf neben ihr und hatte ein schlechtes Gewissen.

Als meine Mutter schwieg, wollte meine Lehrerin mich eigentlich ausschimpfen, aber dann musste sie doch lachen. Und meine Mutter hatte mir sogar ein eigenes Lunchpaket mitgebracht. Wenn ich ungezogen war, wurde ich von meiner Mutter nie geschlagen oder bestraft. Sie, Bwa Bwa und ich verbrachten einen wunderbaren Tag am Fluss. Endlich einmal hatte ich es geschafft, dass sie ihre Haushaltspflichten vergaß. Ich freute mich, wie sehr sie diesen Tag genoss. Nun war es doch noch ein perfekter Ausflug geworden!

Der Hang zu eigensinnigem und ungebärdigem Verhalten schien in der Familie Phan tief verwurzelt zu sein – zumindest in der jüngeren Generation. Bei einem unserer Lieblingsspiele »borgten« wir uns die Boote anderer Leute und bestanden mit ihnen aufregende Abenteuer. Viele Dorfbewohner ließen ihre Kanus an Baumwurzeln gebunden am Flussufer liegen. Wir mussten also nur ans Ufer laufen, uns einen Einbaum aussuchen, der uns gefiel, und lospaddeln.

Oft veranstalteten wir Einbaumrennen im seichten Flussarm unterhalb unseres Hauses. Doch eines Tages beschlossen wir, quer über den Fluss zu paddeln. Wer das andere Ufer als Erster erreichte, hatte gewonnen. Ich suchte mir das größte Kanu, das ich finden konnte, und wir fuhren auf Kommando los. Zuerst paddelten wir durch ruhige Ufergewässer, doch sehr schnell erreichten wir die mächtige Strömung. Als das rauschende Wasser das Kanu erfasste und es drehen und pfeilschnell flussabwärts ziehen wollte, musste ich mit aller Kraft dagegenhalten. Als wir das ruhigere Wasser am anderen Ufer erreichten, lag Bwa Bwa vorne, und Slone und ich lieferten uns ein Kopf-an-Kopf-Rennen. Meine Schwester und ich packten eine überhängende Baumwurzel und zogen unsere Kanus auf die Seite. Wir setzten uns ans Ufer, um uns auszuruhen und wieder zu Atem zu kommen. Aber Slone musste sich wieder einmal hervortun. Er sprang ans Ufer, rammte sein Paddel aufrecht in den Sand und band sein Kanu daran fest. Dann kletterte er auf die Uferböschung und verkündete, er ginge jetzt auf Erkundungstour.

Kaum war Slone zwischen den Bäumen verschwunden, als ein Longtail-Boot in der Strommitte vorbeirauschte. Das Kielwasser schwappte mit lautem Klatschen ans Ufer. Beim Ablaufen zerrte das Wasser an Slones Kanu und lockerte das Paddel. Das Kanu wurde nach und nach immer weiter in die Strömung gezogen. Plötzlich kam Slone ans Ufer gerannt, um sein Boot zu retten. Bwa Bwa und ich bogen uns vor Lachen, als wir sahen, wie er sich abstrampeln musste.

Er sprang mit einem Satz ins Wasser, tauchte nach Luft schnappend wieder auf und schwamm dem Kanu hinterher. Er griff nach dem Paddel und bekam es auch zu fassen, dann zog er an der Leine, bis er das Kanu ganz zu sich herangezogen hatte. Bwa Bwa und ich wurden so von Lachen geschüttelt, dass wir unserem kleinen Bruder nicht helfen konnten, aber es gelang ihm, sich hochzuziehen, und schließlich saß er wieder im Kanu. Slone nahm uns unser Gelächter nicht besonders übel; er wusste, dass er sich genauso amüsiert hätte, wenn eine von uns ihr Boot verloren hätte.

Wir drei waren zu jener Zeit ziemlich wild und unvernünftig. Mit besonderem Vergnügen waren wir mit unseren selbstgebastelten Schleudern unterwegs. Sie bestanden aus einem festen Gummiband, das an einem gegabelten Stock befestigt war. Wir nahmen sie mit, wenn wir in den Wald gingen, und trugen dazu eine Tasche mit Tonmurmeln und kleinen Steinen über der Schulter. Eigentlich sollten nur Jungen Schleudern besitzen, aber Bwa Bwa und ich waren fest entschlossen, alles zu tun, was Jungen tun.

Im Dschungel gingen wir auf die Jagd. Die Schleuder war sehr wirkungsvoll und konnte einen Vogel auf der Stelle töten. Wir nahmen unsere Beute mit nach Hause, rupften sie, rieben sie mit Kurkuma und anderen Gewürzen ein und rösteten sie an einem Stecken über dem Feuer. So gebraten, schmeckte das Vogelfleisch köstlich. Leider war ich kein guter Schütze. Genau genommen traf ich nie einen einzigen Vogel. Say Say war der beste Schütze, gefolgt von Slone. Zum Glück teilten meine Brüder immer ihre Beute mit uns.

Eines Tages kam Slone keuchend vom Flussufer und machte ein Gesicht, als ob ihm ein Geist begegnet wäre. Es stellte sich heraus, dass er mit seiner Schleuder am Fluss gejagt hatte. Er hatte keine Vögel entdeckt und in seinem Ärger beschlossen, aufs Geratewohl ein vorbeifahrendes Longtail-Boot zu beschießen. Es war ungefähr dreißig Meter entfernt, und er hatte nicht damit gerechnet, es zu treffen. Doch die Murmel war im hohen Bogen durch die Luft geflogen und hatte den Bootsführer am Oberschenkel getroffen. Dieser hatte, rot vor Wut und Schmerz, sofort nach dem Übeltäter Ausschau gehalten. Slone war davongeschlichen und nach Hause gelaufen. Ich musste schrecklich über seine Geschichte lachen, aber Slone machte sich Sorgen. Er war überzeugt davon, dass der Bootsführer ihn gesehen hatte und nach ihm fragen würde. Von diesem Tag an suchte Slone immer nach einer Ausrede, wenn wir zum Waschen an den Fluss geschickt wurden. Ich redete Slone gut zu, dass ihn bestimmt niemand erkannt hatte, aber er ängstigte sich weiter.

Schließlich merkte meine Mutter, dass ihn etwas bedrückte. »Was ist, Kleiner Sohn? Du hast doch immer gerne am Fluss gespielt. Was ist passiert?«

»Ich habe nur einfach keine Lust dazu«, murmelte Slone.

Da kam meine Mutter zu mir und fragte mich, was passiert sei. Ich entschloss mich, ihr die Geschichte zu erzählen, denn ich wusste, dass sie einen Weg finden würde, Slone zu beruhigen. Als ich von dem Zwischenfall mit der Schleuder berichtete, konnte sie kaum aufhören zu lachen. Sie versuchte, ein strenges Gesicht zu machen und ihm einzuschärfen, dass es falsch war, mit der Schleuder auf Menschen zu zielen, aber in erster Linie wollte sie ihm die Angst nehmen, damit er wieder an den Fluss gehen konnte.

Mein unabhängiger, ungestümer Charakter konnte sich im Dorf frei entfalten. Einmal wurde in der Regenzeit der abschüssige Pfad, der an unserer Hütte vorbeiführte, nass und glitschig. Wir benutzten ihn übermütig als Rutschbahn, wodurch er noch glatter wurde. Meine Mutter hasste es, wenn wir im Matsch spielten, weil sie Angst hatte, wir würden uns erkälten, aber wir ließen uns den Spaß nicht verderben. Als wir merkten, dass die Leute, die den Pfad herunterkamen, Gefahr liefen auszurutschen, machten wir erst recht weiter!

Eines Tages beschloss Vater, seiner Kleinen Tochter sollten nun auch die Haare abgeschnitten werden. Die anderen Schulkinder hatten kurze Haare, aber ich liebte meine langen Haare und sah nicht ein, warum ich sie abschneiden sollte. Als mein Vater die Schere holte, wusste ich, dass ich mich verdrücken musste. Ohne ein Wort schlich ich mich hinaus und versteckte mich unter der Hütte. Ich kroch in eine kleine Lücke unter dem Feuerholz, in die ich knapp hineinpasste, und war mir sicher, dass niemand mich finden würde.

Ich hörte, wie mein Vater nach mir suchte. »Kleine Tochter! Kleine Tochter! Ich schneide dir nur ein kleines Stück ab. Nicht viel. Nur ein winziges Stückchen …«

Aber ich ließ mich nicht hervorlocken. Es war Trockenzeit, und wir hatten Ferien, deshalb musste ich nicht in die Schule gehen. Ich blieb den ganzen Vormittag in meinem Versteck. Nachdem Vater im Haus gesucht hatte, ging er in den Garten und sah hinter den Bananen- und Ananasstauden nach. Aber auch dort war ich nicht. Schließlich wurden alle zusammengerufen und mussten sich an der Suche beteiligen. Ich hatte in meinem Versteck einen Riesenspaß.

Erst am Nachmittag hatte Bwa Bwa die Idee, beim Brennholz nachzusehen. Sie beugte sich vor und spähte in den Stapel hinein, und als sie mich entdeckte, machte sie ein so überraschtes Gesicht, dass ich lachen musste. Ich legte einen Finger an die Lippen und flüsterte ihr zu, sie solle still sein. Eine Weile hielt sie sich daran, aber dann fingen meine Eltern an, sich ernsthaft Sorgen zu machen, und sie verriet meinem Vater, wo ich steckte. Er kam herunter, und als er mich sah, verzog sich sein Gesicht zu einem Lächeln. Er war überhaupt nicht böse.

Er versuchte, mich hervorzulocken, indem er mir versprach, er werde mir wirklich nur ein ganz winziges Stückchen von meinen Haaren abschneiden. Ich hatte das Gefühl, dass ich ihm gezeigt hatte, wie wichtig mir meine Haare waren, und gab auf. Auf der Veranda hob er mich auf seinen Schoß und fing an zu schneiden. Doch als er fertig war, merkte ich, dass er mich hereingelegt hatte, denn die Haare waren bis zu den Ohren abgeschnitten. Ich war so wütend, dass ich entrüstet erklärte, ich wünschte, ich wäre für immer in meinem Versteck geblieben.

»Du bist schuld, dass ich wie eine Kokosnuss aussehe!«, schrie ich. »Schau dir das an! Wie eine hässliche alte Kokosnusshälfte!«

»Kleine Tochter, du bist jung, und junge Mädchen müssen kurze Haare haben«, sagte mein Vater geduldig. »Alle anderen in der Schule haben kurze Haare, warum du nicht?«

»Aber ich mag diese Kokosnussfrisur nicht! Das gefällt mir überhaupt nicht!«

»Kleine Tochter, wenn du jung bist, müssen die Haare kurz sein, dann kannst du sie viel leichter sauber halten.«

Doch mein Vater musste lachen, als ich mich als Kokosnuss bezeichnete.

Mein Vater zeigte seine Gefühle offen. Oft sah er bei der Arbeit schreckliche Dinge, die ihn sehr belasteten. Meine Mutter war das genaue Gegenteil. Was immer sie erlebte und was immer geschah, sie fraß alles in sich hinein.

Wenn wir im Fluss spielten, machte sich mein Vater Sorgen, wir könnten in die Strömung gezogen werden und ertrinken. Er bestimmte, dass wir nicht ohne ihn ans Ufer gehen durften. Aber wir beachteten seine Warnungen nicht weiter. Sobald er weg war, gingen wir hin. Einmal kam er unerwartet früh nach Hause und erwischte uns alle drei beim Tauchen im Fluss. Er war sehr, sehr zornig, aber hinter seinem Zorn steckte die Angst, dass einem von uns etwas zustoßen könnte. Er holte einen Bambusstock und schlug Bwa Bwa und mich damit auf die Beine. Slone schlug er nicht, da er annahm, er habe nur seinen großen Schwestern nachgeeifert. Die Beine taten mir noch eine ganze Weile weh. Aber viel schlimmer war die Tatsache, dass unser Vater die Hand gegen uns erhoben hatte. Ich war traurig und wütend und schluchzte untröstlich.

Meine Mutter war auch nicht sehr glücklich darüber. »Ich habe sie geboren und aufgezogen, und ich schlage sie nie«, wandte sie ein.

»Aber merkst du denn nicht, wie sehr du die Kinder verwöhnst?«, konterte mein Vater. »Wenn es nach dir ginge, würdest du ihnen immer ihren Willen lassen. Und in diesem Fluss spielen – das ist so gefährlich!«

Meine Eltern stritten, während Bwa Bwa und ich beleidigt schwiegen. Aber in Wirklichkeit war die Sorge meines Vaters sehr wohl begründet. Bald hatten wir seine Warnungen vergessen und machten weiter wie bisher. Inzwischen hatte jemand ein neues Spiel erfunden: Man sprang mit einem möglichst lauten Platschen von dem überhängenden Ast eines Baumes in den Fluss. Es war ein Riesenvergnügen. Einmal verbrachten wir fast einen ganzen Tag mit diesem Spiel.

Schließlich ließen meine Geschwister und ich unsere Freunde am Fluss zurück und gingen nach Hause. Da sahen wir auf einmal vom Wohnzimmerfenster aus, dass sich eine Menschenmenge am Ufer versammelt hatte. Wir liefen wieder hin und hörten, dass eines der Kinder vermisst wurde. Jedes Karen-Dorf hat einen Dorfältesten, und unserer hieß Aung Ba. Wann immer es im Dorf einen Notfall gab, läutete Aung Ba die »Ruf-die-Menschen-zusammen«-Glocke, die am Reisspeicher hing.

Als man entdeckt hatte, dass ein Junge fehlte, hatte Aung Ba Freiwillige zusammengerufen, die den Fluss absuchten. Wegen der Trockenzeit führte der Fluss wenig Wasser, und man konnte durch ihn hindurchwaten. Erschrocken sahen wir zu, wie die Erwachsenen in einer Reihe den Fluss durchwateten und mit ihren nackten Füßen den Grund durchkämmten. Als sie den überhängenden Ast fast erreicht hatten, rief ein Mann laut, er habe etwas gefunden. Er tastete mit den Händen im Wasser umher und hielt schließlich den Körper des vermissten Jungen in den Armen.

Der Junge musste ungefähr eine halbe Stunde im Wasser gelegen haben, aber man versuchte trotzdem noch, ihn wiederzubeleben. Aber schließlich musste man sich eingestehen, dass der Junge tot war, und der Dorfälteste gab das Zeichen, mit den Rettungsversuchen aufzuhören. Der Vater hauchte seinem Sohn einen letzten verzweifelten Atemzug ein und legte dann seinen Kopf auf die nasse Erde. Er stieß einen Schrei aus, und seine Frau brach in Tränen aus. Es war ein schwarzer Tag für das Dorf.

Danach nahmen wir die Warnungen unseres Vaters sehr ernst. Wir hatten solche Angst, dass wir monatelang überhaupt nicht mehr im Fluss spielten. Aber als die nächste Trockenzeit kam, hatten wir den ertrunkenen Jungen längst wieder vergessen. Die Trockenzeit war die beste Zeit für Spiele im Wasser: Die Strömung war nicht so stark und der Fluss insgesamt seichter und klarer, weil er weniger Sedimente mitführte.

Nach und nach mischte sich in meine kindliche Unschuld ein immer deutlicheres Wissen um die Gefahren der Welt. Zuerst hatte ich Großvater sterben sehen, und dieses Erlebnis hatte mich mit dem Tod durch Altersschwäche vertraut gemacht. Dann hatte ich den schrecklich zugerichteten Leichnam im Fluss gesehen, und der Anblick hatte mich auf die Gefahren eines gesichtslosen und noch fernen Feindes aufmerksam gemacht. Und nun hatte ich den Tod meines Spielkameraden miterlebt, der mir gezeigt hatte, dass keiner von uns zu jung zum Sterben war.

Etwa um diese Zeit fielen mir zum ersten Mal Menschen im Dorf auf, denen Gliedmaßen fehlten. Als ich das erste Mal einen Mann sah, dessen Bein nur bis zum Knie reichte, war ich schockiert. Ich fragte meine Mutter, was da passiert sei. Wieder einmal musste sie eine schwierige Entscheidung treffen – wie viel von den schrecklichen Dingen, die unser Volk und unser Land heimsuchten, konnte sie einem Kind zumuten?

Meine Mutter erklärte mir, dass das burmesische Regime in den Karen-Dörfern Landminen legte. Ich begriff das nicht. Warum vergruben Leute Sachen, damit anderen Leuten die Beine abgerissen wurden, besonders wenn sie nicht wussten, wen es treffen würde? Das schien mir so grausam und sinnlos.

Manchmal zwangen die burmesischen Soldaten die Bewohner der Karen-Dörfer, vor ihnen herzugehen und ihnen als eine Art »menschliche Minenräumer« zu dienen, sagte meine Mutter. Sie vergaßen manchmal, wo sie ihre Minen vergraben hatten, und zwangen andere Menschen, ihnen den Weg zu bahnen. Es kam auch vor, dass Leute auf dem Weg zu oder von ihren Feldern auf Minen traten. All das gehörte zur Politik der »Vier Schnitte«. Die burmesischen Soldaten verlegten sogar vor den Haustüren von Privathäusern und in Kirchen Landminen.

Bwa Bwa und ich sprachen oft darüber. Die Opfer der Landminen taten uns leid, und wir wollten wissen, wie wir helfen konnten. Die KNU hatte für die Opfer in Manerplaw eine Werkstatt eingerichtet, und aus dem ganzen Karen-Freistaat kamen Menschen herbei, um sich künstliche Gliedmaßen anfertigen zu lassen. Die Prothesen bestanden im Wesentlichen aus Plastik und Holz, und Stahlstützen sorgten für Festigkeit und Beweglichkeit. Die künstlichen Beine hatten einen Holzfuß, auf dem die Menschen einen Schuh tragen konnten, der aussah wie der an ihrem gesunden Bein.

Die meisten Amputierten blieben in Manerplaw, bis sie gelernt hatten, mit ihrem künstlichen Glied umzugehen, und dann konnten sie in ihr Heimatdorf zurückkehren. Aber für diejenigen, die am schwersten betroffen waren, wurde Manerplaw zur ständigen Heimat. Sie und ihre Familien erhielten eine Unterkunft in der Nähe der Werkstatt, wo sie Gemüse ziehen und ein paar Tiere halten konnten.

Wir veranstalteten in der Schule manchmal Feste zugunsten der Werkstatt, damit auch die Versehrten in Feststimmung kommen konnten.

Die meiste Zeit mussten wir im Dorf eben selbst für unsere Unterhaltung sorgen. Es gab nur ein Fernsehgerät, und das gehörte Aung Ba, dem Dorfältesten. Aung Ba war unser Nachbar, und wenn er gute Laune hatte, lud er uns zum Fernsehen ein. Doch sobald er uns Nachbarskinder in sein Wohnzimmer einließ, quetschten sich sämtliche Kinder des Dorfes dazu, und es dauerte nicht lange, bis die Erwachsenen folgten.

Ich schaffte es immer, mich nach vorne durchzudrängeln, weil ich so klein war. Aber nach einer Weile hatte Aung Ba genug von dem Massenandrang in seinem Wohnzimmer. Ab diesem Zeitpunkt hätte er am liebsten niemanden mehr in sein Haus gelassen, aber das war gar nicht leicht. Es gab im Dorf keinen Strom, deshalb musste Aung Ba einen Generator anwerfen, wenn er sich ein Video ansehen wollte. Sobald wir einen Generator brummen hörten, wussten wir, dass gleich ein Film anfing, und liefen zu Aung Bas Hütte.

Wir wussten, dass wir nicht wirklich willkommen waren, deshalb warteten wir draußen, bis wir erkennen konnten, welcher Film lief. Wenn es ein guter Film war, schlängelten wir uns unauffällig ins Zimmer und stellten uns dumm. Wir taten so, als hätten wir keine Ahnung, dass wir nicht erwünscht waren. Für die Erwachsenen war es schwieriger, und unsere Eltern gesellten sich nur selten dazu. Wenn Aung Ba ausdrücklich darauf pochte, dass er keine Gesellschaft wollte, blieben wir draußen stehen und spähten durch die offenen Fenster.

Am nächsten Tag brüstete ich mich dann in der Schule: »Ratet mal, was ich gestern im Haus der Dorfältesten gesehen habe?« Die meisten Kinder wohnten zu weit entfernt und konnten nicht zu den Filmabenden kommen. Deshalb redete ich den ganzen Tag darüber und wiederholte die Dialoge, die ich mir gemerkt hatte. Eines Abends sahen wir einen burmesischen Film, der angeblich vom Krieg zwischen den Karen und der burmesischen Armee handelte. In diesem Krieg brannten Karen-Soldaten Dörfer nieder, verprügelten und töteten Zivilisten und vergewaltigten Frauen. Die burmesischen Soldaten dagegen waren nette Kerle, die den Dorfbewohnern halfen, den marodierenden Karen-Soldaten zu entkommen. Man sah sogar Karen-Soldaten, die Minen legten, damit unschuldigen Dörflern die Beine zerfetzt wurden.

Der Film war eine Farce. Er stellte die Realität vollständig auf den Kopf. In Wahrheit waren wir diejenigen, die angegriffen wurden. Hinter diesem Propagandafilm steckte das Regime. Der Film machte uns sehr wütend, denn wir wussten, was in den entlegenen Karen-Dörfern wirklich geschah.

Und nur zu bald sollte diese schreckliche Realität in unser eigenes Leben eindringen.

9

DIE NAMENSGEBUNG

Eines Tages brachte uns meine Mutter nach einem Wochenende in Manerplaw ins Dorf zurück. Der Fluss führte Niedrigwasser, und das Navigieren war schwer, und darum wollten wir lieber zu Fuß gehen. Am Sonntagnachmittag machten wir uns gemächlich an den Aufstieg zum Teak-Berg. Es genügte, wenn wir vor Einbruch der Nacht zu Hause ankamen, deshalb bestand kein Grund zur Eile. Nach ungefähr einer halben Stunde erreichten wir den Berggipfel. Wir blieben stehen, um wieder zu Atem zu kommen, und freuten uns auf den leichten Abstieg ins Dorf.

Zehn Minuten später standen wir am Fuß des Berges im dichten Dschungel, von wo aus ein Pfad an einem Fluss entlang bis zu unserer Hütte führte. Meine Mutter ging voran, während Slone, Bwa Bwa und ich trödelten, schwatzten und Faxen machten. Plötzlich sahen wir direkt vor uns eine gewaltige Wasserfontäne. Wir wussten sofort, was das bedeutete, und bekamen große Angst. Das ohrenbetäubende Prusten konnte nur von einem wilden Elefanten stammen, den wir beim Bad im Fluss überrascht hatten.

Ich sah, wie sich das Gesicht meiner Mutter vor Entsetzen verzerrte, und hörte, wie sie uns zuschrie, wir sollten davonlaufen. Erschrocken blickte ich mich zu dem Elefanten um und entdeckte eine ganze Herde, die mit Getöse im Wasser planschte. Das Letzte, was ich sah, war ein mächtiger Kopf, der sich mit zornig flatternden Ohren zu uns herumdrehte, und dann rannte ich los und hastete mit wild pochendem Herzen den schlüpfrigen Pfad entlang.

Plötzlich sah ich, wie meine Mutter stolperte und fiel. Sie stieß einen gedämpften Schrei aus, richtete sich mühsam wieder auf und humpelte weiter. Ich wollte ihr helfen, aber sie rief mir zu, ich solle weiterlaufen und nicht stehen bleiben, bis ich zu Hause sei. Ich tat wie geheißen und erreichte zehn Minuten später völlig außer Atem den Waldrand und die Lichtung mit dem Dorf. Bwa Bwa und Slone waren dicht vor mir, aber von meiner Mutter war nichts zu sehen. Wir hatten erst vor kurzem gehört, dass ein Elefant seinen Wärter angegriffen und getötet hatte. Angeblich hatte er ihn sogar gefressen – ich glaubte das damals. Wir hatten schreckliche Angst.

Außer mir vor Sorge, drehte ich mich um und suchte mit den Augen den Rand des Dschungels ab. Um mich zu beruhigen, rief ich mir in Erinnerung, wie stark und mutig meine Mutter war. Es kam mir wie eine Ewigkeit vor, bis endlich eine Gestalt aus dem Schatten der Bäume gestolpert kam. Es war meine Mutter. Sie hatte sichtlich Mühe beim Gehen.

Als sie ins Sonnenlicht trat, sah ich, dass sie große Schmerzen hatte. Wir rannten auf sie zu. Aus einer Wunde an ihrem Fuß rann Blut. Wir hatten keine richtige Medizin, aber wir wussten, wo wir die Pflanze finden würden, mit der meine Mutter meinen abgeschnittenen Finger geheilt hatte. Say Say holte einige Blätter, und wir wickelten sie als Verband um ihren Fuß. Dann halfen wir ihr nach Hause.

Es dauerte einen Monat, bis die Wunde verheilt war, und sie hinterließ eine hässliche, schmerzhafte Narbe. Die Wunde musste jeden Tag mit frischen Blättern umwickelt werden. Meine Mutter hatte sich beim Fallen an einem scharfen Stein geschnitten, der bei der Trockenheit aus dem Flussbett ragte. Wir befürchteten, dass die schmutzigen Steine die Wunde infiziert hatten, und unsere Sorge erwies sich als berechtigt, denn diese Verletzung plagte meine Mutter immer wieder und natürlich zu den unpassendsten Zeiten.

Manerplaw war jetzt das Zentrum der gesamten burmesischen Widerstandsbewegung, und das Militärregime verdoppelte seine Anstrengungen, sie zu zerschlagen. Mir war aufgefallen, dass immer mehr Longtail-Boote unterhalb unseres Hauses anlegten.

Lange grüne Bündel wurden an dem Strand, an dem wir oft spielten, entladen und an unserem Haus vorbei nach oben getragen. Zunächst hatte ich keine Ahnung, welch düstere Fracht die Boote da brachten.

Dann fand ich heraus, dass jedes Bündel einen verwundeten oder getöteten Karen-Soldaten enthielt. Die meisten lagen auf einer provisorischen Trage, die aus einer Hängematte bestand, die von einer einzelnen Bambusstange baumelte. Ich versuchte, mich zu verstecken, wenn diese Boote kamen, aber manchmal war es unmöglich, ihnen zu entgehen. In jedem befanden sich zwei oder drei dieser »Bündel«. Ich hatte noch nie so viele schwer verletzte oder getötete Soldaten gesehen.

Als ich einmal in eine dieser Hängematten spähte, sah ich ein aufgeschwollenes, blutiges, von Granatsplittern zerfetztes Gesicht, aus dem sanftmütige braune Augen blickten, die von geronnenem Blut verklebt waren. Das Schlimmste aber waren die Arme des jungen Mannes, die in von blutigen Lumpen umwickelten Stümpfen endeten. Es war grauenhaft.

Keines von uns Kindern hatte jemals so etwas gesehen. Ich suchte meine Mutter und fand sie im Gemüsegarten.

»Mama, woher kommen all diese Soldaten? Und wieso haben sie so schlimme Wunden?«

Meine Mutter hielt inne und richtete sich auf. Sie wirkte erschöpft. Sie blickte mir direkt in die Augen und versuchte, mich aufmunternd anzulächeln.

»Es gab viele Kämpfe, Kleine Tochter. Aber weit weg, nicht hier. Diese Soldaten sind im Krieg verletzt oder getötet worden. Ihre Freunde bringen sie her, damit sie im Krankenhaus behandelt werden. Und die Toten bringen sie, um sie zu begraben.«

»Aber warum gibt es so viele Kämpfe?«, fragte ich. »Und wo kämpfen sie? Doch weit weg, oder?«

Natürlich wollte ich, dass der Krieg weit, weit weg war. In meiner Vorstellung war er das immer gewesen. Dass er zu mir kommen könnte, daran hatte ich nie gedacht.

Meine Mutter legte den Arm um mich. »Kleine Tochter, es ist

wirklich weit weg, mach dir keine Sorgen. Gekämpft wird an einem Ort, der Mae Ther Waw heißt, und dort geht es schon lange so. Mae Ther Waw ist weit weg von hier.«

Doch in der Woche darauf erreichte uns eine schreckliche Nachricht. Der Vater von Mondlicht, ein Widerstandskämpfer, war im Kampf um Mae Ther Waw ums Leben gekommen. Meine Eltern nahmen uns zur Beerdigung nach Manerplaw mit. Wir wurden in die Baracke der Soldaten geführt, um den Leichnam zu sehen. Ich blieb dicht bei Bwa Bwa, während wir leise an den Sarg traten.

Das Gesicht von Mondlichts Vater starrte geisterhaft weiß und eingefallen zu uns hoch. Es sah ganz bleich und spitz aus, als wäre kein Blut mehr darin. Mondlicht stand mit tränenüberströmtem Gesicht neben dem Sarg, flankiert von seinen Brüdern und Schwestern. Es war ein sehr trauriger Anblick, aber ein Teil von mir war froh, dass es nicht mein Vater war. Aber kaum hatte ich das gedacht, bekam ich Schuldgefühle.

Mondlicht weinte, seine Geschwister weinten, und ihre Mutter weinte. Ich wollte auch weinen, aber irgendwie konnte ich das nicht. Ich wollte nicht von Gefühlen überwältigt werden und zusammenbrechen. Ich versuchte instinktiv, mich vor dem Grauen zu schützen. Der Sarg wurde mit einer Karen-Flagge bedeckt, hochgehoben und zum Grab getragen. Eine Garde feuerte eine Gewehrsalve ab, dann wurde der Sarg in die Erde gesenkt. Das Bild des toten Körpers aber sollte mir sehr lange im Gedächtnis bleiben.

Wir wechselten uns mit den Nachbarn im Dorf ab, so dass immer jemand der Familie von Mondlicht Gesellschaft leistete. Jede Nacht blieben zehn oder mehr Menschen im Haus des Getöteten – sprachen der Mutter Mut zu, trösteten die Kinder, halfen beim Kochen und anderen Hausarbeiten. Wir taten das, um der Familie Zeit zum Trauern zu geben. Ich blieb auch eine Weile bei Mondlicht und seinen Geschwistern, aber ich vermied es, über ihren Vater zu sprechen. Stattdessen redete ich über die Schule, über unsere Spiele und alles Mögliche, was mir so einfiel.

Mondlicht war eines von acht Geschwistern, und nun musste

die Mutter ihre Kinder allein aufziehen. Das Ereignis traf alle sehr hart. In der Schule versuchten wir, weiterzumachen wie bisher, aber im Hintergrund lauerte immer eine vage Traurigkeit, denn jeder wusste um Mondlichts Verlust. Wir waren noch Kinder und wollten das alles am liebsten hinter uns lassen. Wir wollten spielen und gute Noten haben und den Krieg vergessen. Für uns war er vorläufig eine ferne, unsichtbare Bedrohung, und so sollte es, wenn es nach uns ging, auch bleiben.

Die Schlacht um Mae Ther Waw war – das gestanden wir uns jedoch nicht ein – eine entscheidende Niederlage für den Karen-Widerstand. Monatelang hatten unsere Soldaten die Angriffe der burmesischen Armee auf Mae Ther Waw – einen zerklüfteten Bergkamm südwestlich von uns im Landesinneren – erfolgreich abgewehrt. Die burmesische Armee hatte Hunderte von Karen-Bauern als Träger verpflichtet. Wie der Tote, den wir im Fluss gefunden hatten, wurden diese Träger auf furchtbare Weise misshandelt, bevor man sie sterbend irgendwo zurückließ. Am Ende waren unsere Soldaten gezwungen, Mae Ther Waw aufzugeben und sich auf neue Positionen zurückzuziehen. Die Kämpfer, die von der Front zurückkehrten, waren sehr erschöpft. Viele schienen erleichtert, dass sie in einer Schlacht, bei der so viele ihrer Freunde gestorben waren, mit dem Leben davongekommen waren. Im Kampf um Mae Ther Waw hatten wir Hunderte von Soldaten verloren.

Für die zurückkehrenden Soldaten wurde am frühen Morgen eine Parade abgehalten. Man hisste die Karen-Flagge, während die Soldaten sich in ihren besten Uniformen in Reihen aufstellten. Junge Frauen und Schulmädchen überreichten den Soldaten Girlanden aus gelben und orangefarbenen Blüten. Jeder Soldat musste vortreten und den Kopf neigen, damit ein Mädchen ihm die Blumenkette umlegen konnte. Als die jungen Männer sich umwandten und wieder in ihre Reihe zurücktraten, hatten viele von ihnen Tränen in den Augen.

Bwa Bwa und ich waren als Blumenmädchen ausgewählt worden. Das war eine große Ehre, und ich war sehr nervös. So etwas hatte ich noch nie gemacht. In der Reihe stand ein Soldat von Anfang zwanzig, der recht gut aussah. Man konnte mehr oder weniger frei wählen, wem man die Girlande umhängen wollte; die Karen-Frauenorganisation achtete allerdings im Hintergrund darauf, dass kein Soldat ausgelassen wurde. Meine Wahl fiel auf den jungen, gutaussehenden Soldaten. Ich lächelte ihm zu, und er lächelte zurück. Die Militärkapelle trommelte so laut, dass man sich nicht unterhalten konnte. Schweigend trat ich vor und hob meine Girlande. Der Soldat nahm seine Tarnmütze ab, damit ich ihm die Girlande um den Hals hängen konnte. Er beugte sich tief nach vorne, und einen schrecklichen Moment lang blieb die Girlande an seiner Stirn hängen. Ich wusste nicht, was ich tun sollte, aber er griff nach oben und zog sie herunter.

Mit dieser Parade feierten wir die Tatsache, dass die anwesenden Soldaten noch am Leben waren. Am Nachmittag fand ein Gedenkgottesdienst für die Gefallenen statt, bei dem die Opfer gewürdigt wurden. Das war nichts für Kinder, und ich nahm nicht daran teil. Trotzdem begriff ich an diesem Tag zum ersten Mal wirklich, dass in meinem Land Krieg geführt wurde.

Meine Mutter wollte uns keine Angst einjagen, aber sie bereitete uns auf ihre ruhige Art darauf vor, was zu tun war, falls unser Dorf angegriffen würde. Es gab an bestimmten Stellen einfache Luftschutzbunker, die aus einem Loch im Boden bestanden, über dem kräftige Baumstämme lagen, die mit Erde bedeckt wurden. Mein Vater baute uns unseren eigenen Schutzraum. Er war etwa so groß wie das Innere eines geräumigen Pkws und damit gerade so groß, dass wir alle hineinpassten. Das war etwas ganz anderes als das, was mein Vater sonst gerne anlegte – Fischteiche und schöne Blumengärten.

Seit mehreren Jahren wusste ich, dass mein Vorname im Herzen meines Vaters einen ganz besonderen Platz hatte. Er benutzte den Namen Nant,»Fräulein«, Zoya Phan – *meinen* Namen – als Pseudonym, wenn er Artikel über den Freiheitskampf in Burma schrieb. Er schrieb viel und zeigte mir oft, was er veröffentlicht hatte. Ich kam nie auf die Idee, ihn zu fragen, warum er unter meinem Namen schrieb. Ich war nur stolz und glücklich, dass er und ich irgendwie denselben Namen führten.

Nicht lange nach dem Kampf um Mae Ther Waw nahm sich mein Vater einmal die Zeit, mir zu erklären, welche Bedeutung meine Namensgebung für ihn gehabt hatte. Ich war jetzt alt und reif genug, ihm aufmerksam zuzuhören, und lauschte begierig auf jedes Wort. Im Zweiten Weltkrieg hatte sich ein 17-jähriges russisches Mädchen namens Zoya dem sowjetischen Widerstand angeschlossen. Sie hatte hinter den deutschen Linien Sabotagekommandos und Aufklärungseinsätze geleitet, und ihr Leben war eine Heldengeschichte, die man sich noch lange nach dem Krieg erzählte.

Im Jahr 1941 wurde Zoya (Soja) Anatoljewna Kosmodemjanskaja bei einem nächtlichen Einsatz in dem von den Deutschen besetzten Gebiet gefangen genommen. Sie wurde gefoltert, weil die Besatzer ihr Informationen über ihre Aktivitäten und ihre Mitgliedschaft im Widerstand entreißen wollten. Aber sie weigerte sich zu reden. Schließlich brachten die Nazis sie, da sie ihren Willen nicht brechen konnten, an den Galgen. Mit der Schlinge um den Hals wandte sie sich an ihre Peiniger und warnte sie: »Es gibt hundert Millionen wie uns. Ihr könnt uns nicht alle aufhängen!«

Nach der Hinrichtung blieb ihr Leichnam als warnendes Beispiel für andere noch lange am Galgen hängen.

Als der Krieg vorüber war, wurde Soja Kosmodemjanskaja zur »Heldin der Sowjetunion« erklärt. Sie war die erste Frau, die mit diesem Titel ausgezeichnet wurde. Sojas Bruder Schura war ebenfalls im Krieg umgekommen, in der Schlacht um Königsberg. Sojas Mutter beschrieb die Geschichte ihrer Kinder in einem Buch mit dem Titel *Die Geschichte von Soja und Schura*. Mein Vater hatte während seiner Studienzeit in Rangun ein Exemplar dieses Buches gefunden, und Sojas Geschichte hatte ihn sehr beeindruckt.

Ihn berührten die Ähnlichkeiten, die er zwischen Sojas Kampf und dem Widerstand in Burma entdeckte. Das Nazi-Regime war brutal und totalitaristisch gewesen – genau wie die burmesische Junta. Die Bemühungen der Nazis, die Juden und andere Minderheiten auszurotten, ähnelten dem Versuch der Junta, die Karen und andere ethnische Gruppen zu vernichten. Zudem hatte sich auch Sojas Widerstand gegen die Nazis lange hingezogen und viele Menschen das Leben gekostet.

Natürlich hatte ich Teile dieser Geschichte schon vorher gehört. Häufig fragten Besucher meinen Vater, warum ich einen so seltsamen Namen hätte. Aber mein Vater hatte mir noch nie eine so klare und persönliche Erklärung gegeben. Der Name, fuhr er fort, sei vom griechischen Wort »zoi« abgeleitet, das Leben bedeutet, und dies sei ein weiterer Grund für seine Wahl. Aber vor allem hoffe er, dass ich mich, wie die ursprüngliche Soja, für das Überleben meines Volkes einsetzen würde.

Nachdem mein Vater mir erklärt hatte, was mein Name für ihn bedeutete, erschien mir mein kindlicher Wunsch, Lehrerin zu werden, auf einmal irgendwie unpassend. Wenn mein Vater solche Hoffnungen in mich setzte, lag meine wahre Berufung im Einsatz für unser Volk.

In der Schule wurde ich immer besser. Mir war ein Stipendium über 20 Thai Baht im Monat zugesprochen worden – ungefähr 30 Cent –, mit dem ich Schulhefte, Stifte und anderes Unterrichtsmaterial kaufen konnte. Oft wetteiferte ich mit Bwa Bwa darum, wer von uns die bessere Schülerin war.

Bwa Bwa war zwölf Jahre alt und hatte gerade die Prüfung abgelegt, die alle Karen-Schüler bestehen mussten, wenn sie einen Platz in der weiterführenden Schule bekommen wollten. Die Ergebnisse aller Schüler im Karen-Freistaat wurden miteinander verglichen, und Bwa Bwa wurde zur besten Schülerin erklärt. Sie erhielt ein Stipendium, und der Karen-Bildungsminister, Padoh Shwe Ya Heh, gratulierte ihr öffentlich.

Es war eine große Ehre, und meine Eltern und ich waren sehr stolz auf meine Schwester. Bwa Bwa und mir wurde eine glänzende schulische Karriere prophezeit, und wir träumten davon, auch nach der Schulzeit unsere Ausbildung fortzusetzen.

10

DAS VERLORENE PARADIES

Im letzten Jahr der Grundschule lernte ich unter anderem im Fach Gemeinschaftskunde, was Demokratie ist, warum es sich lohnt, für sie zu kämpfen, und was es für uns bedeuten würde, wenn Burma ein freies, demokratisches Land wäre. Wir Karen haben kein einzelnes Substantiv für Demokratie, wir nennen sie *ka mler a tar bah tha*, »der Wille des Volkes«. Man brachte uns bei, dass die Regierung in einem demokratischen Land von der Mehrheit der Bevölkerung gewählt wird, und man erklärte uns, was Selbstbestimmung ist.

Ich verstand im Unterricht nicht immer, was gemeint war. Das Bildungssystem der Karen basierte auf Auswendiglernen. Es brachte einem nicht bei, selbständig zu denken, man lernte einfach, was einem der Lehrer sagte. Genauso war es in unseren Politikstunden.

Mein Lieblingsfach war Mathematik, am wenigsten mochte ich Naturwissenschaften. Englisch gefiel mir vor allem deshalb, weil es hieß, es sei die Sprache der internationalen Kommunikation. Wenn ich eine gute Ausbildung wollte, musste ich gut in Englisch sein, so viel wusste ich.

Ich träumte davon, nach der Oberschule die Universität zu besuchen. Für diesen Traum war teilweise mein Vater verantwortlich, denn ich wusste, dass er in Rangun studiert hatte. Ich wollte seinem Beispiel folgen, obwohl ich keine Ahnung hatte, wie ich das anstellen sollte. Aber ich hoffte einfach, es werde mir irgendwie gelingen.

Ungefähr um diese Zeit brachte mein Vater meiner Mutter ein ganz besonderes Geschenk mit – einen winzigen Langwellenempfänger. Es war ein billiges Gerät, aber für uns war es ein wertvoller Besitz. Eines Tages hörten wir eine Sendung von Radio Karen, einer Station, die aus dem Karen-Freistaat sendete. Eine berühmte Karen-Sängerin namens Julia Pan Bun, Julia »Blütenknospe«, sang ein Lied über Studenten, die zur Universität gehen, und über die Freude am Lernen. Es war ein mitreißendes Lied, das von Gitarre und Trommel begleitet wurde, und Bwa Bwa und ich sangen gleich mit. Dieses Lied bestärkte uns in unserem Entschluss, zur Universität gehen zu wollen. Wir wussten, dass das im Karen-Gebiet nicht möglich war, andererseits konnten wir als Kinder von Widerstandskämpfern auch nicht in Burma studieren. Die einzige Möglichkeit war also ein Studium im Ausland, aber wie wir das bewerkstelligen sollten, war uns ein Rätsel.

Viele meiner Schulkameraden träumten ebenfalls von Bildung und einer aussichtsreichen Zukunft. Aber die Kluft zwischen unserer tatsächlichen Situation und dem, was wir anstrebten, war gewaltig. In unserem Dorf hatten wir praktisch keine Möglichkeit, Geld zu verdienen, es gab nur ein sehr rudimentäres Bildungssystem und so gut wie keine Gesundheitsvorsorge. Wir hatten kaum eine Vorstellung von all den finanziellen, schulischen, geografischen und politischen Hindernissen, die wir auf dem Weg zur Verwirklichung unserer Träume überwinden mussten.

Das reine Überleben war manchmal Herausforderung genug. Eines Tages bekam meine Freundin Fräulein Blume in der Schule Fieber und wurde nach Hause geschickt. Es war nicht ungewöhnlich, dass Kinder hohes Fieber bekamen, und sehr häufig war der Grund dafür Malaria. Die meisten von uns wurden mit der Zeit wieder gesund, obwohl es keine oder nur wenige Medikamente gab.

Doch Fräulein Blume starb eines Nachmittags. Sie und ich hatten in der Schule immer unser mitgebrachtes Mittagessen geteilt und uns sehr nahe gestanden, aber ich konnte einfach nicht zu ihrer Beerdigung gehen. In der Nacht nach der Beerdigung kam Fräulein Blume im Traum zu mir. Sie erschien als geisterhafte, weiße Gestalt über meinem Bett.

Sie starrte mich an. »Zoya, ich bin gekommen, um bei dir zu leben«, erklärte sie.

Ich war entsetzt. »Nein, Fräulein Blume, du kannst nicht bei mir leben«, antwortete ich im Traum. »Weißt du nicht, dass du tot bist?«

Aber sie bestand darauf, dass sie gekommen sei, um bei mir zu leben. Und ich antwortete immer wieder, das könne sie nicht. »Nein, das ist unmöglich – du bist tot, Fräulein Blume, du bist tot!«

Ich diskutierte lange mit ihr, bis ich schließlich aufwachte. Ich blickte mich in der Dunkelheit um, aber ich sah nichts, nicht die kleinste Spur von Fräulein Blumes Geist. Meine Eltern waren fort, und ich konnte nicht mehr einschlafen. Ich hatte zu große Angst, dass der Traum wiederkommen könnte.

Danach schlief ich monatelang nicht gut. Ich fürchtete mich davor, dass Fräulein Blumes ruheloser Geist sich womöglich entschlossen hatte, bei mir in meiner Welt zu leben, und dass er nie mehr weggehen würde. Es war eine irrationale Furcht, eine Furcht vor dem Unbekannten und dem Tod, die mich noch sehr lange verfolgte.

Mein Vater war damals mit einem Spezialauftrag unterwegs. Er sollte mit den Wa, einem Stamm, der wie die Karen seit Jahrzehnten gegen das burmesische Regime kämpfte, über ein Bündnis verhandeln. Die Wa bewohnten eine Gegend nördlich des Karen-Gebiets an der Grenze zu China. Auch ihr Territorium erstreckte sich über die Grenze hinweg, so dass ein Teil der Wa in der chinesischen Provinz Yunnan lebte und der andere Teil in Burma.

Die Wa hießen früher auch die »wilden Wa«, weil sie traditionell Kopfjäger waren und ihre *United Wa State Army* (UWSA) eine nicht zu unterschätzende militärische Kraft darstellte. Die Aufgabe meines Vaters bestand darin, die Wa für ein Bündnis mit der landesweiten demokratischen Widerstandsbewegung zu gewinnen. Während er den Wa-Staat besuchte, wurde mein Vater gebeten, einen jungen Wa zu adoptieren. Er war Waise, und wie bei Say Say war der Grund für diese Bitte, dass dem Jungen eine Ausbildung ermöglicht werden sollte.

Zuerst lehnte mein Vater ab. Der Rückweg würde nicht weniger schwierig werden als der Hinweg. Mein Vater hatte sich durch Urwald und Bergland kämpfen und weite Teile von Thailand durchqueren müssen, bevor er zu Fuß und zu Pferd in das entlegene Bergland der Wa gelangt war. Er befürchtete, dass der Rückmarsch mit einem Wa-Jungen im Schlepptau noch mühsamer werden würde.

Doch mein Vater war auch zutiefst vom Wert einer guten Ausbildung überzeugt. Am Ende erklärte er sich bereit, den jungen Wa aufzunehmen, und so kam Ah Sai in unsere Familie. Er blieb ungefähr ein Jahr und kehrte danach wieder in sein Dorf zurück.

Ah Sai ist ein traditioneller Wa-Name. Der Junge war ungefähr zwölf, als er zu uns kam, und sprach kein Wort Karen.

Niemand von uns verstand die Wa-Sprache, und so konnte Ah Sai sich zunächst nur in elementarem Burmesisch mit meinen Eltern verständigen. Er nannte meinen Vater Poe-Poe, das heißt auf Burmesisch »Großvater«, und meine Mutter war Pwa-Pwa, die »Großmutter«. Wir Kinder kommunizierten mit Ah Sai mittels Zeichensprache und den wenigen Brocken Burmesisch, die wir in der Schule gelernt hatten.

Ah Sai besuchte anfangs die erste Klasse der Grundschule. Er war ein großer, kräftiger Junge und hatte eine viel dunklere Haut als die anderen Schüler. In seiner Klasse wirkte er wie ein Riese, weil er alle anderen überragte. Aber er schlug sich tapfer. Ihm kam es nur darauf an, dass er etwas lernen konnte, und das war ihm so gut wie jedes Opfer wert.

Eines Tages beschlossen wir, im Fluss zu schwimmen. Wir wollten, dass Ah Sai mitkam, aber wir wussten nicht, wie wir ihm das begreiflich machen sollten. Da ging Bwa Bwa auf ihn zu und sagte sanft »La-lay« zu ihm, was auf Burmesisch »komm« bedeutet. Das war einer der wenigen Ausdrücke, die wir kannten. Er folgte ihr. Bald darauf planschte und alberte Ah Sai mit uns fröhlich im Wasser.

Ah Sai lernte die Karen-Sprache schnell. Wenn er seine Hausaufgaben machte, las er sie immer mit seiner dröhnenden Stimme laut vor. Sie hallte abends durch das ganze Dorf, und wir wussten, dass alle Nachbarn mithörten. Aber das störte uns nicht. Wir waren stolz auf seinen Lerneifer, denn Ah Sai war inzwischen schon fast wie ein Bruder für uns.

Als Ah Sai zu uns kam, näherte sich das Jahr seinem Ende. Am 31. Januar feierten wir den Widerstandstag, an dem jedes Jahr die Gründung der Widerstandsbewegung begangen wird. Eine der größten Attraktionen dieses Tages war der Wettkampf in unserer Art der Kampfkunst.

Es war vorgesehen, dass der berühmte Karen-Kämpfer Joe Ruby antreten sollte. Er war der unbestrittene Champion, und ich rechnete fest mit seinem Sieg. Während sich das Trommeln und Scheppern der Zimbeln zu einem Crescendo steigerte, hoben die Kämpfer die Beine und verdrehten ihre Körper, um zu zeigen, wie biegsam sie waren.

Der Kampf begann mit einem Wirbel von Schlägen gegen den Kopf und den Bauch und Tritte mit den Beinen. Es ging alles sehr schnell. Bald verschwanden die Gegner fast in einer Staubwolke. Wenn einer von beiden fiel, musste der Kampf unterbrochen werden, denn niemand durfte einen am Boden Liegenden schlagen. Ich fieberte mit den Kämpfern mit und konnte sehen, dass es meiner Mutter und meinen Geschwistern genauso ging. Aber plötzlich spürte ich, wie die Erde bebte, in der Ferne grollte es dumpf. Die Leute um mich herum erstarrten und lauschten angespannt. Und dann hörten wir es wieder: ein schwaches Brummen und Krachen, das wegen der Entfernung und des dichten Dschungels nur gedämpft zu uns drang. Jemand stieß einen Schrei aus, als er den schwarzen Umriss eines Flugzeugs entdeckte, das über den Himmel raste. Panik erfasste die Menge, und die Leute rannten in alle Richtungen davon.

Meine Mutter packte mich am Arm und rief nach meinen Geschwistern. »Schnell! Lauft! Lauft! Zurück ins Haus, so schnell ihr könnt!«

Sie hatte die Lektionen, die sie als Soldatin gelernt hatte, nie vergessen: Am wichtigsten war es, so schnell wie möglich in Deckung zu gehen. Wir liefen, als hinge unser Leben davon ab, und versteckten uns in dem Loch, das unser Vater als unterirdischen Schutzraum für uns gebaut hatte. Während wir dort starr vor Schreck hockten, sahen wir das blitzende Flugzeug, das im Sturzflug auf die fernen Gipfel zujagte und kleine Rauchwolken unter sich zurückließ, wenn die Bomben fielen. Der Angriff war gegen den Twee Pah Wee Kyoe gerichtet, den »Schlafender-Hund-Berg«, einen hohen Bergrücken westlich unseres Dorfes. Von der Seite sieht er aus wie ein gewaltiger schlafender Hund, daher der Name. Der gesamte Bergrücken war von Schützengräben und Bunkersystemen überzogen, da der Berg eine wichtige Verteidigungslinie gegen den Feind darstellte. Während das Flugzeug wiederholt im Sturzflug die Stellungen bombardierte, knatterte von unten das Sperrfeuer der Flugabwehrgeschütze.

Zum ersten Mal in meinem Leben sah ich den Gegner mit eigenen Augen und hörte, wie er uns angriff. Ich sah und hörte seine Macht – das schlanke, glänzende Flugzeug und die großen, dröhnenden Geschütze. Zum ersten Mal fühlte ich mich klein und hilflos angesichts seiner Macht, und es war ein schreckliches Gefühl. Ich klammerte mich an die Hand meiner Mutter und hoffte und betete, dass die Angreifer fortgehen und uns in Ruhe lassen würden.

Meine Mutter befürchtete, dass die Flugzeuge auch uns angreifen würden, weil dem Regime bekannt war, dass wir uns zur Feier des Widerstandstages versammelt hatten. Deshalb blieben wir stundenlang im Schutzraum sitzen, bis die Sonne unterging und das Krachen der Bomben in der Dämmerung verklang. Wir ahnten nicht, dass dies nur der Auftakt zu einer ganzen Reihe von Angriffen auf diese Bergstellung war, der Beginn eines zermürbenden Kampfes und der Anfang vom Ende der glücklichen Zeiten. Nach dem Angriff versuchten wir, so gut wie möglich weiterzumachen wie bisher. Zwei Monate später musste ich mein Abschlussexamen an der Grundschule ablegen. Meine Mutter nannte mich faul, und meine Lehrer beklagten sich, dass ich nicht genug Engagement zeigte, aber bei meinen Prüfungen hatte ich immer Glück. Ich war die Zweitbeste im gesamten Karen-Territorium. Ein Junge aus einer anderen Schule hatte mir den ersten Platz streitig gemacht, aber ich war zufrieden mit meiner Gesamtnote, denn sie brachte mir ein Stipendium für eine höhere Schule ein. Die Oberschule lag auf der anderen Seite des Mu-Yu-Klo-Flusses im Dorf Pway Baw Lu. Bwa Bwa ging schon dorthin. In der Regenzeit führte der Weg mit dem Kanu über den Fluss und dann durch den Dschungel. Meine Mitschüler und ich rannten immer um die Wette zum Klassenzimmer. Ich liebte diese Wettläufe, weil es darum ging, einen guten Vorsprung vor den anderen herauszuholen. In der Trockenzeit wateten wir durch die seichteren Stellen im Fluss, aber auf das Wettrennen verzichteten wir auch dann nicht!

Bwa Bwa war fast schon sechzehn und fühlte sich erwachsen. Mit mir und den anderen durch den Dschungel zu rennen kam für sie nicht mehr in Frage. Sie legte den Schulweg in gemächlichem Tempo hinter sich und plauderte dabei mit ihren Freundinnen. Das war in ihren Augen wahrhaft damenhaftes Verhalten.

Eines Morgens hielt Zipporah Sein, eine unserer Lehrerinnen und die spätere Generalsekretärin der KNU, eine Rede. Sie erzählte uns die Geschichte einer ehemaligen Schülerin namens Paw Paw, »Blume Blume«. Paw Paw war über das Meer gefahren, in ein Land, das Kanada hieß, und hatte dort einen Studienplatz an einer Universität erlangt. Diejenigen unter uns, die fleißig lernten, hätten auch diese Chance, fuhr die Lehrerin fort.

Bwa Bwa und ich sprachen anschließend darüber und nahmen uns vor, dass wir Paw Paw nacheifern und im Ausland studieren würden, aber statt nach Kanada wollten wir nach England gehen. Wir wussten, dass Saw Ba U Gyi, der Gründer der Karen-Widerstandbewegung, in England studiert hatte, und wollten in seine Fußstapfen treten.

In der Zwischenzeit war Say Say schon fast fertig mit der Schule.

Er war zu einem freundlichen und starken jungen Mann herangewachsen. Eines Tages verkündete er, er wolle Widerstandskämpfer werden. Die Erzählungen meiner Mutter hatten ihn
dazu bewogen, aber auch das, was er in seiner Heimat erlebt
hatte. Ich war stolz auf ihn. Er qualifizierte sich für eine Elite-
einheit, die hinter den feindlichen Linien eingesetzt wurde.

Ich wusste, dass es gefährlich war, und ich wusste, dass mein
älterer Bruder vielleicht eines Tages von einem seiner Einsätze
nicht lebendig zurückkehren würde. Aber Say Say ließ sich
nicht aufhalten. Unsere Familie besaß viel Kampfgeist, und die
Zeit der Dunkelheit rückte immer näher.

Die Schlacht um den Schlafender-Hund-Berg tobte immer hef-
tiger, und zwei Freunde unserer Familie fielen. Seit dem ersten
Angriff am Widerstandstag war der ferne Geschützdonner zu
einer täglichen Begleiterscheinung unseres Lebens geworden.
Doch nach dem Tod der beiden machte ich mir noch mehr Sorgen um meinen Bruder Say Say. Meine Mutter bat ihn immer
wieder, den Dienst zu quittieren, aber er hatte schon als Schüler
vom Kampfeinsatz geträumt. Meine Mutter und Say Say hatten
früh einen Abmachung geschlossen: Wenn er bereit war, die höhere Schule abzuschließen, würde sie ihm erlauben, sich dem
Widerstand anzuschließen. Beide hatten feierliche Versprechen
abgelegt, und so blieb ihr keine Wahl, sie konnte ihre Zusage
nicht einfach widerrufen.

Ich hatte auch in der höheren Schule gute Noten, aber unser Leben war jetzt von ernsteren Sorgen überschattet als denen um
schulische Leistungen. Meine Eltern wurden immer nervöser und
angespannter. Der Krieg rückte näher, und die burmesische Armee mit ihrer kolossalen Stoßkraft versuchte unseren Widerstand
zu brechen, indem sie ganze Dörfer zerstörte und Hunderttausende zur Flucht zwang. Inzwischen kannte jeder im Dorf jemanden, dessen Vater oder Bruder im Kampf umgekommen war.
Jeden Tag marschierten mehr Karen-Soldaten durch unser Gebiet. Trotzdem glaubte ich keine Sekunde lang, dass wir tatsächlich in Gefahr waren.

11

SCHLAFENDER-HUND-BERG

Niemand sagte uns Kindern, dass der Kampf um den Schlafender-Hund-Berg entscheidend war. Sollte der Bergrücken eingenommen werden, stand nur noch wenig zwischen uns und der mächtigen burmesischen Militärmaschinerie. Trotzdem wussten wir, dass die Situation ernst war. Die Dorfbewohner wurden aufgefordert, bei der Verteidigung des Berges zu helfen, wobei sie hauptsächlich Essen und Munition zu den Stellungen auf dem Gipfelkamm tragen sollten.

Es war ein freiwilliger Einsatz, und wir wollten alle helfen. Sehr zu Slones Ärger wurde es ihm nicht erlaubt, weil er noch die Grundschule besuchte. Aber Bwa Bwa war inzwischen siebzehn Jahre alt und kräftig, und sie meldete sich als eine der ersten Freiwilligen. Ich wäre gerne mitgegangen, bezweifelte aber, dass meine Mutter es mir erlaubt hätte.

»Bist du sicher, dass du das tun willst?«, fragte meine Mutter Bwa Bwa zum x-ten Mal.

»Ja, das bin ich«, antwortete Bwa Bwa.

»Du willst das wirklich tun?«

»Natürlich! Meine Freundinnen sind dabei, und ich sollte auch mitmachen.«

Schließlich gab meine Mutter nach, aber als es dann um mich ging, blieb sie eisern.

»Du bist noch zu klein, Kleine Tochter«, sagte sie. »Wenn etwas passiert, kannst du nicht weglaufen.«

»Aber Bwa Bwa darf, warum ich nicht?«

»Bwa Bwa ist älter und größer und kann auf sich selbst aufpassen. Aber du, meine Kleine Tochter, du bist noch zu klein.«

Ich fand das unfair, aber an meiner Mutter führte kein Weg vorbei. Ich machte mir Sorgen um Bwa Bwa, doch ich war trotzdem beleidigt, weil ich nicht mitdurfte. Die Schüler wurden in zwei Gruppen geteilt – eine, die Essen zum Gipfelkamm tragen sollte, und eine, die für die Karen-Soldaten weiter unten am Berg kochen sollte.

Bwa Bwa übernahm den gefährlicheren Auftrag. Sie würde in Bananenblätter gewickelte Essenspakete zu den Soldaten an der Front tragen.

Bei ihrem ersten Einsatz war Bwa Bwa gleich für mehrere Tage fort. Meine Mutter war ganz krank vor Sorge, denn wir konnten ja die fernen Explosionen vom Bergkamm hören und sahen immer wieder feindliche Flugzeuge. Mein Vater erklärte mir, dass das burmesische Militär eine Großoffensive gestartet hatte, Bomben aus der Luft abwarf und am Boden mit schwerem Geschütz feuerte. Karen flohen aus den betroffenen Dörfern, da das Militär auch Zivilisten ins Visier nahm. Die meisten versteckten sich ohne Nahrung und Schutz im Dschungel, aber eine große Zahl musste auch über die Grenze nach Thailand fliehen.

Trotz allem, was mein Vater mir erzählte, glaubte ich immer noch, die Kämpfe spielten sich weit weg von uns ab und würden uns nie erreichen. Ich hörte zufällig, wie meine Eltern darüber sprachen, dass ausländische Ölgesellschaften das Regime stützten, indem sie in Burma investierten. Die Militärs kauften neue Waffen und finanzierten den Krieg gegen uns mit dem Geld dieser Investoren. Unsere Waffen dagegen waren alt und minderwertig, manche stammten sogar noch aus dem Zweiten Weltkrieg. Wenn ich meine Eltern so reden hörte, hatte ich Mühe, sie zu verstehen. Das waren Erwachsenengespräche, und ich war noch ein Schulkind.

Bwa Bwa fand den Freiwilligendienst sehr anstrengend. Man brauchte einen Tag bis hoch zum Kamm und fast genauso lang für den Rückweg. Sie kam verschwitzt und schmutzig wieder, den Kopf voller Schreckensbilder vom Krieg. Der Berg war so hoch, dass sie oben kaum Luft bekommen hatte. Sie hatte während des Aufstiegs großen Durst gehabt, aber sie hatte in ihrem Entschluss, das Essen zu den Soldaten zu bringen, nicht gewankt, denn sie wusste, dass sie damit auch uns verteidigte. Von einem der nächsten Einsätze kehrte sie mit sehr traurigen Neuigkeiten zurück. Herr Glücklich, ein junger Mann aus unserem Dorf, der sich freiwillig zum Kampf gemeldet hatte, war gefallen, als er eine Stellung in der vordersten Linie verteidigt hatte. Wir konnten es kaum glauben, denn er war gerade erst ein paar Wochen Soldat gewesen. Aber leider stimmte es: Sein Leben war eines der vielen, das auf dem Schlafender-Hund-Berg ausgelöscht wurde.

Nicht lange danach rückte der Krieg noch ein Stück näher an uns heran und wurde zu einem sehr realen Bestandteil unseres Lebens. Im September 2004 hielt der Pfarrer eines Sonntags in der Kirche eine ungewöhnlich leidenschaftliche Predigt. Pu Ghay Dweh, »Großvater Stattlich«, war ein sehr strenger Mann. Sein Haus stand direkt neben dem Schulhof, und er hasste es, wenn Kinder dort spielten. Bwa Bwa witzelte gerne, dass wir nur aus Angst vor dem Pfarrer in die Kirche gingen.

Pu Ghay Dweh forderte uns alle auf, so eindringlich zu beten, wie wir nur könnten, denn die Karen stünden vor einer schweren Prüfung. Die Militärjunta missbrauche die Religion, um uns zu spalten, sagte er, und wir müssten um Einigkeit beten. Religion sei das Einzige, was den Widerstand spalten könne. Bwa Bwa und ich verstanden nicht recht, was er meinte. Wir hatten immer geglaubt, unsere größte Herausforderung sei die Verteidigung des Schlafender-Hund-Bergs.

Doch ohne dass wir es recht realisierten, hatten sich die Spannungen zwischen den Buddhisten und den Christen innerhalb der Karen-Widerstandsbewegung verschärft. Der erste Zwischenfall, der uns zu Ohren kam, war der Angriff einiger Karen-Soldaten auf Boote am Zusammenfluss von Salween und Moei in der Nähe des Dorfes Thu Mwe Hta. Das Dorf lag nur eine Stunde per Boot von uns entfernt. Der Konflikt eskalierte schnell. Die Gruppe erklärte sich zu einer Splittergruppe und gab sich den Namen Demokratic Karen Buddhist Army (DKBA). Sie verbündeten sich mit dem burmesischen »State Law and Order Restauration Concil«, kurz SLORC, dem »Staatsrat für die Wiederherstellung von Recht und Ordnung«. Dieser Staatsrat war nichts anderes als der Machthaber einer unter General Saw Maung neu etablierten Diktatur in Burma, aber das verstand ich damals noch nicht.

Wir Kinder wussten nur, dass unser Vater zu den Personen gehörte, die sich mit der DKBA treffen und den Konflikt entschärfen sollten. Wir waren daran gewöhnt, dass er mit allen möglichen Aufträgen an die Front unterwegs war, und dachten uns wenig dabei, als er diesmal aufbrach.

Mein Vater war zwei Wochen fort, als meine Mutter krank wurde. Die Wunde an ihrem Fuß, die sie sich auf der Flucht vor den Elefanten zugezogen hatte, war nie richtig verheilt. Nun entzündete sie sich wieder. Tatsächlich machte sich meine Mutter große Sorgen um meinen Vater, und ihre Gesundheit litt darunter. Er hätte eigentlich nur ein paar Tage fort sein sollen. Doch das Verhandlungsteam, zu dem mein Vater gehörte, war – aber das verschwieg sie uns zunächst – in Gefangenschaft geraten.

Zum ersten Mal sah ich meine Mutter apathisch und tatenlos im Zimmer sitzen. Das sah ihr gar nicht ähnlich, und ich schrieb es ihrer Krankheit zu. Ich kochte ihr einen heißen burmesischen Tee und legte einen großen Stein ins Kochfeuer. Als er schön warm war, wickelte ich ihn in ein Tuch und gab ihn ihr, damit sie ihn unter die Decke legen und sich an ihm wärmen konnte. Meine Mutter war dankbar für diese kleinen Gesten, aber nichts konnte sie wirklich aufheitern.

Sie bekam vor lauter Kummer sogar Fieber. Nach einer Weile konnte sie ihre Angst nicht mehr verbergen. Ein konstanter Besucherstrom ergoss sich in unser Haus, und unsere Nachbarn verhielten sich so, wie sie sich verhalten hätten, wenn ein Familienmitglied gestorben wäre.

Mit der Zeit erfuhren wir immer mehr Einzelheiten: Unser Vater war mit den anderen Mitgliedern des Verhandlungsteams verhaftet worden; er saß in einem Gefängnis unter dem Kloster Thu Mwe Hta; unsere eigenen Soldaten würden möglicherweise einen Befreiungsversuch starten müssen. Meine Mutter beteuerte uns gegenüber, dass es ihm bestimmt gut ging, dabei sah sie selbst ganz verhärmt und bekümmert aus.

Falls eine Rettungsaktion nötig werden sollte, wollte man die Einheit meines Bruders Say Say in den Dschungel schicken. Sie war am besten dazu ausgerüstet, das Kloster anzugreifen, in dem mein Vater gefangen war. Aber die DKBA hatte Menschen aus der Gegend gezwungen, sich in der Umgebung des Klosters aufzuhalten und als menschliche Schutzschilde zu dienen. Der KNU-Kommandant hielt das Risiko, dass bei einem Angriff auf das Kloster viele Unschuldige getötet würden, für zu groß. Es war eine schwierige, düstere Zeit für uns: Meine Mutter war krank, und der Kummer nagte an ihr; mein Vater saß im Gefängnis; und mein Bruder gehörte zu der Einheit, der die Befreiung übertragen worden war. Im Dorf ging sogar das Gerücht um, dass mein Vater hingerichtet worden sei, aber niemand fand den Mut, es meiner Mutter zu sagen. Unwahrscheinlich war es nicht, denn die DKBA hatte schon häufig KNU-Anführer exekutiert.

Schließlich wurde ein Mann aus dem Verhandlungsteam freigelassen. Offenbar waren doch nicht alle umgebracht worden. Meine Mutter ging ihn besuchen. Mein Vater sei am Leben, erzählte er ihr, und säße immer noch in dem unterirdischen Gefängnis. Es gab noch Hoffnung.

Ein paar Tage später legte ein Boot unten am Flussufer an. Plötzlich erblickte ich meinen Vater, der den Pfad zu uns heraufkam. Ich schrie allen zu, dass Papa nach Hause käme, und wir rannten ihm entgegen.

»Papa! Papa! Papa!«, schrie ich und warf mich in seine Arme. »Du bist wieder da! Du bist wieder da!«

Mein Vater lächelte mich müde an und zerzauste mir die Haare. Wir waren sofort von Menschen umgeben, die alle gleichzeitig redeten, denn das halbe Dorf war zusammengeströmt, um ihn zu begrüßen. Ich wusste nicht, was er in den vergangenen

Wochen durchgemacht hatte, aber mir fiel auf, wie erschöpft und schwach er wirkte. Die Leute drängten sich in unserem Wohnzimmer, wo mein Vater im Schneidersitz auf dem Bambusboden Platz genommen hatte. Ich war ungefähr dreizehn, aber ich saß auf seinem Schoß, während er seine Geschichte erzählte.

»Wir hörten uns ihre Forderungen an und überlegten, wie wir die Dinge freundschaftlich regeln könnten«, begann mein Vater. »Ein Mönch war darunter, der zwar nicht der offizielle Sprecher der DKBA war, aber offensichtlich der Drahtzieher. Wir merkten bald, dass er vom Regime geschickt worden war, um Ärger zu machen. Man hatte ihn an die Frontlinie geschickt, damit er die buddhistischen Karen-Soldaten fragte, warum es dort keine Pagode gäbe. Er sagte, sie müssten eine große weiße Pagode bauen, direkt an Ort und Stelle. Das konnten sie natürlich nicht, denn damit hätten sie ihre Stellungen verraten«, fuhr mein Vater fort. »Aber der Mönch redete den Soldaten ein, dies sei eine religiöse Diskriminierung und wäre der Beweis dafür, dass für die Führung der Karen nur Christen zählten. Ihr wisst, wie viel Respekt die Menschen hier vor Mönchen haben, aber so fing der ganze Ärger an. Unter dem Kloster Thu Mwe Hta hatten sie ein geheimes Waffenlager eingerichtet. Der Mönch rief die Soldaten zur Revolte auf, und einige folgten ihm …«
Mein Vater schwieg ein paar Sekunden. »Als wir ankamen, haben sie uns gleich verhaftet und in ein unterirdisches Verlies gesteckt, direkt unter dem Kloster. Ich wollte mit den Führern der DKBA reden, aber sie haben geantwortet, sie würden tun, was immer die Mönche ihnen auftrugen. Die meisten in der DKBA waren harmlose, einfache Soldaten, die den Mönchen jedes Wort glaubten.«
Mein Vater saß in einem stockdunklen Verlies, während seine Mitgefangenen abgeführt und hingerichtet wurden. Einmal hielten sie ihm ein Gewehr an den Kopf und taten so, als wollten sie auch ihn hinrichten. Mein Vater war überzeugt, dass diese Operation vom Geheimdienst der Junta in die Wege geleitet worden

war. In Burma genossen buddhistische Mönche allgemein großen Respekt, und so war es ein kluger Schachzug, sich ihrer zu bedienen.

»Das Regime hat einen weit verzweigten, aktiven Geheimdienst, und sie hatten das gut vorbereitet«, berichtete mein Vater weiter. »Aber wir hoffen, dass die Unschuldigen – die leicht beeinflussbaren Soldaten und Dorfbewohner – erkennen, dass sie getäuscht worden sind. Der Widerstand – Christen, Buddhisten und Animisten – muss einig bleiben, denn nur in der Einigkeit liegt der Sieg.«

Mein Vater hatte sich bemüht, die Geschichte mit einer hoffnungsvollen Note zu beenden, damit die Dorfbewohner etwas hatten, woran sie sich festhalten konnten. Trotz allem, was er durchgemacht hatte, wollte er ihnen ihren Glauben nicht nehmen. Aber er wirkte so kraftlos und ausgelaugt, wie ich ihn noch nie erlebt hatte. Und während ich auf seinem Schoß saß und ihm zuhörte, empfand ich eine Mischung aus Wut und Sorge.

Ich kuschelte mich an ihn und merkte dabei, dass ich nicht mehr so klein war wie früher. Ich spürte, dass ich ihm zu schwer wurde, deshalb setzte ich mich nach einer Weile zu seinen Füßen auf den Boden und blickte in sein müdes Gesicht. Ich spürte, wie sehr ich ihn liebte und wie gut es mir tat, ihn lebendig und in einigermaßen guter Verfassung wieder bei uns zu haben.

Zum ersten Mal fiel mir auch auf, wie wichtig er für die anderen war. Für mich war er immer nur mein Papa gewesen, aber jetzt erkannte ich, von wie vielen Menschen er geliebt und geachtet wurde. Er war nicht nur einfach mein Vater, er war ein politischer Führer, von dem sich die Menschen Zuversicht und Inspiration erhofften. Ich war sehr stolz auf ihn.

Zum ersten Mal seit langem sah ich auch meine Mutter wieder lächeln. Aber es sollte nur eine kurze Atempause sein; der Krieg kam jetzt rasch näher.

Wenige Tage nach der Rückkehr meines Vaters läutete der Dorfälteste die Alarmglocke auf dem Dorfplatz. Er kündigte an, dass die Schulen ab sofort bis auf weiteres geschlossen blieben. Das ganze Dorf wurde in den Ausnahmezustand versetzt. Die Menschen wurden angewiesen, nach Einbruch der Dämmerung nicht mehr auszugehen und jeden zu melden, den sie nachts draußen entdeckten.

Da kein Schulunterricht stattfand, war es für uns Kinder sinnvoller, zu unseren Eltern in das Haus in Manerplaw zu ziehen. Von dort aus konnte man den Schlafender-Hund-Berg gut erkennen, und an manchen Tagen sahen wir, wie die feindlichen Flugzeuge im Sturzflug die Stellungen angriffen. Mich überfiel dabei jedes Mal große Angst.

Seit dem Angriff am Widerstandstag schickte uns unsere Mutter sofort in den Schutzraum, wenn Flugzeuge auftauchten. Manchmal blieben wird dort den ganzen Tag sitzen und wünschten uns, wir könnten draußen in der Sonne spielen. Wir dachten uns zwar Spiele aus, aber die meiste Zeit langweilten wir uns sehr und dachten an die Zeiten zurück, als wir noch durch den Dschungel toben, auf Bäume klettern und im Fluss baden konnten. So verlief unsere restliche Zeit in Manerplaw, die – was wir nicht ahnten – nur noch wenige Tage zählen sollte.

Sie kamen zu mehreren, kreisten über dem Bergkamm wie geschmeidige schwarze Falken. Dann gingen sie in Sturzflug über und warfen ihre Bomben ab, die explodierten und kleine Wolken hinterließen. Ich fragte meine Mutter immer, welches Gebiet sie angriffen. Oft waren es die Stellungen direkt auf dem Kamm, aber manchmal waren es auch Karen-Dörfer. Ich konnte mir nicht vorstellen, wie es war, im eigenen Dorf bombardiert zu werden –, aber ich sollte es bald herausfinden.

Als das Flugzeug zum ersten Mal Bomben auf uns abwarf, war ich gerade auf dem Klo. Es war Nachmittag, und wir waren inzwischen an das Dröhnen der feindlichen Bomber gewöhnt, die am Himmel kreisten. Doch plötzlich hörte ich eine Reihe markerschütternder, kreischender Geräusche direkt über uns, und das Flugzeug kam im Sturzflug auf uns zu. Jedes Kreischen endete in einer gewaltigen Detonation – so nahe, dass ein Luftzug entstand und die Schockwellen die Wände der Toilette erzittern ließen.

Als das schreckliche Geräusch leiser wurde, hörte ich meine Mutter schreien:»In den Schutzraum! Alle in den Schutzraum, sofort!«
Ich stürzte aus dem Klo und rannte auf den Schutzraum zu, der auf der anderen Seite des Hauses lag. Ich war die Letzte, die ihn erreichte – Slone, Bwa Bwa und meine Mutter waren schon darin –, und ich hörte, wie meine Mutter verzweifelt rief:»Pomu Sit! Pomu Sit! Kleine Tochter! Wo bist du?«
Wir blieben den ganzen Nachmittag in dem engen Raum sitzen, während das Flugzeug dröhnend seine Kreise zog. Ich weinte nicht, ich war stumm vor Angst. Ich hatte solche Angst, dass ich nicht einmal zum Pinkeln hinauswollte und es mir lieber verkniff. Als sich die Dämmerung auf Manerplaw herabsenkte, erstarb das Flugzeuggeräusch allmählich, und wir beschlossen, dass wir uns jetzt wieder ins Freie wagen konnten. Meine Mutter war schon hinausgegangen, um das Abendessen zu kochen, und wir hatten es satt, in der Dunkelheit zu hocken und unser Steinspiel zu spielen.
Als mein Vater an diesem Abend nach Hause kam, erzählte er, dass er gerade durch Manerplaw gelaufen sei, als eines der Flugzeuge einen Angriff geflogen hatte. Er hatte keine andere Wahl gehabt, als sich unter einen nahe gelegenen »Wasserstrauch« zu hechten, eine von dickem Schilfrohr bewachsene Stelle im Flussbett. Als die Bombardierung vorbei war, war er über und über mit Schlamm beschmiert daraus hervorgekrochen. Er erzählte uns diese Geschichte, um uns aufzuheitern, aber man sah ihm an, wie beunruhigt er war.
Nach einer wortkargen Mahlzeit vertraute mein Vater meiner Mutter an, dass niemand bezweifelte, dass das Flugzeug wieder angreifen würde. Er bat meine Mutter dringend, vorsichtig zu sein und beim ersten Anzeichen eines Angriffs den Schutzraum aufzusuchen.
»Die Situation wird immer schlimmer«, sagte er leise. »Du musst gut auf die Kinder aufpassen. Wer weiß, wo das alles enden wird.«

Ein paar Tage später erlebte ich eine wunderbare Überraschung: Say Say war auf Urlaub und kam vorbei. Er brachte einen seiner Freunde mit. Ich hatte Say Say sehr vermisst und war überglücklich, ihn zu sehen. Wir saßen alle zusammen beim Mittagessen, als plötzlich das grässliche Kreischen eines herabstoßenden Flugzeugs unser fröhliches Geplauder übertönte. Bevor wir noch einen klaren Gedanken fassen konnten, detonierte krachend die erste Bombe.

In Sekundenschnelle rannten Bwa Bwa und ich durch die seitliche Haustür und saßen im sicheren, dunklen Schutzraum. Say Say kam als Letzter, aber da war der Raum schon voll. Meine Mutter versuchte, ihn ins Innere zu ziehen, aber er passte einfach nicht mehr herein. In der Zwischenzeit kreiste das Flugzeug immer weiter über uns und warf seine Bomben ab, die die Erde erzittern ließen.

Endlich wurde das Geräusch schwächer und verstummte. Da fingen wir an, Say Say zu necken, weil nur sein Kopf im Schutzraum gesteckt hatte.

»Was glaubt der Ältere Bruder eigentlich?«, fragte Bwa Bwa. »Er glaubt wohl, wenn eine Bombe auf seinen Hintern fällt, macht das nichts, weil ja sein Kopf drinnen ist!«

Trotz unserer Angst mussten wir lachen. Ich steckte den Kopf ins Freie und sah als Erstes einen rauchenden Krater am Flussufer unterhalb unserer Hütte. Ein zweiter befand sich ein Stück weiter oben, mitten im Blumengarten meines Vaters. Kein Wunder, dass die Explosionen so nah geklungen hatten!

Wir hatten auf dem Videogerät des Dorfältesten Kriegsfilme mit Bombenangriffen gesehen, aber das hier war etwas ganz anderes. Das Kreischen des heranrasenden Flugzeugs hatte sich in meine Gehörgänge gebohrt, von meinem Kopf Besitz ergriffen und war mir bis ins Herz gedrungen.

Als mein Vater am Abend nach Hause kam, war er wütend über die Willkürlichkeit des Angriffs. Die Piloten beabsichtigten offensichtlich nicht, militärische Ziele zu treffen; sie versuchten, Zivilisten zu verwunden oder zu töten und dadurch Angst und

Schrecken zu verbreiten. Als meine Eltern die Ereignisse des Tages besprachen, gingen Say Say und sein Freund zu den Kratern. Ein paar Minuten später kehrten sie mit den Heckflossen von zwei Bomben zurück. Sie waren hellrot und ungefähr so groß wie eine Erwachsenenhand. Sie rochen unangenehm verbrannt. Während wir sie untersuchten, bekam ich immer mehr Angst. Als ich diese präzise gearbeiteten Stahlbombenteile von nahem sah, wurde mir die Gefahr erst richtig bewusst. Plötzlich dachte ich: »Das ist ja echt, das passiert tatsächlich.« Meine Eltern unterhielten sich an diesem Abend noch lange in gedämpftem Ton miteinander. Am nächsten Morgen rief uns meine Mutter zusammen. Sie sagte, wir müssten jeder ein paar Kleidungsstücke und unsere wichtigsten Habseligkeiten in einen Rucksack packen, falls wir schnell fliehen müssten. Sie bemühte sich, die Sache herunterzuspielen: Es sei ja nur »für den Fall des Falles«. Ich besaß einen kleinen schwarzen Rucksack; in ihn packte ich meine beiden guten Kleider, einen kleinen Spiegel und meine Schulhefte und Stifte. Dazu legte ich meine wenigen Familienfotos: eines von mir, auf dem ich vier Monate alt bin, eines von mir und Bwa Bwa, auf dem wir vor unserem Haus stehen, und zwei Familienfotos. Das war alles; mein Rucksack war gepackt. Ich hoffte inständig, dass ich ihn nie brauche würde.
Nach dem Packen gestand ich meiner Mutter, wie sehr ich mich fürchtete. Meine Mutter beruhigte mich. »Kleine Tochter, es wird alles gut werden. Was immer passiert, wir werden zusammen sein und alles gut überstehen.«
Ihre Worte trösteten mich. Ich verstand immer noch nicht, wie ernst die Lage war. Aber in der Nacht hatte ich einen furchtbaren Traum. Ich kam von der Schule nach Hause, und als ich auf das Dorf zuging, sah ich ein gewaltiges Feuer. Als ich näher kam, sah ich, dass es unser Haus war, das brannte. Ich rannte, so schnell ich konnte, auf das Haus zu, aber ich kam nicht vom Fleck. Je mehr ich mich anstrengte, desto weiter bewegte es sich von mir weg.
Ich wachte mit einem Ruck auf. Verängstigt setzte ich mich auf.

Der Traum hatte so echt gewirkt, dass ich mich einen Moment fragte, ob unser Haus wirklich brannte. Am Morgen erzählte ich gleich meiner Mutter davon. Sie sagte, ich solle mir keine Sorgen machen, es sei nur ein Traum gewesen und so etwas würde uns nicht zustoßen.

Aber wir Karen glauben an Vorahnungen und an die Wahrheit, die in Träumen steckt. Und trotz der tröstlichen Worte meiner Mutter war die Atmosphäre im Haus angespannt. Alle machten sich Sorgen. Selbst die Bäume, der Fluss und die Erde schienen sich Sorgen zu machen. Wenn wir in den Dschungel gingen, kam er uns dunkel und bedrückt vor, als ob die Bäume darauf warteten, dass etwas geschah.

Es war die Ruhe vor dem Sturm.

12

DER FLUSS DER TRÄNEN

Langsam wurde ich neugieriger, ich wollte wissen, warum man es auf uns abgesehen hatte. Was hatten wir getan? Warum wir? Warum unser Zuhause? Meine Mutter erklärte mir, dass der Gegner Manerplaw einnehmen wolle, weil es das Hauptquartier der Karen-Widerstandsbewegung und des demokratischen Widerstands in Burma insgesamt war.

Nach dem Aufstand von 1988 hatte in Burma eine neue und noch brutalere Diktatur Fuß gefasst, die sich »Staatsrat für die Wiederherstellung von Recht und Ordnung« nannte. Tatsächlich sollte sie 1997 auf Anraten einer amerikanischen PR-Firma ihren Namen in »Staatsrat für Frieden und Entwicklung« ändern, aber das lag noch in weiter Ferne. Diese Diktatur fühlte sich jedoch angegriffen dadurch, dass Anhänger der Demokratie die »Nationale Liga für Demokratie« (NLD) gegründet hatten; geführt wurde sie von Aung San Suu Kyi, der Tochter des Generals Aung San, dem Kopf der Unabhängigkeitsbewegung Burmas. Dies führte in Verbindung mit dem internationalen Druck dazu, dass das Regime sich gezwungen sah, Wahlen zuzustimmen, die dann 1990 auch endlich durchgeführt wurden.

Obwohl der Staatsrat versuchte, die Wahlen zu manipulieren, indem er viele politische Parteien als eine Front kandidieren ließ, die staatlichen Medien für seine Propaganda nutzte und Oppositionsführer festnahm, darunter Aung San Suu Kyi, die unter Hausarrest gestellt wurde, gewann die NLD 82 Prozent der Parlamentssitze. Doch statt die Macht abzugeben, leitete der Staatsrat eine neue Welle von Repressionen ein und ließ neu gewählte Parlamentsabgeordnete verhaften und foltern.

Einige der Abgeordneten flohen nach Manerplaw und bildeten dort eine Exilregierung. Dies versetzte die herrschenden Generale noch mehr in Wut, und deshalb versuchten sie uns nun mit Hilfe ihrer neuen Flugzeuge und Waffen zu vernichten, die durch zunehmenden Auslandshandel und ausländische Investitionen finanziert wurden.

Ich war stolz darauf, dass die Karen den Aktivisten der Demokratiebewegung Zuflucht geboten hatten, aber ich machte mir auch Sorgen wegen der immer weitere Kreise ziehenden Angriffe. Ich hörte, wie Leute über Aung San Suu Kyi sprachen, aber ich war noch ein Kind, und niemand erklärte mir damals genau, wer sie war.

Im Januar 1995 hörte ich erstmals das Wort, vor dem ich mich so lange gefürchtet hatte. Mein Vater kam früher als sonst nach Hause, und er und meine Mutter schlossen sich zunächst im Schlafzimmer ein. Sie redeten sehr lange miteinander, und schließlich teilte uns meine Mutter mit, dass wir sofort fortgehen müssten. Mein Vater half ihr, ein paar Nahrungsmittel zusammenzupacken, dann nahmen wir unsere Rucksäcke und gingen zum Fluss, wo Karen-Soldaten den flüchtenden Familien halfen. Am Flussufer standen schon viele Menschen, die alle auf ein Boot warteten.

Während wir bereits in der Schlange standen, drehte sich meine Mutter plötzlich um und lief zum Haus zurück. Nach wenigen Minuten sahen wir sie zurückkommen; sie hatte Koriandersetzlinge in der Hand und begann, sie einzupflanzen. Bwa Bwa, Slone und ich starrten uns entgeistert an. Wenn wir doch von hier weggingen, warum machte sich meine Mutter die Mühe, Koriander zu pflanzen? Und ausgerechnet jetzt! Mein Vater gab uns durch Zeichen zu verstehen, wir sollten in ein wartendes Boot steigen, und dann lief er den Abhang hoch zu meiner Mutter.

»Komm, du musst jetzt los«, drängte er. »Das Boot wartet auf dich.«

»Ich pflanze nur ein wenig Koriander …«

»Hör zu, wir haben nicht viel Zeit, und du vergeudest sie!«

»Aber wenn wir zurückkommen, werden wir ihn brauchen können ...«

Meine Mutter zuckte die Achseln, hörte mit dem Pflanzen auf und ließ sich von meinem Vater zum Fluss führen. Ich sah mich im Boot um. Es war voll, überall saßen Frauen, Kinder und alte Leute. Sie starrten meine Mutter an, als sei sie verrückt geworden. Mein Vater schob sie ins Boot und trat zurück. »Schnell!«, drängte er. »Wenn ihr das andere Ufer erreicht habt, steigt auf den Berg und lauft zum Dorf. Ich komme später nach. Ihr müsst euch beeilen ...«

Seine letzten Worte wurden von dem knatternden Motor übertönt, als der Bootsführer Vollgas gab und uns rückwärts in die Strömung lenkte. Als wir weiter draußen auf dem Fluss waren, sah ich, dass das Ufer schwarz von Menschen war, die, mit ihrem Hab und Gut beladen, darauf warteten, die Stadt verlassen zu können. Alles machte einen traurigen Eindruck: die Menschen, der Fluss, das Ufer, die Bäume und die Berge.

Die Evakuierung von Manerplaw hatte begonnen; der Tag, den ich mir nie hatte vorstellen können, war gekommen.

Der Bootsführer stand auf, lehnte sich gegen den Motor und steuerte das Boot im Halbkreis herum. Als es Fahrt aufnahm, sah ich meinen Vater am Ufer forteilen. Wir hatten alles zurückgelassen, was wir nicht auf dem Rücken tragen konnten: unsere Hühner, Enten und Schweine, unser Haus und unseren Blumengarten.

Während wir in vollem Tempo dahinrasten, dachte ich an die gerade ausgeschlüpften Küken und wer sie wohl jetzt füttern würde. Ich liebte sie sehr und machte mir in diesem Moment mehr Sorgen um sie als um meinen Vater. Er hatte versprochen nachzukommen, und ich hatte keinen Zweifel, dass er das tun würde.

Den einzigen Funken Hoffnung gab mir im Grunde die Geste meiner Mutter. Wenn sie unbedingt noch Koriander pflanzen musste, dann glaubte sie doch sicher, dass wir zurückkehren würden?

Als wir im Dorf anlegten und ausstiegen, hörte ich das unverwechselbare Krachen einer Bombenexplosion und dann das gedämpfte Geknatter von Gewehrfeuer im Dschungel nördlich von uns. Die Kampfgeräusche schienen von Minute zu Minute lauter zu werden. Der letzte Sturmlauf auf das Kernland des demokratischen Widerstands hatte begonnen. Wir hatten jetzt alle Angst. Ich sah meiner Mutter an, wie besorgt sie war. Nie zuvor hatten wir das Gewehrfeuer so deutlich und so nah gehört. Slone eilte mit Riesenschritten voraus, wie ein Erwachsener, und trieb meine Mutter zur Eile an. Ich muss zugeben, dass ich mich am meisten fürchtete. Ich fühlte mich, als würde das Leben selbst auseinandergerissen. Slone dagegen marschierte vorwärts wie ein kleiner Krieger und herrschte seine Schwestern an, sie sollten ihm folgen.

»Ich habe Angst«, keuchte ich, als ich meine Mutter eingeholt hatte. »Und wo ist Papa? Warum kommt er nicht?«

Ich konnte den Gedanken kaum ertragen, dass er im Bereich dieser Gewehrsalven zurückgeblieben war, aber die Antwort meiner Mutter ging im Getöse einer gewaltigen Detonation unter, als die ersten Mörsergranaten in das Zentrum von Manerplaw krachten. Wir liefen weiter den Berg hoch, getrieben von den Bomben und Kugeln in unserem Rücken, blieben nicht stehen und wechselten kein Wort. Die Bäume filterten den Lärm, aber immer wieder hallte das dröhnende Echo einer Explosion durch den Wald. Bei jeder zuckte ich zusammen und rannte danach umso schneller weiter, als wäre mir ein furchterregendes Ungeheuer auf den Fersen.

Wir gliederten uns in einen Strom von Menschen ein, die alle auf dem Weg ins Dorf waren und ebenso verängstigt wirkten wie wir. Eltern trieben ihre Kinder zur Eile an. Als wir das Dorf erreichten, war es dunkel. Normalerweise zündeten die Leute bei Anbruch der Dämmerung Öllampen an, aber in dieser Nacht brannten nur vereinzelte Lampen. Es war Verdunkelung angeordnet worden, um dem Feind unsere Position nicht zu verraten.

Wir tasteten uns im Halbdunkel zu unserem Haus vor. Meine Mutter machte sich daran, Reis zu kochen, und fragte dabei die Nachbarn durch Zurufe nach Neuigkeiten. In mir wühlte die Angst, dass mein Vater gefangen genommen worden sein könnte. Wir waren durch den Schock der Evakuierung alle so erschöpft, dass wir nach dem Essen fast sofort einschliefen. Nur meine Mutter blieb die ganze Nacht wach, sie fand keine Ruhe und passte auf uns auf.

Es war keine gute Nacht. Alle paar Minuten wachte ich erschrocken auf, wenn wieder eine Explosion durch den Wald hallte. Dann war es eine Weile ruhig bis zum nächsten Krachen. Am Morgen machte uns meine Mutter Frühstück und eröffnete uns dann, wir müssten weiterziehen. Im Dorf waren wir nicht mehr sicher. Wir würden bis nach Thailand fliehen müssen, um den burmanischen Soldaten zu entgehen.

Ich besaß keine Spielsachen oder besondere Andenken, die ich aus unserem Haus mitnehmen konnte. Ich hatte keine Schminksachen oder Toilettenartikel. Das einzige »Make-up«, das ich je getragen hatte, war ein selbstgemachter Lippenstift aus alten Vitamintabletten, die Bwa Bwa und ich uns auf die Lippen geschmiert hatten. Ich hatte aus Versehen die schwarzen statt der roten genommen, und Bwa Bwa hatte sich über meine schwarzen Lippen lustig gemacht.

Meine Mutter belud uns alle mit so viel Reis, Fischpaste und Salz, wie wir tragen konnten, und dann machten wir uns auf den Weg. Wir gingen zum Fluss hinunter, dem wir in südöstlicher Richtung bis nach Thailand folgen konnten. Zu Fuß war die Route praktisch unpassierbar, denn das Wasser floss zwischen steilen Felswänden dahin. Aber am Ufer warteten mehrere tausend Menschen auf Boote, und am Abend mussten wir feststellen, dass keine mehr kommen würden. Wir mussten ins Haus zurück und dort eine weitere unruhige Nacht verbringen.

Diesmal war es sogar noch schlimmer. Sobald es dunkel war, sahen wir, wie der Himmel hinter dem Teak-Berg in einem unwirklichen, feuerroten Orange glühte, und wir wussten, dass

Manerplaw brannte. Die Gegner hatten Victory Field eingenommen und in Schutt und Asche gelegt. Rauchwolken, die durch das Feuer hochrot gefärbt waren, stiegen auf. Es war ein herzzerreißender Anblick.

Über dem Dorf lag eine bedrohliche Stille. Alle starrten auf diese infernalische Vision. Auch meine Mutter fixierte den feuerroten Himmel, und ich fragte mich, was ihr wohl durch den Kopf ging. Es gab keine Worte dafür. Ich dachte an meinen Vater, der versprochen hatte nachzukommen, und ob er in der Feuerhölle von Manerplaw gefangen war. Der Kampfeslärm war noch nicht verhallt, aber er drang nur noch vereinzelt bis zu uns. Und wir konnten den Gestank von Verbranntem riechen.

In meinem Herzen machte sich eine tiefe Traurigkeit breit. Ich wusste, dass unsere Heimat brannte, und war zornig. Stumm sahen Bwa Bwa, Slone und ich zu, wie das unheimliche Glühen sich am Nachthimmel ausbreitete. Wir waren so entsetzt, dass wir nichts mehr sagen konnten. Erst in den frühen Morgenstunden sanken wir in einen unruhigen Schlaf.

Am Morgen standen wir wieder am Flussufer und warteten. Erst am späten Nachmittag kam endlich ein Boot, und die Leute fingen panisch an zu drängeln, weil sie Angst hatten, der Platz würde nicht für alle reichen. Glücklicherweise griff der Dorfälteste ein und sorgte für Ordnung: zuerst Frauen und kleine Kinder, dann Frauen mit älteren Kindern und schließlich die Alten und Kranken.

Auch wir kamen schließlich an die Reihe und setzten uns in das Longtail-Boot. Es war schon mit Menschen, Reissäcken und Gepäckstapeln bis zum Rand beladen und lag gefährlich tief im Wasser, so dass die körperlich gesunden Erwachsenen aufgefordert wurden, zu Fuß zu gehen. Der Weg durch den Wald war beschwerlich, aber er war machbar. Als wir endlich losfuhren, hatte der kräftige Motor alle Mühe, die schwere Last zu bewegen.

Als wir uns von meinem geliebten Dorf entfernten, blickte ich sehnsüchtig zurück. Schließlich verlor ich es nach einer Kurve aus den Augen. Ich konnte noch nicht glauben, dass wir wirklich für immer weggingen. Ich redete mir ein, wir kämen bald zurück. Das musste so sein – die Kokosnüsse an unseren Bäumen waren schon fast reif, und wir mussten wiederkommen und sie ernten.

Nach zwei Stunden stromaufwärts erreichte das Boot den Punkt, bis zu dem es fahren konnte; noch weiter flussaufwärts wurde es zu gefährlich. Wir waren zu einer Felsschlucht mit steilen Wänden gelangt, in der der Fluss reißende Stromschnellen bildete. In den Wäldern zu beiden Seiten sah ich zahlreiche Menschen, die wie wir vor den Angriffen flohen. Sie trugen an Riemen über der Brust schwere Lasten in geflochtenen Körben – Töpfe, Teller und Lebensmittel, alles in Stoffbündel eingewickelt.

Der graublaue Rauch der Kochfeuer wehte durch die Bäume, wo die Fliehenden ihren Reis kochten, um auf ihrem Marsch bei Kräften zu bleiben. Das Boot legte an, wir entluden unser Gepäck und gingen zu den anderen. Es waren vor allem Frauen mit Kindern, die sich zusammengetan hatten. Jede trug ihren wenigen Besitz in einem Bündel, und allen war ihre Ratlosigkeit anzusehen – sie wirkten, als hätten sie Mühe zu verstehen, wie undurchschaubar und unsicher ihr Leben auf einmal geworden war.

Wir bahnten uns unseren Weg durch die Bäume und suchten nach einer Stelle zum Rasten. Als wir sie gefunden hatten, hörten wir, wie jemand meinen Namen rief. Es war Mondlicht, der mir in aller Eile erzählte, wie es unseren gemeinsamen Freunden ging. Süße Wasserblume und Lilienblüte hatten am Tag zuvor diese Stelle passiert, aber sie waren schon weiter in Richtung des vermeintlich sicheren Thailand gewandert.

Meine Mutter kündigte an, wir würden hier eine Weile lagern. Ich nahm an, dass wir auf Nachrichten von meinem Vater warteten. Meine Mutter begann, eine improvisierte Hütte zu bauen. Sie war eine Expertin darin, da sie jahrelang als Soldatin im Dschungel gelebt hatte. Es mangelte nicht an Helfern, denn viele hatten den eigenen Unterschlupf schon fertiggestellt.

Zuerst wurden vier Bambuspfosten als Stützen für einen erhöhten Hüttenboden in die Erde getrieben. Darüber wurde, ebenfalls aus Bambus, ein Dachgerüst errichtet, das mit einer Plastikplane abgedeckt wurde, die meine Mutter mitgebracht hatte. Vor dem Vordereingang baute sie aus drei großen Steinen eine Kochstelle. Der Unterstand hatte keine Wände, aber er bot Platz genug für alle, so dass wir im Trockenen schlafen konnten.

Weil wir uns in der kalten Jahreszeit befanden, stiegen in der Nacht Nebelschwaden vom Fluss auf. In der ersten Nacht mussten wir uns mit anderen einen Unterstand teilen, weil unser eigener noch nicht fertig war. Es war eng, aber das schien niemanden zu stören. Wir rückten dicht zusammen, damit wir es warm hatten.

Vom Krieg war hier wenig zu merken. Abgesehen vom Tosen des Flusses war der Wald um uns totenstill. Wir befanden uns mitten im dichten Dschungel und konnten nicht feststellen, ob noch gekämpft wurde. Doch es herrschte eine bedrückte, ängstliche Atmosphäre, und die Menschen verständigten sich meist nur flüsternd. Es war eine harte, feindselige Umgebung, in der wir uns vorübergehend häuslich eingerichtet hatten.

Zwei Wochen lang blieben wir an diesem namenlosen Ort und lebten wie Geister im Urwald. Jeden Tag aßen wir Reis, Salz und Fischpaste aus unseren Vorräten. Wir wurden nie satt, weil unsere Mutter das Essen rationierte, daher blieben wir immer hungrig. Aber wenigstens waren wir am Leben und hatten etwas im Bauch.

In jener Zeit verblüffte mich meine Mutter immer wieder mit ihrer Stärke und Findigkeit. Sie wusste, wie man an einem solchen Ort überlebt, sie konnte Bambus schlagen wie ein Mann, ihren eigenen Unterstand bauen, das Feuer am Brennen halten und für Essen sorgen.

Darüber hinaus versuchte sie, unserem zersplitterten Leben eine gewisse Struktur und Sicherheit zu geben. Sie baute neben unserem Unterstand eine provisorische Toilette. Dazu grub sie ein Loch in den Boden, das sie mit Wänden aus einem Geflecht aus

Bambus und Bananenblättern umgab. Meine Mutter riet anderen Familien, dasselbe zu tun, denn wenn wir den Fluss als Toilette benutzten, konnten wir das verschmutzte Wasser nicht mehr trinken.

Als ältestes und stärkstes Kind half Bwa Bwa meiner Mutter. Auch wenn wir den beiden nicht zur Hand gingen, blieben Slone und ich am Platz. Meine Mutter wollte nicht, dass wir uns weit entfernten, wir sollten immer in Sichtweite bleiben. Sie hatte Angst, dass die burmesische Armee uns aufspürte und verfolgte, wie ihr das früher in ihrem Soldatenleben passiert war. Wenn es dazu kam, wollte sie uns in der Nähe wissen.

Alle redeten nur über eines: Was sollten wir jetzt tun? Manche vermuteten, dass es am Ziel unseres Marsches einen sicheren Ort gab. Man nannte ihn »Flüchtlingslager«, und die Menschen dort waren »Flüchtlinge«. Ich hatte meine Eltern schon über Flüchtlinge reden hören, aber ich verstand nicht, was das Wort bedeutete. Wir Kinder überlegten, wie es in einem Flüchtlingslager wohl aussah: Wie im Dorf? Gab es eine Schule und eine Kirche, kümmerten sich die Menschen um ihre Nachbarn?

Meine Mutter übernahm an dem namenlosen Ort bald die Rolle der inoffiziellen Anführerin. Man kam zu ihr, um sich Rat zu holen. Wenn die Menschen müde waren, riet sie ihnen, sich ein paar Tage auszuruhen, um wieder zu Kräften zu kommen. Wenn sie geschlafen und gegessen hatten, konnten sie die Reise mit ihren schweren Lasten fortsetzen. Andernfalls würden sie irgendwo mitten im Dschungel vor Erschöpfung zusammenbrechen. Den jungen Müttern sagte sie, sie sollten verhindern, dass ihre Babys weinten, indem sie ihnen die ganze Zeit die Brust gaben – Babygeschrei konnte den Feind anlocken.

Was mich betraf, so war ich in einem Alter, in dem aus einem Kind ein junger Erwachsener wird. Ich wusste, dass sich mein Körper veränderte. Ich wurde eine Frau, und es geschah ausgerechnet hier an diesem namenlosen Ort. Das völlige Fehlen einer Privatsphäre war mir schrecklich peinlich. Ich war sehr scheu, was meinen Körper betraf. Wenn ich zum Baden ging, wartete ich immer, bis es fast dunkel war, und bat meine Mutter oder meine Schwester, mich zu begleiten. Wir stiegen in Longyis gewickelt in den kalten Fluss und versuchten so gut es ging, den Schmutz des Tages vom Körper abzuwaschen.

Jeden Morgen verließen Freunde und Nachbarn aus unserem Dorf diesen namenlosen Ort, bis nur noch wenige blieben. Bwa Bwa weinte, als all ihre Freunde aus Kindertagen weggingen. Sie wusste nicht, ob sie sie je wiedersehen würde. Ich brachte keine Tränen zustande: Ich weinte innerlich, aber ich hatte das Gefühl, dass ich stark sein musste. Meinen Schmerz ließ ich niemanden sehen.

Während unsere Bekannten aus dem Dorf weiterzogen, kamen immer mehr Fremde nach. Darunter waren junge Mütter mit fünf oder sechs Kindern. Die Mutter und das älteste Kind mussten die Babys und Kleinkinder tragen und hatten deshalb wenig Kraft oder Platz für Lebensmittel. Manche waren schon fast am Verhungern. Ich hatte vorher noch nie Kinder gesehen, die vor Hunger weinten. Es war herzzerreißend. Meine Mutter drängte ihnen jedes Mal etwas von unserem Essen auf, obwohl wir selbst nicht genug hatten.

Sie schenkte ihnen eine Decke oder irgendeinen anderen wertvollen Gegenstand, und die Frauen waren ihr zutiefst dankbar für ihre Güte. Meine Mutter war sehr großzügig, obwohl wir selbst litten. Sie verschenkte mit Freuden das wenige, was sie hatte, wenn sie meinte, dass den anderen damit geholfen war.

Eines Tages – wir waren seit zwei Wochen an diesem namenlosen Ort und saßen gerade vor unseren Schüsseln mit gekochtem Reis – trat plötzlich mein Vater aus dem Schatten des Waldes. Es war wie ein Wunder. Manerplaw war inzwischen vollständig niedergebrannt. Jetzt aber waren wir endlich wieder zusammen. Vater war zwar verdreckt und verklebt, weil er durch den Wald gelaufen war, und er sah völlig erschöpft aus, aber wenigstens lebte er und war gesund!

Er setzte sich mit uns zum Essen und erzählte dabei von seinen Erlebnissen. Nachdem wir aus Manerplaw fort waren, hatte er sich zusammen mit dem KNU-Präsidenten General Saw Bo

Mya auf die Evakuierung vorbereitet. Es lag im Verantwortungsbereich meines Vaters, darauf zu achten, dass der General geschützt war und nicht etwa dem Feind in die Hände fiel oder getötet würde. Mein Vater hatte ihn auf einer langen, mühevollen Reise durch den Dschungel bis zu einem neuen Standort begleitet, an dem die Widerstandsbewegung ihr provisorisches Hauptquartier einrichtete.

Mein Vater konnte uns aus naheliegenden Gründen nicht sagen, wo sich dieser Ort befand. Sollten wir vom Feind gefangen genommen und gefoltert werden, bestand die Gefahr, dass wir verrieten, wo es war, und das hätte katastrophale Folgen für den gesamten Widerstand gehabt. Sobald mein Vater sich davon überzeugt hatte, dass der neue Standort gut gesichert war, hatte er sich auf die Suche nach uns gemacht. Er hatte herumgefragt, und einer der Bootsführer hatte ihm sagen können, wo wir waren. Und so hatte er uns gefunden.

Mein Vater konnte nur etwa eine Stunde bei uns bleiben. Da er wusste, dass wir auf der Weiterreise Hilfe brauchen würden, hatte er zwei junge Männer mitgebracht. Tu Chin und Eh Moo waren beide Anfang zwanzig, Karen-Soldaten und Freunde der Familie. Eh Moo war verwundet worden, und Tu Chin war sehr krank gewesen, deshalb konnten sie beide vorläufig nicht an der Front eingesetzt werden.

Bevor er wieder ging, sagte mein Vater uns Kindern, er setze großes Vertrauen in meine Mutter. Auch wir sollten ihr vertrauen und sie nach besten Kräften unterstützen. Es gab keine andere Möglichkeit für uns, als all den anderen zu folgen, die nach Thailand in die Flüchtlingslager strömten. Eh Moo und Tu Chin sollten uns begleiten. Mein Vater versprach, er würde dort bald zu uns stoßen.

Als er sich für den Rückweg bereitmachte, fiel mir auf, wie hager und sorgenvoll er aussah. Die Verantwortung lastete sichtlich auf seinen Schultern. Zum Abschied umarmte und küsste er uns alle, dann gab er meiner Mutter einen Abschiedskuss und war fort.

Am nächsten Morgen brachen wir im ersten Morgenlicht auf. Ich war nicht traurig darüber, nur die Ungewissheit, was uns erwartete, nagte an mir. Das Wiedersehen mit meinem Vater hatte mich unglaublich aufgemuntert. Und dass Eh Moo und Tu Chin jetzt mitkamen, war ein wahrer Segen. Als wir tiefer in den Dschungel vordrangen, trugen sie die schwersten Lasten.

Der Pfad schlängelte sich am Ostufer des Flusses durch den Morgennebel und führte allmählich aus der Schlucht heraus. Ein paar Minuten später wurde der Waldboden felsig und rutschig. Links fiel ein Abhang fast senkrecht bis zu den tosenden Stromschnellen hinab: ein Ausrutscher, und es wäre unser letzter. Wir folgten den Fußspuren derjenigen, die vor uns gegangen waren, denn wenn sie es geschafft hatten, würden wir es wohl auch schaffen. Wir redeten nur im Flüsterton, denn im Schweigen lag die größte Sicherheit.

Am Ende des ersten Tages hatten wir ein Gebiet erreicht, das von gewaltigen Bäumen beherrscht wurde. Das Blätterdach wölbte sich hoch über uns, und bis zum Boden, der frei von Vegetation war, drang nur wenig Licht durch. Doch am Fuß der Stämme war viel Platz, und wir konnten uns aussuchen, wo wir uns für die Nacht einrichten wollten.

Unter einem der höchsten Baumriesen entdeckten wir eine Gruppe Menschen in einem behelfsmäßigen Lager. Wie sich herausstellte, war es unser Freund Winston Churchill mit seinen Eltern und Geschwistern.

Sie begrüßten uns tapfer lächelnd, und wir gesellten uns in unserer ersten Nacht im Dschungel zu ihnen.

13

Unter dem Baumriesen

In jener ersten Nacht schliefen wir auf Plastikplanen auf dem blanken Boden. Meine Mutter achtete sorgfältig darauf, wo wir schliefen, denn der Baum über uns war so alt wie die Berge, und manche der Äste sahen aus, als könnten sie abbrechen. Wir schlugen unser Lager unter einem der Äste auf, die am stabilsten aussahen. Das nachtdunkle Blätterdach war von hellen Lichtfunken gesprenkelt – den Sternen hoch über uns. Ein magischer Schlafplatz, wären wir nicht heimatlos und auf der Flucht gewesen.

Winston Churchills Familie hatte unter dem großen Baum eine Behelfsunterkunft gebaut, und meine Mutter entschied, dass wir mit der Hilfe von Eh Moo und Tu Chin dasselbe tun wollten. Wir würden ein paar Tage an diesem Ort bleiben, sagte sie, wir würden uns ausruhen und für den weiteren Weg Kräfte sammeln. Wir hatten seit zwei Wochen immer nur kleine Mengen Reis, Salz und Fischpaste gegessen. In der Nähe floss ein Fluss mit klarem Wasser, und im Wald würde sich Essbares finden. Während die Erwachsenen unsere Unterkunft bauten, gingen Bwa Bwa und ich an den Fluss und suchten Krabben und Garnelen. Wir fanden nicht genug für eine richtige Mahlzeit, aber als es für eine Suppe reichte, suchten wir nach essbaren Pflanzen. Wir fanden Wildgemüse, Bananenfasern und -schösslinge als Beilage. Solche Gemüse aßen wir sonst nicht, und sie hatten wenig Nährwert. Bananenfasern aß man sowieso nur im Notfall, doch nach den vergangenen zwei Wochen schmeckte die wässrige Suppe wie ein Festmahl.

Wir waren alle körperlich und seelisch erschöpft, und meine Mutter war in einer besonders schlechten Verfassung. Die Strapazen an dem namenlosen Ort hatten ihr furchtbar zugesetzt. Niemand wusste, was als Nächstes auf uns zukommen würde. Der Gedanke an den langen Weg, der noch vor uns lag, war entmutigend.

Eine Woche nach unserer Ankunft beschlossen Winstons Eltern, dass sie jetzt weiterziehen konnten. Mit den vielen Kindern kam die Familie nur langsam vorwärts. Sie hatten vor, wie die Flüchtlinge vor ihnen dem Wasserlauf stromaufwärts zu folgen. Niemand von uns war je in dieser Gegend gewesen, und keiner wusste, was ihn erwartete. Die Route führte weiter nach Thailand hinein und war dadurch vermutlich sicherer, aber wir kannten uns immer weniger aus.

Als immer mehr Flüchtlinge in den Wald gelangten, wurde es schwerer, Nahrung zu finden. Und so schulterten wir eines Tages unsere Bündel und ließen den Baumriesen hinter uns. Der Pfad durch den Dschungel war schlecht erkennbar, so dass wir uns nur an die Fußspuren der Leute vor uns halten konnten. Der Weg führte wieder am Flussufer entlang, manchmal auch über felsige Uferpassagen, auf denen man keine Fußspuren sehen konnte, und dann weiter in Serpentinen zu den Steilufern hinauf.

Im Gehen schweiften meine Gedanken oft ab. Ich dachte an die Schule. Würde ich je wieder den Unterricht besuchen können? Ich war gerade in der Pway-Baw-Lu-Schule eine Klasse hochgestuft worden, weil ich so gute Noten hatte, und kurz davor, das burmesische Pendant zur mittleren Reife abzulegen. Doch mit jedem Schritt entfernten wir uns weiter von der Schule. An jenem Abend rasteten wir an einem sandigen Uferstück direkt neben dem Mu Yu Klo. Es war Trockenzeit, deswegen machten wir uns keine großen Sorgen, dass das Wasser über Nacht steigen und den Lagerplatz überfluten könnte. Wir legten uns unter dem freien Himmel auf den Sand, in unseren Ohren dröhnte das rauschende Wasser.

Als ich so in den sternenübersäten Himmel blickte, fragte ich mich, wie ein so schönes Land so voll von Bösem sein konnte.

Wir hatten unser Land Kaw Thoo Lei genannt, »Land ohne Übel«. Aber jetzt hatte der Staatsrat seine Soldaten ausgesandt, die das Land verwüsteten. All unsere Träume, Hoffnungen und Zukunftsvisionen schienen zunichtegemacht. Manerplaw lag in Trümmern, und wir liefen um unser Leben.

Wir verbrachten eine Woche am Ufer des Mu Yu Klo und ruhten uns aus. Nach jedem Tag, den wir uns durch den Dschungel vorankämpften, war meine Mutter völlig ausgelaugt. Ich begriff allmählich, dass sie nicht mehr so jung und unbesiegbar war, wie sie immer auf mich gewirkt hatte. Jeden Tag strömten mehr Menschen ans Flussufer, auf der Flucht vor den Soldaten, die die Dörfer im Norden plünderten. Alle brachten furchtbare Geschichten mit, von Bluttaten, Zerstörung und Angst.

Das Chaos und das Morden zogen von Manerplaw ausgehend immer weitere Kreise. Alle Familien erzählten von ihrer Flucht und berichteten, welche Dörfer neuerdings angegriffen wurden. Häufig versanken die Menschen nach ein paar geflüsterten Worten in Schweigen – ein Schweigen, das die schockierenden und erschütternden Erfahrungen der letzten Wochen und Tage in sich barg. Fast alle waren in ihrem privaten Trauma gefangen: Wohin sollten sie fliehen – wie konnten sie ihre Familien retten – wie sollten sie die Reise überleben, die noch vor ihnen lag?

Eines Morgens fasste ich mir ein Herz und stellte meiner Mutter die Frage, die mich am meisten beschäftigte: Wann würden wir wieder nach Hause zurückkehren?

»Moe, wann können wir ins Dorf zurück?«, fragte ich sie. »Dauert es noch lange?«

Bwa Bwa und Slone spitzten die Ohren. Diese Frage hatten sie sich nicht zu stellen getraut, aber wir alle wollten eine Antwort. *Wann konnten wir wieder nach Hause?*

Meine Mutter sah mich aus müden Augen an. »Es tut mir leid, Pomu Sit, wir können nicht zurück. Alle sind fort …«

Der Schock raubte mir einen Moment lang die Sprache. »Nie mehr? Wir können nie mehr nach Hause?«

Meine Mutter schüttelte den Kopf. »Pomu Sit, die burmesischen

Soldaten haben unser Gebiet besetzt. Wir *können* nicht nach Hause. Wir haben kein Zuhause mehr, in das wir zurückkönnen ...«

Ich starrte auf den Sand, meine Augen brannten. Ich konnte es kaum glauben, aber meine Mutter hatte es tatsächlich ausgesprochen: Wir würden nie mehr nach Hause zurückkönnen. Zum ersten Mal hatte meine Mutter uns offen die bittere Wahrheit gesagt, und ich war am Boden zerstört.

»Aber Moe, wir wollen doch nur nach Hause«, hörte ich Bwa Bwa flüstern. »Was ist so falsch daran? Warum können wir das nicht?«

»Dort gibt es nichts mehr für uns«, antwortete meine Mutter. Sie war jetzt selbst den Tränen nahe. »Es tut mir leid, es tut mir leid – aber das Dorf gibt es nicht mehr.«

Tränen liefen Bwa Bwa übers Gesicht. »Wir werden es nie wiedersehen? Nie mehr?«

Meine Mutter zog Bwa Bwa an sich und streckte ihren freien Arm nach mir aus. »Wir müssen nach Thailand gehen, wir werden Flüchtlinge sein. Aber wir werden immer noch zusammen sein, wir haben immer noch uns, nicht wahr?«

»Aber ich will kein Flüchtling sein«, murrte ich. »Flüchtlinge sind Leute, die Hilfe brauchen. Leute, die alleine nicht überleben können. So sind wir doch nicht, oder?«

»Nein, Pomu Sit, so sind wir nicht«, bestätigte meine Mutter. Sie blickte mir in die Augen. »Aber jetzt haben wir keine Wahl. Wir müssen nach Thailand gehen. Wir haben keinen Ort, an den wir sonst gehen könnten.«

Am Ende der Woche bekamen wir die ersten konkreten Hinweise auf das, was vor uns lag. Ein paar Erwachsene aus unserem Dorf, die schon weitergewandert waren, kamen zurück und erzählten, dass sie eine Art Zuflucht gefunden hatten. Es gab in Thailand einen Ort mit Namen Mae Ra Moe, wo ein behelfsmäßiges Flüchtlingslager errichtet worden war. Dort hielten sich schon Tausende von Karen auf, und die Leute rodeten den Dschungel, um sich Hütten zu bauen.

Die Thai-Behörden hatten eingewilligt, Mae Ra Moe als »vorläufige Siedlung« anzuerkennen – was bedeutete, dass wenigstens vorübergehend die Menschen nicht zu illegalen Einwanderern erklärt und nach Burma zurückgeschickt wurden. Das Karen-Flüchtlingskomitee – ein Gremium, das von der KNU eingesetzt worden war, um den Flüchtlingszustrom nach Thailand zu regeln – versuchte, die UNO dazu zu bewegen, dass sie Mae Ra Moe als Flüchtlingslager anerkannte und unter offiziellen Schutz stellte.

Ich hatte keine Ahnung, was die UNO war, und nur sehr vage Vorstellungen vom Leben und Status eines Flüchtlings. Aber eines verstand ich: Mae Ra Moe war Karen-Gebiet. Alle Dörfer dort waren von Karen bewohnt, obwohl sie in Thailand lagen. Demnach würden wir auf Karen-Territorium leben, umgeben von Karen, Menschen, die dieselbe Sprache sprachen wie wir. Das war der einzige Lichtschimmer am Horizont.

Außerdem hoffte ich, wir würden uns das Leben im Wesentlichen wieder so einrichten können, wie wir es gewohnt waren, wenn wir endlich in Mae Ra Moe anlangten. Wenn wir schon nicht in unser Dorf zurückkonnten, dann würden wir eben ein neues bauen, genau wie das alte, und wir würden uns wieder mit unseren Nachbarn und Freunden umgeben. Wir würden eine neue Schule bauen, eine bessere als vorher, und es würde wieder Unterricht abgehalten werden. Wir würden Enten und Hühner und Schweine halten und wieder Gemüse- und Blumengärten anlegen.

Wir verbrachten noch ein paar Tage am Flussufer. Das reine Überleben beanspruchte uns von früh bis spät. Es gab jeden Tag so viel zu tun. Wir sammelten *kaw soe dot,* »Wasserspinat«, der am Fluss wuchs. An schattigen Stellen im Wald zupften wir junge Farntriebe, die wir als grünes Gemüse kochten. Wir suchten nach der unverwechselbaren Hufeisenpflanze, deren Blätter einem glänzenden, gebogenen Huf ähneln. Selbst das smaragdgrüne Gras, das am Ufer wuchs, konnte für ein würziges Gericht verwendet werden.

Meine Mutter weckte uns schon vor dem Morgengrauen. Wir frühstückten im Dämmerlicht, und sie schärfte uns ein, immer auf der Hut und beim leisesten Anzeichen von Gefahr fluchtbereit zu sein. Sie hatte Angst, der Feind würde uns aufspüren und angreifen.

»Esst schnell«, drängte sie.»Redet nicht, esst einfach nur. Wenn der Feind kommt und ihr gerade beim Essen sitzt, bleibt ihr zurück. Seid immer fluchtbereit!«

Ich warf ängstliche Blicke in den Urwald. Seit wir aus dem Dorf geflohen waren, hatten wir nichts mehr vom Krieg mitbekommen. Keine Gewehrsalven im Dschungel, keine dröhnenden Explosionen und keine Flugzeuge über unseren Köpfen. In diesem versteckten, stillen Tal mit seinem friedlichen Flussufer konnte man sich kaum vorstellen, dass immer noch so entsetzliche Dinge passierten.

Erst in diesen Tagen erkannte ich in meiner Mutter, trotz ihrer körperlichen Erschöpfung, die zähe Widerstandskämpferin, die sie einmal gewesen war. Sie wusste so viel über den Feind und seine Methoden und über das Soldatenleben. Sie wusste, dass die Dunkelheit unser Freund war, denn sie hüllte uns in Schatten. Aber das Dunkel war auch unser potenzieller Gegner, denn der Feind konnte sich unbemerkt anschleichen. Mutter lauschte unablässig auf Geräusche und versuchte die Bedrohung einzuschätzen. Sie wusste, dass der Gegner womöglich gerade dann ganz nahe war, wenn der Wald am stillsten schien.

Sie wusste, dass der Rauch von einem Kochfeuer Gefahr bedeutete, denn man sah ihn aus der Ferne, aber dennoch war warmes Essen notwendig, damit wir bei Kräften blieben. Sie wusste, wie man nachts kocht, damit der Rauch am dunklen Himmel unsichtbar bleibt. Aber wenn der Mond hell schien, konnte die Silhouette des aufsteigenden Rauches verräterisch sein. Sie wusste, dass die glühenden Kohlen der Feuerstelle nachts weithin sichtbar waren und dass man sie vor Spähern abschirmen musste.

Sie wusste, dass wir immer die Rucksäcke gepackt haben und in Sekundenschnelle aufbruchbereit sein mussten.

Schließlich entschied meine Mutter, dass wir bereit zur Weiterreise seien. Und so marschierten wir wieder los, durch den Dschungel, stromaufwärts am Fluss entlang. Wir trafen unterwegs Hunderte von Bauern, und alle flohen in dieselbe Richtung wie wir. Am schlimmsten betroffen waren Familien mit alten Leuten oder sehr kleinen Kindern. Die Alten und die Jungen konnten die steilen, bewaldeten Hänge nicht alleine bewältigen, und die kräftigeren Erwachsenen mussten sie oft sogar auf dem Rücken tragen.

Eine Zeitlang bewegten wir uns am Rand eines steilen Abhangs entlang, wo ein falscher Schritt uns in den Fluss gestürzt hätte. Er floss tief unter uns, und sein felsiges, von Gesteinsbrocken gesäumtes Bett war von dichtem Gestrüpp umgeben. An den tiefen Stellen war das Wasser glatt und dunkel, an seichteren Stellen schäumte es weiß. Wir klammerten uns an Bäume und Büsche und versuchten, mit unseren Flip-Flops irgendwo Halt auf dem steilen Pfad zu finden.

An besonders heiklen Wegstrecken bildeten wir eine Art Staffel. Bwa Bwa, Slone und ich warteten stumm im Dickicht des Dschungels, während meine Mutter und die beiden Männer eine Tasche nach der anderen holten. Es war zu schwierig und zu gefährlich, mehr zu tragen. Sobald alle Taschen beieinander waren, gingen wir weiter und suchten einen neuen Haltepunkt für die nächste Strecke der Staffel. Auf diese Weise näherten wir uns Mae Ra Moe.

Eh Moo und Tu Chin gingen voraus, um die Lage zu sondieren. Zum ersten Mal seit vier Wochen verließen wir unsere Deckung. Die jungen Männer fanden eine geeignete Lagerstelle für die Nacht und führten uns hin. Als wir uns ermattet auf Mae Ra Moe zuschleppten, sah es aus, als wären wir wieder an den namenlosen Ort zurückgekehrt, wo wir das Longtail-Boot verlassen hatten. Nur war dieser Ort hier viel größer, denn so weit mein Blick reichte, standen Behelfsunterkünfte unter den Bäumen, und über allem lag ein Schleier aus grauem Holzrauch. Wir folgten Eh Moo und Tu Chin durch das Lager bis zu der ausgewählten Stelle. Einige Familien hatten nur eine Plastikplane als Dach, die zwischen den Bäumen aufgespannt war. Andere hatten sich Unterkünfte gebaut, wie wir es an dem namenlosen Ort und unter dem Baumriesen getan hatten. Manche Familien hatten sogar angefangen, richtige Bambushütten zu errichten – ein Hinweis darauf, wie lange sie gedachten zu bleiben.

Eh Moo und Tu Chin hatten eine Stelle am hinteren Ende des Lagers ausgesucht, neben der ein kleiner Fluss rauschte. Die beiden Familien direkt daneben stammten aus unserem Dorf. Meine Mutter kannte sie mit Namen, und sie ging sie begrüßen, so fröhlich sie konnte. Mit der Hilfe von Eh Moo und Tu Chin bauten wir ein Schutzdach aus unserer Plastikplane. Dann kochten wir, aßen etwas Reis und fielen in den Schlaf der Erschöpfung.

Unsere Nachbarn informierten uns, dass im Lager niemand Licht machen durfte. Das bedeutete: keine Öllampen und keine Fackeln. Licht konnte den Feind auf uns aufmerksam machen. Das war eine brutale Erinnerung daran, dass wir nicht einmal hier in Sicherheit waren. Die Tatsache, dass wir uns auf thailändischem Boden in einem halboffiziellen Lager befanden, würde den Feind nicht davon abhalten, die Grenze zu überqueren und uns anzugreifen.

Meine Mutter ermahnte uns, die Rucksäcke mit den wichtigsten Gegenständen weiterhin parat zu haben, falls wir plötzlich fliehen mussten. Es gab ein Lagerkomitee, das die gesunden Männer als Lagerwachen eingeteilt hatte. Freiwillige patrouillierten rund um die Uhr an den Lagergrenzen, aber als Waffen trugen sie nur Stöcke. Wenn es zum Angriff kam, sollten sie Alarm schlagen, damit wir eine Chance hatten zu entkommen.

Meine ersten Nacht im Lager Mae Ra Moe war unruhig. Ich lag auf dem Boden und starrte ängstlich auf das dunkle Dschungeldach, in dem sich vielleicht der Feind versteckte. In meinem Kopf jagten sich unerwünschte Gedanken. Obwohl die Menge der Menschen uns eine gewisse Sicherheit bot, konnte gerade die Tatsache, dass wir so viele waren, den Feind anlocken.

Schließlich überwältigte mich die Müdigkeit, und ich schlief ein. Am nächsten Morgen erwachte ich erfrischt. Bwa Bwa und ich machten uns auf den Weg zum Fluss, weil wir uns waschen wollten. Wir waren schmutzig und klebrig von unserem Weg durch den Dschungel. Gerade hatten wir das Ufer erreicht, da entdeckte ich plötzlich eine vertraute Gestalt.

»Lilienblüte! Lilienblüte! Hallo! Hier! Hier! Wir sind's, Bwa Bwa und Zoya!«

Wir liefen zu unserer Freundin und fielen ihr in die Arme. Welche Freude, sie zu sehen! Lilienblüte war immer groß, robust und kräftig gewesen, und sie hier zu finden gab uns ein Gefühl von Sicherheit.

Sie bestürmte uns mit Fragen. »Wann seid ihr hergekommen? Lagert ihr hier in der Nähe? Wo seid ihr? Wo?«

»Wir sind da drüben bei dem Bach am Abhang«, antwortete ich und deutete hinüber. »Da – da drüben hausen wir. Und ihr?«

»Unten am Fluss. Da, ihr könnt es von hier aus sehen. Dann sind wir ja fast Nachbarn!«

»Und ist deine ganze Familie hier?«

»Allen geht es gut.«

Lilienblüte, Bwa Bwa und ich sparten bei dem Gespräch so gut es ging die Dunkelheit aus, die unser Leben in den vergangenen Wochen eingehüllt hatte. In unserer Kultur versuchen die Menschen solche Greuel möglichst nicht zu erwähnen. Und wenn das Gespräch auf Trauer, Tragödien und Verluste kam, spielten wir sie herunter oder rissen Witze darüber, um uns gegenseitig aufzuheitern.

Die Familie von Lilienblüte hatte ihre Unterkunft fünf Lagerplätze von uns entfernt errichtet, wohnte also praktisch vor unserer Haustür. Und wie sich herausstellte, lebte auch die Familie von Mondlicht nur ein paar Schritte entfernt.

Am selben Tag entdeckten wir später auch noch, dass Ter Pay Pay und seine Mutter, unsere »Großmutter«, im Lager angekommen waren. Großmutter musste schon fast achtzig sein, und es war ein Wunder, dass sie die Wanderung wohlbehalten überstanden hatte. Ter Pay Pay war in seiner Jugend Widerstandskämpfer gewesen und immer noch fit und stark. Unterwegs hatte er Großmutter manche Strecken auf dem Rücken tragen müssen. Er war sehr glücklich, uns zu sehen, besonders als wir vorschlugen, dass sie bei uns wohnen sollten. Es war vorgesehen, dass Eh Moo und Tu Chin bald umkehren und erneut zum Widerstand stoßen sollten. Ter Pay Pay würde meiner Mutter bei der Neuordnung unseres Lebens eine große Hilfe sein. Wie Say Say war auch Ter Pay Pay ein Kenner des Dschungels. Er wusste besser als viele andere, wie man Bambus schlägt, Hütten baut und im Urwald überlebt. Und Großmutters Gesellschaft würde uns sehr guttun bei unserem Bemühen, den Mut nicht zu verlieren und uns an unser Flüchtlingsdasein anzupassen.

Ter Pay Pay war taubstumm und Analphabet. Aber er konnte sich durch Zeichensprache verständigen. Wenn er meine Mutter meinte, rieb er sich die Wange kreisförmig, weil sie mit dieser Geste die Tha-Na-Kha-Creme auftrug. Als Geste für meinen allmählich kahl werdenden Vater strich er sich mit der Handfläche über die Stirn. Und wenn er uns Kinder meinte, hielt er die Hand in der jeweiligen Höhe über den Boden.

Ter Pay Pay war unverheiratet, und obwohl er manche jungen Mädchen aus dem Dorf durchaus mochte, konnte er ihnen seine Zuneigung selten mitteilen. Allenfalls schenkte er ihnen Obst oder Gemüse. Daran erkannte dann das betreffende Mädchen, dass sie ihm gefiel. Aber er hatte noch keine gefunden, die ihn akzeptierte.

Ter Pay Pay, Eh Moo und Tu Chin bauten uns eine richtige Behausung, von der Art, wie wir sie an dem namenlosen Ort und unter dem Baumriesen gehabt hatten. Sie schlugen im Wald Bambus, und Bwa Bwa, Slone und ich zerdrückten die Stämme zu Flechtmaterial für Matten. Gemeinsam bauten wir zwei Plattformen nebeneinander, eine größere für uns und eine kleinere für Ter Pay Pay und Großmutter. Der Bambusboden und die Wände boten ein wenig Privatsphäre.

Ter Pay Pay hatte es sogar geschafft, ein paar Hühner mitzubringen. Er hatte sie an den Füßen zusammengebunden und kopfüber an eine Stange gehängt getragen. Einen Bambuskäfig voller Küken hatte er zusätzlich transportiert. Zeitweise war er mit seiner Mutter auf dem Rücken, seinen Bündeln, den Hühnern und Küken durch den Dschungel gestapft! Was das für eine Wanderung gewesen sein musste!

Am ersten Tag im Lager erklärte ich es zu meiner Aufgabe, auf die Hühner aufzupassen und für sie zu sorgen. Am Ende des Tages war unsere Unterkunft fertig. Während meine Mutter Reis kochte, ließ ich meinen Blick über das Lager schweifen. Überall taten Familien dasselbe wie wir – sie schlugen Bambus, trugen ihn herbei und bauten sich Unterkünfte. Ich sagte mir, das sei sicher nur eine vorübergehende Lösung. Aber tief im Herzen wusste ich, dass das nicht stimmte. Meine Mutter hatte uns die Wahrheit gesagt: Es gab keinen Weg zurück.

Am folgenden Morgen herrschte helle Aufregung im Lager. Eine Gruppe Weißer war gekommen, die Nothilfe bereitstellten. Die Älteren – unter ihnen Großmutter – erklärten sofort, das sei der »jüngste Bruder«, der den Karen zu Hilfe käme, wie es die Legende voraussagt. Die alten Verse prophezeien, dass er in der Stunde der Not kommen würde, um für den Diebstahl des Goldenen Buches Genugtuung zu leisten. Ich interessierte mich nicht für ihre Geschichten. Mich interessierte das, was die Weißen uns brachten. Meine Mutter ging zum anderen Ende des Lagers. Etwa eine Stunde später kehrte sie mit einer riesigen, himmelblau gestreiften Abdeckplane zurück. Die Weißen gaben jeder Familie eine als Dachmaterial. Sie war viel haltbarer als unsere dünne Plastikplane, und Ter Pay Pay hatte sie bald über Hütte und Kochstelle aufgespannt. Als wir unter unserem neuen Dach saßen, erzählte uns meine Mutter, was sie auf ihrem Weg zum hinteren Ende des Lagers erfahren hatte.

Der hintere Teil ragte am weitesten nach Thailand hinein; von dort aus führte ein Tor zu einer Lehmpiste und diese wiederum in die nächstgelegene Stadt. An diesem Lagerende befanden sich auch die Lagerverwaltung sowie eine Krankenstation, die von Karen-Schwestern betrieben wurde. Die Station war von NGOs eingerichtet worden. An diesem Tag hörte ich zum ersten Mal von Nicht-Regierungsorganisationen, aber ich verstand nur, dass »die Weißen uns helfen«.

Es gab eine weitere Gruppe, das Burma Border Consortium, die unsere Essensrationen ausgab. Diese Rationen standen ausschließlich Bedürftigen zu, also Familien, deren Essensvorräte vollständig aufgebraucht waren. Nach vier Wochen im Wald hatten auch wir so gut wie keinen Reis mehr, deshalb gehörten auch wir zu dieser Gruppe. Um die Rationen zu erhalten, mussten wir uns beim Flüchtlingskomittee registrieren lassen. Sobald das erledigt war, konnten wir eine Ration Reis, etwas Salz und Fischpaste abholen. Allmählich bekam ich einen Eindruck davon, was es hieß, Flüchtling zu sein.

Im Gebüsch neben unserer Unterkunft entsprang eine kleine Quelle, und wir beschlossen, dort unser »Badezimmer« einzurichten. Wir bauten aus einem der Länge nach gespalteten Bambusrohr auf Stelzen eine Rinne, in der das Wasser hangabwärts floss. Man konnte sich unter das freie Ende hocken und in dem Wasserstrahl duschen. Bwa Bwa und ich gingen in der Abenddämmerung dorthin und wuschen uns in relativer Abgeschiedenheit.

Als unser neues Haus Gestalt annahm, erwachte in mir wieder die Hoffnung, dass wir unser Dorf hier in Mae Ra Moe neu errichten könnten. Die Unterkünfte lagen viel dichter beieinander als normal, aber ich sah nicht ein, warum Mae Ra Moe nicht so aussehen sollte wie unser Dorf Per He Lu, nur eben viel größer. Leider war das nicht ganz so einfach.

Mae Ra Moe war in Sektoren unterteilt. Wir wohnten in Sektor Sieben, am westlichsten Ende und am dichtesten an der Grenze zu Burma. Unser Lagerplatz befand sich auf einer Anhöhe über dem Mu-Yu-Klo-Fluss, der seit der Flucht aus dem Dorf unser ständiger Begleiter gewesen war. Am anderen Ende des Lagers grenzten die Sektoren Eins bis Fünf an einen Nebenfluss des Mu Yu Klo. Hatte man sich in einem Sektor niedergelassen, war es mehr oder weniger beschlossene Sache, dass man dort blieb. In der ersten Woche stellte ich fest, dass Süße Wasserblume in Sektor Sechs wohnte, also ein ganzes Stück von uns weg. Und Winston Churchill und seine Familie lebten ebenfalls in diesem entfernten Sektor.

Nightingale wohnte auch in Sektor Sechs, aber am anderen Flussufer. Ein paar Tage nach unserer Ankunft überquerte sie auf einem Bambusfloß den Fluss und suchte uns. Es war wunderbar, sie wiederzusehen, aber der Weg zu ihrem Haus war nun richtig weit. Nun lebten die meisten meiner Freunde aus dem Dorf im Lager, aber wir waren über eine große Fläche verstreut. Doch am schlimmsten war, dass wir festsaßen. Als nicht anerkannte Flüchtlinge hatten wir keinen Status in Thailand, wie man uns sagte. Die Thai tolerierten zwar unsere Anwesenheit innerhalb des Lagers, aber verlassen durften wir es nicht. Das Wissen darüber, verstärkte unser Gefühl, dass wir keine Zukunft hatten und in einer Sackgasse steckten.

Ein paar Monate nach unserer Ankunft in Mae Ra Moe gaben die Thai-Behörden Anweisungen, dass wir beim Bau eines Lagerzaunes helfen sollten. Jeder Sektor musste seinen eigenen Teil des Zauns aufstellen, für den Stacheldraht geliefert wurde. Wenn der Stacheldraht nicht reichte, sollten wir Bambusrohre schneiden und einen stabilen Palisadenzaun errichten.

Dieser Grenzzaun übermittelte uns eine klare Botschaft: Wir hatten uns ständig innerhalb der abgesteckten Grenzen aufzuhalten. Von allen Härten des Lagerlebens war uns diese am meisten verhasst. Für ein Volk, das seit langem daran gewöhnt ist, frei umherzuschweifen, war diese Gefangenschaft wie der Tod. Allein die Vorstellung, dass wir uns nicht frei durch den Dschungel bewegen konnten, war unerträglich.

Wenn die Thai-Polizisten jemanden außerhalb des Lagers aufgriffen, wurde derjenige als »Unperson« behandelt. Solche Unpersonen wurden entweder eingesperrt oder nach Burma zurückgeschickt und an die ausgeliefert, vor denen sie geflohen waren – der Grenzpolizei oder den Geheimagenten der Diktatur.

14

KEINE ZUFLUCHT

Vom Lagereingang führte eine Lehmpiste durch den Dschungel in die Stadt Mae Sa Lit, die nächstgelegene Stadt in Thailand. Es war eine dreißigminütige Fahrt mit dem Jeep, aber die Stadt hätte auch in einem anderen Universum liegen können. Unpersonen wie uns war der Zugang verwehrt. Mir machte das nichts aus. Aber ich hasste es, im Lager eingesperrt zu sein. In den ersten Tagen fielen mir Thai-Soldaten auf, die in Gruppen durch das Lager patrouillierten. Ich war verblüfft, wie gut sie ausgerüstet waren. Sie trugen glänzende Lederstiefel und eine schicke Uniform und hatten schlanke, moderne Gewehre. Traurig dachte ich an unsere Widerstandskämpfer, die zum großen Teil Flip-Flops trugen und uralte, mit Draht geflickte Waffen. In diesem Moment begriff ich, dass wir Karen so arm waren, dass wir nicht einmal eine Armee ordentlich ausrüsten konnten.

Wir sprachen kein Thai, und es war höchst unwahrscheinlich, dass einer der Thai-Soldaten Karen verstand. Niemand wusste so recht, ob sie uns beschützen oder uns innerhalb der Lagergrenze halten und diese sichern sollten. Aber eines war klar: Sie sahen ausgesprochen professionell aus. Ich stellte mir vor, wie unsere Widerstandskämpfer sich in den jüngsten Kämpfen geschlagen hätten, wenn sie eine solche Ausrüstung gehabt hätten. Aber ich sollte bald erfahren, dass auch bei den Thai-Soldaten der äußere Schein trügen konnte.

Der Tagesablauf im Lager wurde regelmäßiger, als wir für uns, Ter Pay Pay und Großmutter ein richtiges Haus bauten. Am frühen Morgen schnitten die Erwachsenen in einem nahe gelegenen Hain Bambus. Um die Mittagszeit kamen sie zurück und aßen etwas, gewöhnlich etwas Reis, der vom Frühstück übrig geblieben war. Am Nachmittag halfen wir unserer Mutter, ein Stück Land um unseren Wohnplatz herum zum Gemüseanbau vorzubereiten. Wenn das Gestrüpp, das wir ausgerissen hatten, trocken war, verbrannten wir es, damit wir die Asche als Dünger verwenden konnten. Das war unser Tagesablauf im ersten Lagermonat.

Meine wichtigste Aufgabe war es, die Hühner zu versorgen und Wasser von der Quelle zu holen. An der Quelle wohnten mehrere Familien, und ich konnte nur über einen glatten, rutschigen Abhang zu ihr gelangen. Leute wuschen sich dort, und deshalb hatte sich um das sprudelnde Wasser herum ein schmutzig brauner Tümpel gebildet. Ich musste das Wasser zum Haus tragen und über dem Feuer abkochen. Wir versuchten, nur abgekochtes Wasser zu trinken, denn sonst lief man Gefahr, an Cholera zu erkranken. Ich hatte immer einen Topf mit Karen-Tee auf dem Feuer, damit die mit dem Hausbau Beschäftigten sich am Feuer erfrischen konnten.

Ein Stück vom Haus entfernt bauten wir eine Toilette nach dem Modell unserer Toilette im Dorf. Ein Bambusgestell stand über einem tiefen Loch, aus dem ein Bambusrohr ragte, damit die stinkenden Gase entweichen konnten. In jedem freien Moment gingen wir Kinder in diesen Tagen in den Dschungel und suchten Holz. Wir hackten es mit der Machete in kleine Stücke, banden die Stücke mit Lianen zu einem Bündel zusammen und bohrten die Machete in die Mitte. Dann trugen wir die Bündel auf dem Kopf nach Hause. Ein zu einem Ring geformter Longyi diente als Polster für die Last. Aber da so viele Menschen im Lager lebten, wurde das Feuerholz bald knapp. Wir waren ständig versucht, jenseits der Lagergrenzen nach Holz zu suchen.

In den ersten Wochen, in denen wir damit beschäftigt waren, unser zerbrochenes Leben wieder zu ordnen, war zum Spielen keine Zeit. Alles war ganz anders als zu Hause, aber wir hatten nicht die Muße, uns über die Veränderungen Gedanken zu machen.

Sobald wir ein Stück Land gerodet und abgebrannt hatten, bepflanzte meine Mutter ihren Gemüsegarten. Sie hatte sich auf die Flucht aus dem Dorf gut vorbereitet: Sie hatte Samen für Chili, Auberginen und Bohnen mitgebracht. Die meisten Familien hatten so überstürzt fliehen müssen, dass sie praktisch nichts mitgenommen hatten. Meine Mutter teilte das wenige, das sie besaß, mit anderen, und wieder einmal war ich überwältigt, wie freundlich und fürsorglich sie sich verhielt, obwohl wir selbst Mangel litten.

Jeder Lagersektor bildete ein eigenes Komitee, und immer zehn Haushalte wählten einen Vertreter, der diesem Komitee angehörte. Meine Mutter wurde zur Vertreterin unserer Gruppe gewählt. Sie ging zu den Komiteesitzungen, brachte dort vor, was die Familien beschäftigte, und berichtete anschließend. In den ersten Monaten quälte uns Lagerbewohner die ständige Angst vor einem Angriff, und das war das alles bestimmende Thema. Als Reaktion auf diese Befürchtungen richtete das Lagerkomitee ein strenges Sicherheitssystem ein. Um neun Uhr abends mussten alle Kerzen und Fackeln gelöscht werden, damit der Feind uns im Dunkeln nicht orten konnte. Bis zum Morgen durften wir uns dann nur noch flüsternd unterhalten.

Aber meine Mutter ließ sich nicht von ihrer Überzeugung abbringen, dass der Feind irgendwann angreifen würde. Am meisten fürchtete sie das Tageslicht, denn dann konnte uns der Feind besser sehen und töten. Oft schickte sie uns ans andere Ende des Lagers, wo wir uns im Dschungel verstecken mussten. Sie gab uns Reis als Proviant, und wir durften vor der Abenddämmerung nicht zurückkehren. Es gefiel uns gar nicht, wenn wir uns im Dickicht verstecken mussten. Man konnte nichts tun außer still sitzen und ruhig sein, wogegen man bei der Arbeit wenigstens beschäftigt war.

Es war jetzt über ein Jahr her, seit ich zum ersten Mal vor einem feindlichen Flugzeug hatte fliehen müssen. Seit jenem Tag war die Furcht mein ständiger Begleiter. Selbst das Lager schien mir nicht sicher genug. Schon das plötzliche Heulen des Windes in den Bäumen verursachte mir Herzklopfen. Die nagende Angst richtete sich in meinem Leben ein.

Eines Tages bestätigte eine Nachricht des Karen-Widerstands Gerüchte über die Gefahr, in der wir schwebten: Der Feind hatte die Flüsse Moei und Salween überquert und marschierte auf das Lager zu. Wir wurden ermahnt, ständig auf der Hut zu sein und sofort Alarm zu schlagen. Dann würde uns die Lagerverwaltung informieren, in welche Richtung wir fliehen sollten.

Eines Tages hackten Bwa Bwa, Slone und ich Feuerholz. Es war ein heller, sonniger Tag, und zarte Lichtstrahlen fielen durch die Bambusblätter. Plötzlich hörten wir hinter uns Schreie, gefolgt von Fußgetrappel. Als wir uns umdrehten und in Richtung des Lagers spähten, sahen wir viele Menschen mit Kindern auf dem Arm in unsere Richtung rennen.

Eine Sekunde später stand unsere Mutter vor der Hütte und schrie uns zu: »Schnell, schnell! Das Lager wird angegriffen! Lauft! Lauft! Tief in den Dschungel hinein!«

Wir stürzten zum Haus und griffen nach unseren Rucksäcken, denn unsere Mutter hatte uns eingeschärft, dass wir nie ohne sie loslaufen sollten. Dann zogen wir Großmutter, die kaum noch laufen konnte, auf die Beine und bugsierten sie mit Ter Pay Pays Hilfe vorwärts.

Hinter uns hörten wir wieder dieses grauenhafte, verhasste Geräusch – das Knattern von Gewehrfeuer. Zwei Monate waren vergangen, seit wir es zuletzt gehört hatten. Jetzt waren wir wieder Flüchtlinge, und alles fing von vorne an.

Wir liefen bergauf, immer tiefer in den Dschungel hinein. Schließlich blieben die Angriffsgeräusche hinter uns zurück. Offenbar waren wir vorläufig entkommen. Wir duckten uns in die dunklen Schatten des dichtesten Bambusdickichts und spitzten die Ohren.

Wir verbrachten den ganzen Tag in unserem Versteck. Schließlich kam uns ein Mitglied der Lagerverwaltung holen. Der Feind war von Osten her in das Lager eingedrungen und hatte die Sektoren eins und zwei angegriffen und vollständig niedergebrannt.

Dutzende waren in Gefangenschaft geraten und in den Dschungel abgeführt worden.

Die Thai-Soldaten standen am Haupteingang des Lagers Wache, aber als der Feind angriff, waren sie nirgends zu sehen gewesen. Diese Soldaten, die mich mit ihren Waffen und ihrem Aussehen so beeindruckt hatten, waren einfach davongelaufen. Sie waren mehrere Stunden weggeblieben, und so hatte der Feind Zeit gehabt, einen Teil des Lagers niederzubrennen und viele Menschen mitzunehmen. Meine Mutter war überzeugt, dass die Soldaten es dem Feind erlaubt hatten, uns anzugreifen. Wie sonst sollte man sich ihr Handeln erklären?

Sie kochte vor Wut. Die Thai-Soldaten waren zu unserem Schutz da, aber sie hatten vollkommen versagt. Sie standen einer starken, kampferprobten burmesischen Armee gegenüber, die von einer gnadenlosen Junta kontrolliert wurde. Mit ihren circa 400 000 Soldaten ist die burmesische Armee weit größer als die der meisten Industrienationen. Das Letzte, was die Thai wollten, war eine Auseinandersetzung mit dieser Armee wegen ein paar Karen-Flüchtlingen.

Wir gingen nicht hinunter zu den Sektoren eins und zwei, aber wir sahen die weißen Rauchwolken über dem Lager. Jeden Moment konnte es zu einem neuen Angriff kommen, und wir fragten uns, ob wir nicht lieber gleich im Dschungel campieren sollten. Schließlich legten wir uns in unserer Hütte schlafen, aber wir behielten die Rucksäcke als Kissen unter dem Kopf, und Ter Pay Pay und meine Mutter blieben wach.

In der Nacht gab es keinen weiteren Alarm, und am nächsten Tag erfuhren wir, dass sich der Feind zurückgezogen hatte. Vorläufig schien die Gefahr gebannt. Eine Woche später kamen einige der gekidnappten Frauen ins Lager zurück. Die Soldaten hatten sie als menschliche Schutzschilde benutzt. Sie hatten vor ihnen marschieren müssen, falls sie auf Minenfelder stießen.

Inzwischen waren unsere Essensvorräte vollständig aufgebraucht, und wir mussten von dem leben, was im Lager ausgeteilt wurde. Da Mae Ra Moe kein offiziell anerkanntes Flüchtlingslager war, gab es keine UNO-Essensrationen. Stattdessen versuchte eine NGO-Gruppe, uns, so gut es ging, mit Nahrung zu versorgen. Die Lebensmittel trafen unregelmäßig ein, aber immerhin erhielten sie uns am Leben. Beim Reis handelte es sich um »Bruchreis« – das mehlige Nebenprodukt, das beim Absieben entsteht –, und er war nach dem Kochen klebrig und hart. Wir bemühten uns im Lager nach Kräften, uns selbst zu helfen, aber auf diesem begrenzten Gebiet konnten wir ohne Hilfe von außen nicht überleben. Immer mehr ausländische Hilfsorganisationen wurden aktiv, und allmählich wurden die Rationen größer, aber sie reichten dennoch nur knapp zum Überleben. Jede Person bekam ungefähr einen Becher Reis pro Tag, und jeden Monat erhielt jede Familie ein kleines Päckchen Salz, eine Zwei-Liter-Flasche Pflanzenöl, pro Person ein Kilo gelbe Bohnen und ein Kilo Fischpaste. Fleisch oder frisches Gemüse gab es nie. Die Fischpaste bestand aus kleinen Fischen in Salzwasser. Die Fische waren meist zerfallen, so dass sie im Grunde schon fast breiig waren. Jeden Monat freuten wir uns auf unsere Ration Fischpaste und suchten aufgeregt darin, ob sich ein ganzer oder fast ganzer Fisch fand, aber das passierte höchstens ein bis zwei Mal im Jahr. Jeden Tag zerstampften wir etwas von dem Fisch zu einer Paste, die wir mit Reis mischten, damit sie etwas mehr Geschmack bekam. Später hatten wir dann Knoblauch, Chili und Zwiebeln aus eigenem Anbau, die wir mit der Fischpaste vermengen konnten.

Wir kleideten den Behälter mit einem speziellen Blatt aus, das wir im Dschungel fanden, damit die Paste nicht gleich schlecht wurde. Aber wie sehr man auch aufpasste, immer schafften es Fliegen, in den Behälter zu schlüpfen und dort ihre Eier zu legen. Innerhalb kürzester Zeit wimmelte es darin von Maden. Wenn wir nichts anderes zu essen hatten, gab es eben gekochte Fischpaste mit Maden zum Mittag- oder Abendessen. Unsere Familie war früher praktisch autark gewesen. Meine Mutter war es gewöhnt, schwer für die Familie zu arbeiten und sich auf ihren Verstand zu verlassen. Von Almosen zu leben fühlte sich vollkommen unnatürlich an. Aber wir hatten keine Wahl. Im Lager nahm man entweder die Zuteilungen an, oder man verhungerte. Das Lagerleben setzte meiner Mutter so zu, dass sie immer häufiger Migräne bekam. Das fing abends an und hinderte sie am Schlafen. Das schlechte Essen führte dazu, dass sie abnahm. Ich war in einer Wachstumsphase und hatte den entsprechenden Appetit. Ich war oft hungrig, denn die Mahlzeiten waren karg. Ter Pay Pays Hühner waren zu wertvoll, als dass wir sie hätten schlachten und essen können. Ihre Eier waren eine wertvolle Proteinquelle. Ich machte es mir zur Aufgabe, sie aufzupäppeln und neue Küken mit ein wenig Bruchreis aufzuziehen. Der anstrengende Alltag machte meine Mutter reizbar. Sie schickte uns weiterhin ständig in den Dschungel, aber uns wurde langweilig, und wir schlichen uns ins Lager zurück. Sie wurde dann sehr wütend, wütender als früher, und ich wünschte oft, mein Vater wäre da, um sie zu beschwichtigen. Die ständige Ungewissheit und Anspannung zerrte an ihren Nerven.

Mittlerweile konnten wir reichlich Auberginen, Okra und Wasserspinat ernten. Ich half meiner Mutter beim Gemüseverkauf, mit dem wir ein wenig Geld verdienten. Mit ihrer Hilfe legte ich den Preis von zehn Okra auf drei Thai Baht fest, keine zehn Eurocent. Ein ordentliches Bündel Wasserspinat kostete etwa gleich viel. Und drei Auberginen kosteten fünf Baht.

Ich ging von Hütte zu Hütte und bot meine Waren an. Es war schwierig. Die Leute hatten sehr wenig Geld, und alle versuchten, selbst Gemüse zu ziehen. An einem guten Tag nahm ich zwischen 40 und 50 Thai Baht ein.

Das Geld gab ich meiner Mutter. Wenn sie genug gespart hatte, kaufte sie das Lebensnotwendigste für uns. Thai-Händler hatten am hinteren Lagerende eine Art Markt eingerichtet. In Mae Ra Moe lebten inzwischen um die 15 000 Flüchtlinge. Jede Familie hatte bei ihrer Flucht aus dem Dorf etwas Geld eingesteckt, und so konnte Handel getrieben werden. Das wenige Geld, das meine Mutter besaß, gab sie für Kochtöpfe, Teller, Kleider und zusätzliche Nahrung aus.

Manchmal kaufte uns meine Mutter ein paar Leckerbissen, wie Krabbencracker oder eine Tüte Bonbons, aber sie konnte sich das nur selten leisten. Gelegentlich brachte sie ein halbes Kilo Zucker mit, doch das war die große Ausnahme. Manche Flüchtlinge buken Reismehlbrot, und meine Mutter kaufte gelegentlich etwas davon. Es war mit Zucker gesüßt, und wir aßen es sofort auf.

Niemand von uns hatte eine Ahnung, wo sich mein Vater aufhielt. Ich vermisste ihn so sehr. Wir hatten keine Möglichkeit, mit ihm in Kontakt zu kommen.

In meiner Vorstellung vollbrachte mein Vater heldenhafte Taten irgendwo in Burma. Er bereitete einen Gegenangriff unserer Widerstandskämpfer vor. Und bald würden wir in unser Land und unser Zuhause zurückkehren können.

In dieser Hoffnung lebte ich. Sie hielt mich inmitten all der Furcht und Hoffnungslosigkeit aufrecht.

Es war mein Zukunftstraum.

15

EINE ZEIT DER DUNKELHEIT

Wir waren im Februar 1995 im Flüchtlingslager angekommen. Im April hatten die meisten ihre Häuser fertig, und wir wandten uns anderen Dingen zu. Für uns Lagerkinder wurden »Sommerschulen« eingerichtet. Jeder Lagersektor hatte eine Schule, und der Unterricht fand im Freien statt. Das einzige Thema war die Aufklärung über Hygienefragen. Da Tausende auf engstem Raum zusammengepfercht waren, bestand ein hohes Seuchenrisiko.

Müll – Plastiktüten, Papier, Konservendosen – musste in eine Grube geworfen und verbrannt werden. Vor unserer Ankunft im Lager hatten wir so gut wie keinen Müll produziert, denn im Dorf gab es wenige Wegwerfartikel. Deshalb wussten wir nicht, dass wir solche Dinge nicht in die Quelle werfen durften, aus der wir Wasser holten, und auch nicht in den Fluss.

Eine der NGOs gab uns richtige Zahnbürsten und Zahnpasta, und wir lernten, uns morgens und abends die Zähne zu putzen. Wir bekamen Seife und Shampoo für Körper und Haare, und jeder erhielt eine kleine Tasche für seine Toilettenartikel. Die hängten wir an die Bambuswand des Waschraums, den wir hinter dem Haus gebaut hatten.

Nach den Hygiene-Lektionen hatten wir eine Nähstunde, in der wir lernten, unsere Kleider zu flicken. Man brachte uns bei, wie wir die Kleider sauber hielten, selbst wenn sie alt und zerschlissen waren. Meinem Vater war Reinlichkeit immer wichtig gewesen, deshalb nahm ich das alles sehr ernst. Mir gefielen diese Stunden sogar, weil ich neue und nützliche Dinge lernte, aber vor allem war ich glücklich, überhaupt wieder in eine Art Schule zu gehen.

Die Sommerschule dauerte den ganzen April über; es tat gut, wieder etwas zu lernen und den Kopf zu gebrauchen, statt sich im Dschungel zu verstecken.

Im Juni jenes Jahres entstand eine höhere Schule im Sektor fünf, was bedeutete, dass ich den Fluss überqueren musste, um sie zu erreichen. Dennoch war ich entschlossen, am Unterricht teilzunehmen. Aber die Fahrt über den Fluss war zu schwierig und gefährlich, zumal auf einem Bambusfloß in der Regenzeit. Deshalb schlug meine Mutter vor, auch in unserem Sektor eine höhere Schule zu gründen.

Das Lagerkomitee suchte Freiwillige, und aus einem Bambusgerüst und einem mit Blättern gedeckten Dach entstand ein Schulgebäude. Ein altes Reisfeld neben der Schule wurde in einen Schulhof umgestaltet. Die Lehrer waren Freiwillige aus dem Lager. Die Wände der Klassenzimmer bestanden nur aus dünnem Bambus, so dass man in den Klassenzimmern den Unterricht in den anderen Räumen mithören konnte. Slone war in der fünften Klasse, und ich konnte bei ihm zuhören, wenn ich wollte.

Die Schule war mitten in der Regenzeit eröffnet worden, und die Außenwände der Schule waren nur hüfthoch. Während der schlimmsten Regenschauer peitschte der Regen von den Seiten herein, so dass wir den Unterricht nicht fortsetzen konnten. Wir drängten uns an der anderen Seite zusammen, bis das Schlimmste vorbei war.

In der Flüchtlingsschule besuchte ich die achte Klasse. Ich suchte mir absichtlich einen Platz in der ersten Reihe, weil ich jetzt besonders eifrig lernen wollte. Ich wollte, dass meine Eltern stolz auf mich waren.

Meine Lieblingsfächer waren Englisch und Mathematik, aber wir hatten ziemlich wenig Lernmaterial und auch keine eigenen Schulbücher. Die Lehrer schrieben den Abschnitt, den wir lernen sollten, an die Tafel, und wir schrieben ihn ab. Meist bestand fast die ganze Stunde aus diesem Abschreiben.

Oft verstand ich kaum, was ich »lernte«. Wir hatten keine ausgebildeten Lehrer. Bevor die Freiwilligen ins Flüchtlingslager gekommen waren, hatten sie in Büros gearbeitet oder als Hausfrauen. Sie hatten sich zum Unterrichten gemeldet und taten ihr Bestes. Im Flüchtlingslager musste man improvisieren.

Unsere Lektionen in Geographie und Naturwissenschaften verwandelten sich notgedrungen in Englischstunden, denn die Schulbücher waren alle auf Englisch verfasst. Der Lehrer kam aus Rangun und sprach Englisch mit einem burmesischen Akzent, den wir schlecht verstanden. Trotz der vielen Unzulänglichkeiten waren wir Schüler erleichtert, dass wir etwas lernen konnten. Inzwischen wusste ich, dass ich ein Flüchtling war und was das bedeutete. Ich hatte schon immer ein freier Mensch sein wollen, der frei in seinem eigenen Land lebt und für sich selbst sorgt. Aber hier im Lager waren wir hilflos und komplett auf die Wohltätigkeit anderer angewiesen. Ich hasste das Flüchtlingsdasein und das Stigma, das damit verbunden war.

Mit dem Beginn des Unterrichts fasste ich wieder Mut. Wir konnten wenigstens auf diese Weise etwas Nützliches tun. Die Zukunft allerdings machte mir Sorgen. Würde ich noch länger als Flüchtling leben? Und wenn ja, wie lange? Und würden wir je ins Dorf zurückkehren und unser Haus wieder aufbauen?

Für meine große Schwester war die Situation viel schwieriger als für mich. Bwa Bwa hatte gerade die höhere Schule abgeschlossen und wollte unbedingt eine Berufsausbildung beginnen. Sie hatte gehofft, einmal Ärztin zu werden. Stattdessen bot man ihr im Lager einen Kurs im Handlesen und Wahrsagen an. Das galt als ›weiterführender‹ Kurs, den eine Freiwillige durchführte. Es war der einzige, den es gab.

Die Stunden machten sie fast wahnsinnig. Wenn sie nach Hause kam, packte sie meine Hand und starrte auf die Handlinien, dann verdrehte sie die Augen und erklärte mir, ich würde zwei Ehemänner haben und beide würden wahnsinnig hässlich sein. Am Ende bogen wir uns vor Lachen. Es war nicht die Schuld der Lagerverwaltung, dass Bwa Bwa keinen richtigen Unterricht bekam. In einem Lager, das so groß war wie Mae Ra Moh, hätte es unter 10 000 Flüchtlingen sicher jemanden gegeben, der ihr etwas über Medizin hätte beibringen können. Das Problem waren die Thai-Behörden. Sie hatten angeordnet, dass in den Flüchtlingslagern keine reguläre Ausbildung stattfinden und dass kein Flüchtling das Lager verlassen dürfe, um sich anderswo in Thailand eine Ausbildungsstelle zu suchen.

Junge Leute in Bwa Bwas Alter und älter saßen in der Falle. Slone und ich gingen zur Schule und lernten, so gut es ging, aber Bwa Bwa steckte in einer Sackgasse. Kein Wunder, dass sie – wie viele in ihrem Alter – oft deprimiert und verwirrt war. Ich wusste, dass ich nach dem Ende meiner Schulzeit in derselben Situation sein würde.

Gelegentlich drangen Berichte über den Widerstand ins Lager, aber unsere beste Nachrichtenquelle war das winzige Radio meiner Mutter. Es war ihr kostbarster Besitz, meine Mutter hatte es bei der Flucht immer in einem kleinen Beutel über der Schulter getragen und hörte *BBC Burma* oder *Voice of America* oder auch die *Demokratische Stimme Burmas* – einen unabhängigen Radiosender, der jetzt aus Norwegen sendete. Bis zum Fall von Manerplaw hatte er von Manerplaw aus gesendet, und meine Mutter hatte für ihn gearbeitet.

Jeden Abend versammelten sich unsere Lagernachbarn in unserem Haus um das Radio. Ich verstand immer noch zu wenig Burmesisch und musste deshalb andauernd meine Mutter fragen, was gesagt wurde. Das Radio war unsere einzige Verbindung zur Außenwelt, und obwohl ich nur Bruchteile mitbekam, war mir klar, dass wir nicht mehr nach Hause konnten.

Je mehr diese Möglichkeit schwand, desto entschlossener mussten wir uns im Lager unser Leben einrichten. Ich wurde ins Volleyball-Team der Schule gewählt, und ich war stolz, dass man mich trotz meiner geringen Körpergröße ausgesucht hatte. Wir schafften es nie ins Finale, aber es machte großen Spaß.

In der Schule hörte ich von Saw Ba U Gyi, dem Gründer und Helden des Karen-Widerstands. In den Jahren vor dem Zweiten Weltkrieg hatte er in England an der Universität Cambridge Jura studiert und seine Zulassung als Rechtsanwalt erhalten. Er hatte acht Jahre in Großbritannien praktiziert und war dann nach Burma zurückgekehrt und hatte die Karen National Union gegründet.

Die Geschichte von Saw Ba U Gyi spielte bei meinen Entschluss, im Ausland zu studieren, eine nicht unwesentliche Rolle. Aber im Flüchtlingslager war die Verwirklichung meines Traums ferner denn je. Ich durfte ja nicht einmal die engen Grenzen des Lagers überschreiten. Ich hatte Angst, dass ich das Lager nie verlassen würde.

Fünf Monate nach unserer Ankunft im Lager gab es endlich Neuigkeiten von meinem Vater. Eines Morgens erschien ein Freund der Familie namens Mahn Nyeigh Maung. Er berichtete, meinem Vater gehe es gut, er schicke uns eine Nachricht. Er wolle uns mitteilen, dass er uns vermisse und wir auf uns und vor allem auf unsere Mutter aufpassen sollten.

Ich hatte eine Unmenge Fragen an diesen Freund der Familie. »Aber wo ist er denn?«, platzte ich heraus. »Und was macht er?« Mahn Nyeigh Maung lächelte. »Er ist in Sicherheit, du brauchst dir keine Gedanken um ihn zu machen.«

»Wann kann er uns besuchen kommen?«, fragte ich.

»Er kommt, sobald er kann. Vertrau mir, er vermisst euch alle schrecklich, und er wird kommen.«

Das machte mich sehr glücklich. Natürlich wäre es besser gewesen, meinen Vater selbst zu sehen, aber das war das Zweitbeste. Bevor Mahn Nyeigh Maung wieder aufbrach, nahm er meine Mutter zur Seite, um noch ein paar private Worte mit ihr zu wechseln. Wir konnten aber das meiste hören, was er ihr sagte. Mein Vater war krank gewesen, berichtete er. Er hatte vor kurzem vor einer großen Versammlung gesprochen. Nach der Hälfte der Rede war er vor Erschöpfung zusammengebrochen. Es ging ihm schon wieder besser, aber er hatte sich zu viel zugemutet und konnte uns erst besuchen, wenn er wieder ganz gesund war.

Ich sah meiner Mutter an, dass sie sich Sorgen um meinen Vater machte. Slone, Bwa Bwa und ich waren am Boden zerstört. Dass mein Vater krank war, war für uns fast undenkbar. Er war immer kerngesund gewesen, und ein Zusammenbruch war für mich unvorstellbar.

Meine Mutter fragte Mahn Nyeigh Maung auch nach Neuigkeiten von Say Say. Aber er hatte keine, und auch mein Vater hatte nichts von ihm gehört. Meine Eltern waren krank vor Sorge um Say Say. Meine Mutter hatte einige seiner Sachen ins Lager mitgebracht – ein paar Kleider und seine Schulfotos. Und sie hatte die wertvollsten Habseligkeiten meines Vaters gerettet. Aber niemand wusste, wann sie sie meinem Vater oder Say Say würde geben können.

Immer mehr Flüchtlinge gelangten ins Lager. Die meisten waren Bauern aus Karen-Dörfern, die mehrere Monate im Dschungel ausgeharrt hatten. Die Neuankömmlinge beschrieben, wie die burmesische Armee im Dschungel Stützpunkte errichtete, um die Routen zum Flüchtlingslager zu blockieren. Die Leute hatten große Umwege in Kauf nehmen müssen, und der Feind hatte regelrecht Katz und Maus mit ihnen gespielt.

Einige Monate nach unserer Ankunft im Lager kam ein junger Mann namens Saw Nyi Nyi dort an, der in meinen Eltern Ersatzeltern gefunden hatte, zu denen er aufblickte.

Saw Nyi Nyi arbeitete für »Burma Issues«, eine NGO, die Menschenrechtsverstöße in Burma dokumentierte. Eines Abends organisierte er eine besondere Überraschung. Er besorgte ein Videogerät und einen Fernseher, damit er in der Schule einen Film zeigen konnte. Hunderte von Menschen strömten herbei. Der Film hieß »Jenseits von Rangun«. Er erzählte die Geschichte einer amerikanischen Journalistin, die in den Straßen von Rangun in prodemokratische Demonstrationen gerät. Als der Staatsrat befiehlt das Feuer zu eröffnen, flieht die Amerikanerin mit den Überlebenden in die Grenzregion.

Doch das Problem mit dem Film war, dass er auf Englisch lief. Selbst diejenigen, die in der höheren Schule Englisch lernten, hatten Mühe, ihn zu verstehen. Der größte Teil des Publikums verstand überhaupt nichts. Außerdem war der Bildschirm viel zu klein für die riesige Menschenmenge.

Saw Nyi Nyi merkte, dass die Filmvorführung ein Desaster war. Wir redeten anschließend darüber und waren uns einig, dass ein Rambo-Film uns viel besser gefallen hätte. Die Karen liebten Rambo, warum auch immer. Rambo war ein zäher Kämpfer, der seine Feinde besiegte, und damit konnten sich die Widerstandskämpfer und ihre Familien identifizieren. Wir Karen brauchten jede Ermutigung, denn unser Gegner war die massive Militärmaschine des Staatsrats. Ihre Streitkräfte waren uns zahlenmäßig im Verhältnis dreißig zu eins überlegen.

Das Dasein als Flüchtling hatte mir etwas von meiner Naivität und meinem Glauben an die Welt geraubt. Ich wurde schnell erwachsen. Leiden, Angst, Hunger, Trennung und erbarmungslose Angriffe – all das wurde zu einem Teil meines Lebens. Ich *musste* schnell erwachsen werden.

Meine Freunde und ich mussten unsere helle, magische Kinderzeit hinter uns lassen.

16

EIN NEUES ZUHAUSE

Meine Mutter wurde immer reizbarer und aufbrausender, weil das Leben im Lager so schwierig für sie war. Manchmal brachte sie mich mit ihren Zornausbrüchen aus der Fassung. Wenn ich eines der Hühner aus den Augen verlor, schrie sie mich an:»Siehst du denn nicht, dass ein Huhn fehlt? Geh und suche es – sofort!«

So kannte ich sie überhaupt nicht, und ich wusste, dass es am Stress lag. Sie war jetzt über fünfzig und durch die Flucht aus dem Dorf und die Probleme im Lager stark gealtert. Sie sah älter aus als die Eltern meiner gleichaltrigen Freunde, und sie hatte aufgehört, auf ihr Äußeres zu achten. Sie machte sich nicht mehr die Mühe, sich das Gesicht mit Creme einzureiben. Sie hatte nicht die Zeit dazu, und sie wusste, dass mein Vater sie liebte, ganz gleich, wie sie aussah.

Im März 1996 fanden Prüfungen statt. Wenn ich sie bestand, konnte ich nach der achten Klasse die neunte und zehnte Klasse besuchen, die letzten beiden in der Oberschule. Die Prüfungen umfassten sieben Fächer: Mathematik, Naturwissenschaft, Englisch, Karen, Geschichte, Geographie, Burmesisch. Ich konnte die meisten Prüfungsfragen beantworten und war der Meinung, dass ich meine Sache gut gemacht hatte.

Doch nach den Prüfungen war das Schuljahr zu Ende, und es war Zeit für die Sommerferien.

Der nächste Tag war ein heißer, sonniger Sonntag. Bwa Bwa und ich hatten gerade zu Ende gegessen und saßen auf den Bambusstufen unseres Hauses. Auf der untersten Stufe lag ein Haufen Flip-Flops, denn wir betrachten es als unhöflich, Schuhe im Haus zu tragen.

Plötzlich stieß Bwa Bwa einen Schrei aus.»Oh, mein Gott! Pah-Pah! Er ist wieder da! Er ist hier!«

Sie war aufgesprungen und hüpfte auf einem Bein, während sie die Flip-Flops überstreifte. Dann rannte sie den Hügel hinunter. Ich folgte ihr, so schnell ich konnte, aber Bwa Bwa war flinker. Sie erreichte Vater kurz vor mir und warf sich ihm in die Arme, wobei sie ihn fast umwarf. Eine Sekunde später stürzte ich mich in den Arm, den er mir entgegenstreckte.

»Wie geht es euch? Wie geht es euch?«, fragte er lächelnd, während er uns beide an sich drückte.»So große Mädchen! Wann seid ihr so groß geworden?«

Ich vergrub mein Gesicht in seinem warmen, vertrauten Geruch. Ich konnte noch kaum glauben, dass er es wirklich war. Während er uns im Arm hielt, drückte ich die Nase an sein kariertes Hemd.

»Jetzt aber, Mädchen! Ich breche ja gleich zusammen!«, lachte mein Vater.»Sagt mir lieber – wie geht es euch?«

»Gut, Pah, sehr gut!«, strahlte ich. Und dann sprudelten die Worte nur so aus mir heraus.»Ich bin so glücklich, dass du endlich da bist, weil wir dich so sehr vermisst haben, und ich habe gerade meine Prüfung gemacht, aber dein Freund hat gesagt, dass du krank bist ...«

Mein Vater nahm Bwa Bwa und mich an der Hand und ging mit uns zum Haus hoch, während ich selig weiterplapperte. Meine Mutter stand am Eingang und blickte lächelnd auf uns herab. Es war eine Freude, ihr glückliches Gesicht zu sehen.

Wir saßen im Wohnzimmer und tranken Karen-Tee, während unser Vater uns von seiner Reise ins Lager erzählte. Bwa Bwa, Slone und ich waren so maßlos glücklich, ihn zu sehen, dass wir ihn andauernd umarmten und an seinen Lippen hingen.

Doch schon nach zehn Minuten zog er sich zu einem Gespräch unter vier Augen mit meiner Mutter zurück. Wir blieben so lange im Wohnzimmer sitzen und fragten uns, was vor sich ging. Wir mussten nicht lange warten. Bald darauf erklärte meine Mutter, es sei Zeit aufzubrechen. Wir sollten unsere Sachen packen, denn wir würden das Lager auf der Stelle verlassen. Wir würden mit meinem Vater in dessen Dorf leben!

Uns blieb kaum Zeit zu begreifen, was sie gesagt hatte. Ein Auto warte auf uns, erklärte meine Mutter, und wenn wir es verpassten, wäre das das Ende unserer Pläne. Zu Fuß sei der Weg ins Dorf meines Vaters zu lang und zu gefährlich. In fieberhafter Eile warfen wir unsere Sachen in die Rucksäcke. Während wir packten, eilten immer mehr Menschen herbei. Alle wollten meinen Vater begrüßen und Neues über den Widerstand hören.

Während sie sich mit meinem Vater unterhielten, packten wir eilig zu Ende. Vieles von dem, was sich im Haus angesammelt hatte, konnten wir dalassen, denn Ter Pay Pay und Großmutter wollten nicht mitkommen. Großmutter war zu alt und gebrechlich, um irgendwohin zu gehen. Wie beim ersten Mal beschränkten wir uns auf einen Rucksack pro Person. Viel besaßen wir ohnehin nicht.

Ich entschied mich für mein Waschzeug und meine kostbaren Fotos, darunter ein paar neue, die Saw Nyi Nyi aufgenommen hatte. Bwa Bwa und ich hatten die Fotos unter uns aufgeteilt. Wenn nur ich darauf war, hatte ich das Foto für mich beansprucht. Aber wenn Bwa Bwa und ich zu sehen waren, hatte ich es in der Regel ihr überlassen. Ein paar Röcke und Shorts, ein Paar Jeans und ein Handtuch, dazu mein kleiner Spiegel, und dann war ich fertig.

Ich fragte meine Mutter, wohin genau wir fuhren.

»Wo ist Pahs Dorf? Und wie lange brauchen wir bis dorthin?«

»Es ist nicht sehr weit«, antwortete sie, aber sie wirkte geistesabwesend. »Wir fahren nur zu Besuch hin, dann kommen wir wieder zurück. Wir werden nur ein paar Wochen weg sein.«

Es kam mir seltsam vor, dass meine Mutter glaubte, wir könnten nach Belieben das Lager verlassen und wieder zurückkehren. In Wirklichkeit wusste meine Mutter bereits genau, dass wir nicht wiederkommen würden. Sie wollte nur, dass es uns leichter fiel und wir schneller packten. Jede Minute zählte, damit wir das Auto noch erreichten.

Ich hörte, wie meine Mutter hektisch zu den Nachbarn lief und sich von ihnen verabschiedete. Sie wünschte allen viel Glück, und es klang nicht so, als wären wir nur vorübergehend fort. Ich war verwirrt.

»Gehen wir wirklich für immer weg?«, fragte ich sie. »Oder ist es nur ein Besuch? Du hast gesagt, es ist nur ein Besuch ...« Für mich war das eine wichtige Frage, denn wenn wir für immer gingen, wollte ich meinen Freundinnen Lebewohl sagen.

»Es ist nur für kurze Zeit, du wirst sehen«, beruhigte mich meine Mutter. »Nur ein Besuch im Dorf, mehr nicht.«

Weder Bwa Bwa noch ich waren ganz überzeugt. aber je eifriger wir nachhakten, desto hartnäckiger wiederholte meine Mutter, es sei nur vorübergehend. Mein Vater war von Besuchern umringt, ihn konnten wir nicht fragen. Er sah sehr müde und abgespannt aus. Ganz offensichtlich hatte er sich noch nicht von seiner Krankheit erholt. Wenigstens konnten wir, wenn wir jetzt wieder mit ihm zusammenlebten, für ihn kochen und ihn verwöhnen und gut für ihn sorgen.

Schließlich waren wir so weit. Wir überließen fast alles Ter Pay Pay und Großmutter – die Hühner und Schweine, die wir gehalten hatten, unsere Töpfe und Pfannen, unseren Gemüsegarten. Ter Pay Pay und Großmutter taten so, als wären wir nur für kurze Zeit fort und kämen bald wieder. Wir nahmen hastig und konfus Abschied, setzten die Rucksäcke auf und machten uns auf den Weg ans andere Ende des Lagers.

Auf dem Weg dorthin riefen uns viele Menschen Abschiedsgrüße zu. Einige meiner Freundinnen weinten. Sie wussten instinktiv, dass wir für immer fortgingen. Und obwohl auch ich mir fast sicher war, dass wir nicht wiederkommen würden, kamen mir keine Tränen.

Ich war traurig, dass meine Freunde zurückblieben, aber ich freute mich auch darauf, aus dem Lager herauszukommen. Ganz gleich, wohin es ging, ich würde mit meinem Vater zusammen und nicht länger ein Flüchtling sein. Trauer und Freude hielten sich die Waage. Ich würde sie alle eines Tages wiedersehen, redete ich mir ein. Wie immer es mit mir weitergehen würde, meine Freunde würde ich nie vergessen.

Das Auto war bis zum Sektor fünf gefahren, wo der Fluss ihm den Weg versperrte. Es war ein moderner, offener Pick-up, und ich hatte keine Ahnung, wie mein Vater es angestellt hatte, ihn benutzen zu dürfen. Wir kletterten auf die Ladefläche und setzten uns hin, wo Platz war – auf die Seitenteile, die Heckklappe, unser Gepäck. Als alle einen Platz gefunden hatten, setzte sich mein Vater in die Kabine, und es ging los. Eine kurze Fahrt durch das Lager, dann standen wir vor dem Tor. Es bestand aus zwei Holzpfosten und einem langen Schlagbaum.

Wir hielten an, und ich hörte, wie der Fahrer auf Thai mit den Wachen sprach. Die Wachen warfen einen Blick zu uns herüber, stellten dem Fahrer ein paar Fragen, und dann begann sich der Schlagbaum zu heben. Mein Herz klopfte zum Zerspringen, als er erst langsam in die Höhe schwebte und dann immer schneller in die Senkrechte stieg. Die Wachen traten zurück und winkten uns durch. Zum ersten Mal seit über einem Jahr verließen wir das Lager Mae Ra Moh!

Wir rumpelten durch das Tor und bogen auf die Lehmpiste ein. Ich sah mich um. Dichter Dschungel umgab uns auf allen Seiten. Die Piste schlängelte sich durch die Bäume wie eine staubige, rötliche Narbe im schattigen Grün des Waldes. Es war nicht verwunderlich, dass so wenige Menschen von der Existenz des Lagers wussten. Es lag sehr gut versteckt. Die meisten Thai, ja selbst die Bewohner der Umgebung wussten nicht, dass es hier ein Flüchtlingslager gab.

Der Pick-up ruckelte die holperige Piste entlang, und wir hielten uns mit aller Kraft fest. Da es zu laut war, sich zu unterhalten, kam ich ins Grübeln. Trotz aller Entbehrungen hatten wir im Lager einen gewissen – wenn auch ungenau definierten – Status als Flüchtlinge besessen. Außerhalb des Lagers waren wir nichts weiter als eine Gruppe illegaler Einwanderer auf thailändischem Boden. Wir hatten uns in ein neues Abenteuer gestürzt. Unsere holprige Fahrt durch den Dschungel zog sich endlos

lange hin. Endlich erreichten wir eine glatte, schwarze Straße –
Asphalt. Plötzlich waren wir umgeben von hupenden Autos,
hohen, schimmernden Gebäuden und Straßenlampen aus Me-
tall, die wie drohend aufgerichtete Raubtiere über uns aufragten.
Zum ersten Mal im Leben sah ich eine »richtige« Stadt. Ich hatte
mir nie träumen lassen, dass es so viele und so hohe Gebäude
gab! Die Straßen waren voll von sauberen, adrett gekleideten Menschen. Wir fuhren an einer Schule vorbei, und alle Schüler trugen
hübsche weiß-blaue Uniformen. Welch ein Kontrast zu unserem wackeligen Bambusgebäude und den unterernährten
Flüchtlingskindern, die ohne Lehrbücher und Uniformen aus-
kommen mussten. Ich starrte alles mit offenem Mund an. Es
kam mir vor wie eine Szene aus einem Film.

Dann wurde die Stadt von glänzenden grünen Reisfeldern abge-
löst, die sich bis zum Horizont erstreckten. Eine Landschaft wie
diese hatte ich noch nie gesehen. Es dämmerte schon, als wir die
Stadt Mae Sariang erreichten. Wie durch Zauberhand leuchteten
auf einmal Straßenlaternen auf, und aus den Fenstern strahlte ein
warmes, gelbes Licht.

Es war schon dunkel, als wir unser Ziel erreichten, ein Haus am
anderen Ende der Stadt. Wir wurden dem Eigentümer, einem
Freund meines Vaters, vorgestellt und bekamen ein köstliches
warmes Essen mit echtem Reis – kein Bruchreis! – und Hühnchen. Ich wusste nicht, wann ich zum letzten Mal etwas so Wunderbares gegessen hatte.

Zum Schlafen legten wir uns auf den Fußboden. Ich schlief in
Sekundenschnelle ein. Es war ein Tag voller Überraschungen
und Veränderungen gewesen, und ich war todmüde. Mein erster
Gedanke am nächsten Morgen galt meinem Vater. Ich war ein-
geschlafen, ohne ihm auch nur gute Nacht gesagt zu haben. Als
meine Mutter mir sagte, er sei schon fort, war ich furchtbar enttäuscht. Er war früh aufgestanden und zu einer Mission aufge-
brochen, die mit der Arbeit im Widerstand zusammenhing. Ich
fühlte mich im Stich gelassen.

Nach einem hastigen Frühstück fuhren wir weiter – diesmal ohne meinen Vater. Slone und ich quetschten uns neben den Fahrer auf den Vordersitz. Wir hatten meine Mutter gefragt, wohin wir fuhren, und sie hatte uns einen Ort genannt, der Mae Sot hieß. Das war eine Stadt in Thailand, aber mehr wussten wir nicht.

Die Straße folgte einem Fluss durch eine Schlucht mit steilen Felswänden. Sie hatte viele enge Kurven, und nach kurzer Zeit war Slone und mir übel. Wir wussten nicht, wie wir es dem Fahrer sagen sollten, aber glücklicherweise hielt er kurz an. Wir sprangen hinaus, rannten in die Büsche und erbrachen unser Frühstück. Wir hatten noch nie in einer heißen, stickigen Fahrzeugkabine gesessen und fühlten uns elend.

»Setzt euch auf die Ladefläche«, schlug meine Mutter vor. »Dann habt ihr die frische Luft im Gesicht, und es wird euch gleich besser gehen.«

Sie hatte recht. Die Ladefläche war zwar viel unbequemer, aber für uns besser geeignet. Bwa Bwa saß jetzt vorne, und Slone und ich legten uns hin und versuchten zu schlafen. Wir dösten in der heißen Sonne, die hoch am Himmel stand. In der zweiten Nacht schliefen wir in Mae Sot, einer Stadt, die mir noch größer vorkam als Mae Sariang. Wieder wurden wir von einem Freund meines Vaters aufgenommen.

Am dritten Tag verließen wir Mae Sot und fuhren fünf oder sechs Stunden über Land. Wir passierten mehrere Kontrollpunkte der Thai-Polizei. Bei jedem sagte unser Fahrer ein paar Worte auf Thai, und wir wurden durchgelassen. Ich hatte keine Ahnung, was er sagte, aber offenbar erfüllte es seinen Zweck. Doch an jedem Kontrollpunkt hockten auch Gruppen verängstigter Karen am Straßenrand. Die Polizei hatte sie als illegale Einwanderer verhaftet. Das konnte auch uns passieren.

Schließlich ließen wir die Ebene hinter uns und tauchten in den Schutz der bewaldeten Hügel an der Grenze zu Burma ein. Ich begann, mich etwas mehr zu Hause zu fühlen. Schließlich erreichten wir bei Klaw Htaw die Grenze. Dort wartete ein Fahrzeug mit Karen auf uns. Erleichtert stellten wir fest, dass wir den Fahrer kannten. Er hieß Joseph und war ein Freund der Familie aus dem Dorf. Wir nannten ihn Onkel Joe.

Wir warfen unsere Rucksäcke auf Onkel Joes Pick-up und fuhren in den Dschungel. Onkel Joe nahm einen holprigen, wenig benutzten Waldweg, der über die Grenze nach Burma führte. Eine Stunde später erreichten wir Ther Waw Thaw, das »Neue Dorf«. Dort hatte mein Vater sein Haus. Als ich mich umsah, fiel mein Blick auf eine wohlbekannte Gestalt. Nightingale! Ich winkte aufgeregt vom Pick-up zu ihr hinüber. »Hallo! Nightingale! Nightingale! Ich bin's, Zoya!«

Sie rannte herbei, und wir umarmten uns unter Tränen. Ich erfuhr, dass sie das Lager Mae Ra Moh schon vor Monaten verlassen hatte. Da wir in unterschiedlichen Sektoren lebten und auf verschiedene Schulen gingen, hatten wir uns aus den Augen verloren. Wir waren beide überglücklich, eine alte Freundin wiedergefunden zu haben, und noch dazu in einem Karen-Dorf! Ich fragte, wo sie wohnte, und sie zeigte mir ihr Haus ganz in der Nähe.

Ther Waw Thaw war von Dschungel-Bergland umgeben. Wenn ich einen Moment lang vergaß, wo wir waren, konnte ich mir einbilden, wieder in unserem Dorf Per He Lu oder in Manerplaw zu sein. Ich fühlte mich, als hätten wir lange in einem exotischen Land gelebt und seien jetzt endlich wieder in die Heimat zurückgekehrt.

Mir war auf einmal, als wäre ich wirklich wieder zu Hause.

17

DAS NEUE DORF

Onkel Joe brachte uns direkt zum Haus meines Vaters. Die Piste führte mitten über den Marktplatz und endete am Ufer eines schönen Sees. Wir entluden unser Gepäck und folgten einem Uferpfad um den halben See herum. Dort hatte mein Vater auf einem Aussichtspunkt über dem See eine kleine Bambushütte gebaut.

Auf drei Seiten war die glänzende Wasserfläche von Häusern gesäumt, dazwischen wuchs dichter Dschungel bis ans Wasser. Der See wurde von Süßwasserquellen gespeist, eine sprudelte direkt neben unserem Haus hervor und bildete einen kleinen Bach. An dieser Stelle hatte mein Vater einen Waschraum gebaut.

Der See war der Mittelpunkt des Dorflebens. Dorthin kamen die Arbeitselefanten zum Baden und die Dorfkinder zum Schwimmen. Vom Haus aus konnten wir zusehen, wie die Elefanten, geführt von ihren Mahuts, ins Wasser trotteten. Sie saugten literweise Wasser in den Rüssel und bespritzten sich gegenseitig. Wenn die Elefanten am See gewesen waren, sah er aus wie eine Schlammsuppe. Wir warteten mit dem Schwimmen, bis sich der Schmutz wieder gesetzt hatte, denn vorher sah die Stelle nicht sehr einladend aus.

Zwischen unserer Hütte und dem See hatte mein Vater einen Blumengarten angelegt. Dort wuchsen winzige Rosen, große violette Lilien und hellgelbe Büsche, die zu ordentlichen Hecken gestutzt waren. Der Blumengarten spiegelte sich im stillen Wasser des Sees. Es war ein magischer Ort. Mein Vater hatte wirklich ein Auge für Schönheit und alles, was der Seele guttut. Onkel Joe und Nightingale halfen uns beim Einräumen. Das

173

Haus bestand aus einem einzigen Raum, der noch kleiner war als die Behelfshütte im Mae-Ra-Moe-Lager. Aber das störte uns nicht. Hier hatte mein Vater im vergangenen Jahr gelebt, und hier war unser Zuhause. Das Klima war merklich kühler, denn das Dorf lag im Bergland.

Das Anlegen einen Blumengartens war vielleicht nicht gerade die sinnvollste Vorbereitung auf unsere Ankunft im Dorf, aber so praktisch veranlagt wie meine Mutter war Vater nie gewesen. Sie begann gleich am Tag nach unserer Ankunft, das Land oberhalb unseres Hauses zu roden, damit sie dort Gemüse anpflanzen konnte. Unten wollte sie ein Entenhaus und einen Platz für die Schweine errichten. Den Enten und den Schweinen würde es dort ausgezeichnet gefallen, erklärte sie. Sie konnten sich am Seeufer im Schlamm suhlen.

Mein Vater kehrte vorübergehend aus Thailand zurück, aber dann fuhr er sofort weiter ins Dorf Htee Ker Plur, »Sehr Schlammiger See«, das neue Hauptquartier des Karen-Widerstands. Ich wusste, dass mein Vater in der KNU eine sehr wichtige Funktion innehatte, aber was genau er tat, wusste ich auch jetzt nicht. Er konnte uns in dem Neuen Dorf nur besuchen, wenn er nicht im Dienst war. Die meisten Kinder hatten Bauern, Lehrer oder Geschäftsleute als Väter, und nur wenige Eltern waren im Widerstand aktiv wie meine. Ich war stolz auf sie, weil ich wusste, dass die Karen angegriffen wurden und gezwungen waren, aus ihren Dörfern zu fliehen, und ich wusste, dass wir uns dagegen wehren mussten.

Gleichzeitig war ich mir jedoch bewusst, dass mir der Widerstand meinen Vater nahm – und das machte mich manchmal wütend. »Normale« Väter lebten die ganze Zeit bei ihren Kindern zu Hause. Ich hatte viel Schreckliches erlebt und versuchte deshalb, meinen Vater zu verstehen und ihm nicht zu verübeln, dass seine Arbeit ihn von uns fernhielt. Aber ich vermisste ihn sehr und wollte ihn bei uns haben.

Kurz nach unserer Ankunft im Neuen Dorf stellte meine Mutter fest, dass Freunde von ihr in einem nahe gelegenen Dorf lebten. Wir besuchten sie und erfuhren von ihnen, dass ein Sommerlager für Jugendliche stattfinden würde, an dem wir teilnehmen durften.

Der Zweck des Lagers war, uns Englisch beizubringen; unsere Lehrerin war eine weiße Kanadierin namens Emma Ghost. Wenigstens klang ihr Familienname für Bwa Bwa und mich wie »Ghost«. In Wirklichkeit hieß sie Gorst. Emma war jung, groß, hübsch und blond. Sie war als Freiwillige nach Burma gekommen, um den Karen Englisch beizubringen, und ich fand das sehr mutig von ihr.

Bwa Bwa und ich waren in ihrer Klasse. Ich schloss mich zu jener Zeit enger an Bwa Bwa an, denn sie war ein junges Mädchen, das allmählich erwachsen wurde, und wir interessierten uns beide für Mädchenthemen. Slone war zu jung für das Sommerlager und blieb bei unserer Mutter. Nach der Flucht ins Lager hatte sich Slone verändert; aus dem jähzornigen Bengel war ein scheuer, stiller Junge geworden.

Ich war Emma gegenüber zuerst sehr schüchtern, da ich nicht viel Englisch konnte und sie kein Karen verstand. Wir mussten in Zeichensprache oder gebrochenem Englisch kommunizieren. Zuerst brachte sie uns einfache Sätze bei: »Mein Name ist Zoya. Ich bin fünfzehn Jahre alt. Ich habe eine Schwester und zwei Brüder.« Aber gleich in der ersten Stunde merkte ich, dass ihre Art des Unterrichts anders war und mir gut gefiel.

Wir mussten Emmas Lektionen nicht wörtlich abschreiben, und es gab keine Tests oder Prüfungen. Schnell wurde deutlich, dass es in Emmas Unterricht darum ging, uns die Freude am Lernen nahezubringen. Sie war die erste Lehrerin, die mich zum Nachdenken anregen wollte statt zum Auswendiglernen. Sie gab uns die Antworten nicht vor, sie ließ sie uns selbst herausfinden.

Emma gab uns Blätter, die sie aus Schulbüchern kopiert hatte. Auf diesen Blättern waren Lücken in den Sätzen, die wir ausfüllen mussten. Wir lernten nicht nur einzelne Wörter, Emma versuchte, uns auch die Satzstruktur zu erklären, sie machte Gruppenarbeit mit uns, und zum ersten Mal erlebte ich, wie eine neue

Sprache wirklich zum Leben erwachte. Das war ganz anders als das Abschreiben von der Tafel und das Auswendiglernen, bei dem kaum etwas erklärt wurde. Ich hatte großen Spaß daran, wie sie uns in den Lernprozess einbezog, und fand ihre Methode fesselnd, gleichzeitig anspruchsvoll und sehr lustig.

In dem Monat der Sommerschule wurde Emma unsere Freundin. Sie spielte gerne Gitarre und sang dazu ihre Lieblingslieder, romantische Songs wie die von Rod Stewart. Bald konnten wir mitsingen. Das war eine neue Art, Englisch zu lernen, und wir machten oft die komischsten Fehler.

Eines Tages saßen wir im Gras und sangen, als Emma ihre Gitarre weglegte und Fotos hervorholte. Zuerst zeigte sie uns Bilder von ihrer Familie, dann von ihrem Freund. Er sah aus wie einer der berühmten weißen Schauspieler, die ich aus Filmen kannte – aber nicht wie Rambo! Wir kicherten verlegen über seinen komischen Ziegenbart. Er sah aus wie die Ziege meiner Mutter. Kein Karen würde jemals so einen Bart tragen.

Nach unserem Jahr im Flüchtlingslager genossen wir die Freiheit des Dschungels. Ich freute mich an den einfachsten Dingen: von einem Dorf zum anderen gehen, Freundinnen finden, Gitarre spielen und lauthals dazu singen, bis spät nachts zusammensitzen und lachen. Das alles war im Flüchtlingslager nicht möglich gewesen. Aber das Beste von allem war die Freiheit selbst – dass wir uns frei bewegen konnten, wann und wohin wir wollten, und nicht eingesperrt waren.

Ich fühlte mich sicher. Man bemerkte nichts mehr vom Krieg. Verglichen mit dem Flüchtlingslager war es fast ein Paradies. Schließlich erzählten wir Emma vom Flüchtlingsdasein, und sie wiederum erzählte uns, wie sie in Kanada aufgewachsen war. Kanada klang wie ein Land, in dem man frei war und alle Chancen hatte.

Am Ende des Sommerlagers wurde keine offizielle Abschlussfeier veranstaltet, sondern ein großes Essen. Es gab Kokosmilch, Zucker und Wassersoße, in die wir kleine Bällchen aus gekochtem Reis tunkten. Dieses Essen nennen wir *ko ber baw*, und ich mag es sehr. Dann gingen wir zum Wasserfest des Dorfes und bespritzen Emma, die sich mit Vergnügen revanchierte. Emma begleitete uns zurück ins Neue Dorf und blieb über Nacht in unserem kleinen Haus. Am nächsten Morgen spazierte sie durch den Blumengarten meines Vaters und roch an jeder einzelnen Blüte. Später kam Onkel Joe mit einem Auto, und Emma fuhr nach Thailand und trat von dort aus die weite Heimreise nach Kanada an. Wir nahmen herzlich voneinander Abschied und versprachen, uns zu schreiben, wenn irgend möglich.

Eine Woche später kam mein Vater wieder einmal ins Neue Dorf. Wir liefen ihm am Seeufer entgegen.

Mein Vater umarmte uns alle, und auf seinem Gesicht breitete sich ein sonnenhelles Lächeln aus, als er meine Mutter sah.

»Ich bin so stolz auf dich!«, sagte er. »Du bist so stark. Du hast sie aus dem Flüchtlingslager durch Thailand hierhergebracht. Und jetzt hast du ihnen das Sommerlager ermöglicht. Und sieh nur, was du alles für das Haus gemacht hast! Du bist stärker, als ich es mir je vorstellen konnte!«

Meine Mutter lächelte ihn verlegen an. Ich wusste, dass sie stolz war, aber ihr fehlten die Worte.

Später holte uns meine Mutter ins Haus. Sie habe mit meinem Vater gesprochen, sagte sie, und sie hätten entschieden, dass wir im Dorf bleiben und nicht ins Flüchtlingslager zurückkehren würden. Wir vermissten natürlich unsere Freundinnen immer noch und hatten Verschiedenes zurückgelassen, aber darüber machten wir uns jetzt keine Gedanken. Hauptsache, wir mussten nicht mehr als Flüchtlinge in einem Lager leben, das wie ein Gefängnis aussah!

Was mich wirklich bekümmerte, war der Verlust meiner Schulbücher. Aber meine Mutter sagte mir, es gäbe im Neuen Dorf eine ausgezeichnete Missionsschule. Sie war weit besser als alles, was das Mae-Ra-Moe-Lager zu bieten hatte. Gleich am Ende der Ferien wollte sie uns dort anmelden.

Mein Vater hatte als Geschenk ein kleines, batteriebetriebenes Kassettengerät und ein paar Kassetten mit englischen Popsongs mitgebracht. Sie sollten uns beim Englischlernen gute Dienste leisten.

Die Songtexte waren auf der Kassettenhülle abgedruckt, so dass wir sie mitlesen konnten. Bwa Bwa hatte ein Wörterbuch Englisch-Karen, falls wir etwas nicht verstanden. Wir waren sehr glücklich über dieses Geschenk meines Vaters. Wir liebten Musik, und wir liebten das Englischlernen. Und es war der erste Kassettenrekorder, den unsere Familie je besessen hatte. Der einzige Nachteil war, dass der Rekorder Batterien brauchte. Man konnte sie auf dem Dorfmarkt kaufen, aber wir hatten selten genug Geld dafür. Wenn man von allen Seiten auf die Batterie biss, bis sie von Zahnabdrücken übersät war, hielt sie länger. Leider blieb mein Vater nur einen Tag. Am nächsten Morgen fuhr er schon wieder weg. Vorher saßen wir mit ihm vor dem Haus an einem niedrigen Teetisch, den mein Vater aus Bambus gebaut hatte. Vom Haus aus sah man den Blumengarten, der bis hinunter zum See führte. Eine Weile plauderten und lachten wir: eine glückliche Familie, endlich wieder vereint im eigenen Haus.

Ich hatte es mir auf dem Schoß meines Vaters bequem gemacht und gedachte da sitzen zu bleiben, solange es ging. Meine Geschwister hielten sich für zu erwachsen, um auf seinem Schoß zu sitzen, aber mir war das egal. Mein Vater legte die Arme um mich und drückte mich fest an sich.

»Kleine Tochter, du bist zu groß, um auf Papas Schoß zu sitzen«, wandte meine Mutter ein. »Du bist jetzt ein großes Mädchen. Ist dir das nicht peinlich?«

»Nein«, antwortete ich. »Mir gefällt es so. Ich finde es gut so.«

Mein Vater lachte. Er wusste, dass mir nichts peinlich war, wenn es um ihn ging.

Nach einer Weile erklärte er: »Gut, wer von euch hilft mir im Blumengarten?«

Ich sprang auf. »Ich! Ich!«

Stone und Bwa Bwa stimmten ein. »Wir helfen auch!«

Meine Mutter verdrehte die Augen. »Kaum bist du zu Hause,

denkst du nur noch an deine Blumen! Na gut, dann kannst du ja auch deine Blumen essen!«

Wir brachen in Gelächter aus. Wenn meine Mutter die Kratzbürste spielte, konnte sie sehr komisch sein.

»Pah, nimm mich auf die Schultern, wie früher, als ich klein war!«, bat ich. »Bitte!«

Mein Vater tat, als wollte er mich hochheben, aber meine Mutter hielt ihn auf. »Das kann nicht dein Ernst sein! Ein großes Mädchen wie sie …«

Mein Vater zuckte die Achseln. »Du hast wahrscheinlich recht. Aber komm …«

Er hielt mir die Hand hin. Und in diesem Moment erinnerte ich mich an eine Szene von früher. Als Kind war ich oft meinem Vater hinterhergelaufen und ihm auf den Rücken gesprungen, wenn er nicht darauf gefasst war. Aber in meiner Kindheit hatte ich meinen Vater selten für mich allein gehabt. Jetzt war ich fünfzehn, und meine Kindheit war fast schon vorbei.

Bwa Bwa, Slone und ich rissen das Unkraut und die Schlingpflanzen heraus, die die Blumen meines Vaters erstickten. Bei der Arbeit nannte er uns die Namen der Blumen und erklärte, was sie so einzigartig machte. Er wirkte entspannt und fröhlich. Es war verblüffend, dass der Garten immer diesen Effekt auf ihn hatte; aller Stress und alle Sorgen schienen von ihm abzufallen. Natürlich wetteiferten Bwa Bwa, Slone und ich immer miteinander, wer von uns am besten Unkraut jätete und meinem Vater am meisten Freude machte. In den Wochen seiner Abwesenheit hatte keiner von uns besonders viel Interesse an dem Garten gezeigt. Aber meinem Vater im Garten zu helfen war der sicherste Weg, mit ihm zusammen zu sein. Hin und wieder unterbrach er seine Arbeit und gab mir einen liebevollen Kuss. Er lobte mich, wenn ich ein paar Steine zu einem Mäuerchen aufgeschichtet oder den Gartenweg vom Unkraut befreit hatte.

Der Tag im Blumengarten verging in Windeseile. Allzu bald versank die Sonne hinter den Bergen, und kalte Schatten legten sich über unser kleines Haus.

Meine Mutter hatte als Willkommensgruß für meinen Vater ein besonderes Festmahl zubereitet. Es gab Hühnchen und Gemüsesuppe, gefolgt von Gelbe-Bohnen-Curry mit Reis und der obligatorischen Fischpaste mit Chili. Wir aßen nicht oft so reichlich, aber es gab wenigstens keinen Bruchreis und keine ranzige Fischpaste voller Maden mehr. Das Leben hier war so ganz anders als im Flüchtlingslager!

Mein Vater nahm die Schöpfkelle und füllte die Schüsseln von Slone, Bwa Bwa und mir mit Hühnersuppe. Vor der Schüssel meiner Mutter hielt er inne. Ich sah, dass sie auf ihre Suppe wartete, aber er neckte sie nun einmal so gerne.

»Das ist lächerlich!«, schimpfte sie. »Du gibst allen Kindern, aber nicht deiner Frau!«

Wir lachten ausgelassen, während meine Mutter eingeschnappt tat. An jenem Abend machten alle ein glückliches Gesicht. Wir waren wieder eine richtige Familie und genossen die wenigen kostbaren Stunden. Besonders meine Mutter strahlte vor Glück. Es war, als ginge ein Leuchten von ihr aus.

Nach dem Essen trank mein Vater grünen Tee und hörte mit dem winzigen Radio meiner Mutter *BBC Burmese Service*. Wir setzten uns dazu, aber wir verstanden nicht viel. Meine Eltern unterhielten sich eine Weile auf Burmesisch, und ich wusste, dass sie über die Nachrichten sprachen. Schließlich schaltete mein Vater das Radio aus und erklärte, es gäbe nichts Interessantes zu berichten. Dann wechselte er das Thema und kam auf Familienangelegenheiten zu sprechen, vor allem die Schule. In meinem Fall war die Situation eindeutig. Ich sollte die neunte Klasse der Missionsschule besuchen. Das große Problem war Bwa Bwa. Sie musste abwarten, was die neue Schule an Weiterbildung zu bieten hatte. Kein Handlesen mehr – das hoffte sie jedenfalls inständig!

Am Morgen war mein Vater fort. Aber wenigstens überbrachte Nightingale etwas, das uns aufmunterte: Ein Mann war mit Post aus dem Mae-Ra-Moh-Lager in unser Dorf gekommen. Ich bekam Briefe von fast allen meinen Freundinnen. Im Flüchtlingslager war noch alles genauso schlimm wie vorher.

Als ich die Briefe las, kamen mir die Tränen. Die Worte waren auf die Seiten alter Schulhefte gekritzelt. Ich nahm mir vor, zurückzuschreiben und sie wissen zu lassen, wie wunderbar es war, frei zu sein. Ich wollte sie drängen, das Lager irgendwie zu verlassen. Erst jetzt spürte ich, wie sehr ich sie vermisste. Abgesehen von Nightingale hatten wir nicht viele Freunde im Neuen Dorf.

Bwa Bwa und ich beschlossen, dass wir ins Lager zurückkehren wollten, um unsere Freunde wiederzusehen. Wir gingen zu meiner Mutter und sagten es ihr. Sie antwortete, wir sollten nicht albern sein. Es sei unmöglich. Und außerdem finge die Schule bald an.

Nachdem meine Mutter uns von unserem Plan abgebracht hatte, schrieb ich jeder Freundin einen Brief. Ich schrieb ihnen, wie sehr ich mich gefreut hatte, von ihnen zu hören. Ich schrieb, dass ich sie gerne sehen würde, aber das sei leider unmöglich. Wir konnten es nicht riskieren, quer durch Thailand zu fahren, wo wir Dutzende von Kontrollpunkten passieren mussten. Und ich schrieb, ich sei mir sicher, dass ich sie eines Tages wiedersehen würde.

Und dann erreichte uns eine Nachricht von meinem Vater. Er lud uns ein, ihn an seinem Arbeitsplatz zu besuchen, und Onkel Joe hatte angeboten, uns zu fahren. Die Aufregung und Vorfreude lenkten uns ab.

Die Fahrt nach Htee Ker Plur dauerte zwei Stunden. Als wir ankamen, sahen wir, dass mein Vater in einer winzigen Bambushütte hauste. Mir wollte nicht in den Kopf, dass er keinen Blumengarten hatte. Am Haus gab es nur ein kleines Gemüsebeet, mehr nicht. Es war ein ziemlich trostloser Anblick.

Mein Vater nahm uns mit zu Freunden und zeigte uns den KNLA-Stützpunkt. Die Soldaten der Karen National Liberation Army, die zum bewaffneten Flügel des Karen-Widerstands gehört, wirkten entspannt und locker, und von einem Krieg war nichts zu merken. Aber während der Regenzeit wurde ohnehin wenig gekämpft. Straßen und Flüsse waren unpassierbar, und der Staatsrat in der Hauptstadt konnte seine Truppen nicht mit Nachschub versorgen.

Beim Besuch des Stützpunkts musste ich an Say Say denken. Ich fragte meinen Vater, ob er etwas von ihm gehört habe. Nach allem, was er wusste, sei Say Say am Leben und gesund und weit im Norden im Einsatz. Mir fehlte Say Say furchtbar, und ich machte mir Sorgen um ihn. Die Gegend, in der er eingesetzt war, lag tief im Landesinneren, und ich hatte Angst, er könnte gefangen genommen oder getötet worden sein.

In Htee Ker Plur, wo mein Vater arbeitete, war das neue Hauptquartier der KNU. Man sah hauptsächlich Soldaten, Führer der demokratischen Opposition und Verwaltungspersonal. Es gab wenige Kinder und keine Schulen. Außerdem war der Ort von Moskitos verseucht, die einem die ganze Nacht um den Kopf schwirrten. Man konnte sich ihrer nur erwehren, indem man ein Feuer machte, grüne Blätter hineinwarf und in einen Nebel aus Rauch gehüllt schlief.

Das Dorf gefiel mir nicht. Mein Vater tat mir leid, weil er hier wohnen musste. An diesem Ort musste er andere Prioritäten setzen. Zum ersten Mal im Leben hatte er Nahrungsmitteln den Vorrang vor Blumen gegeben. Seine Hütte stand auf einer Kuppe, und er musste das Wasser aus dem tiefer gelegenen Fluss holen, aber damit bewässerte er Gemüse, nicht Blumen. Der Feind hatte seine Blumengärten in Manerplaw und im Dorf zerstört, und das musste ihn sehr geschmerzt haben.

Denn es tut sehr weh, wenn jemand zerstört, was man liebt.

18

DIE MISSIONSSCHULE

Eine Woche nach unserer Rückkehr ins Dorf fing die Schule an. Wie mein Vater versprochen hatte, nahm meine Mutter uns zuvor zum Dorfmarkt mit und kaufte uns, was wir brauchten. Bwa Bwa und ich bekamen jede eine nagelneue weiße Bluse und einen blauen Rock, und Slone bekam eine entsprechende Jungenuniform. Es war das erste Mal seit der Flucht aus unserem Dorf, dass wir neue Kleider kauften.

Bwa Bwa und ich bekamen sogar noch jede einen Lippenstift. Er hatte einen Boden, den man drehen konnte, und färbte unsere Lippen knallrot. Das war viel besser, als die Lippen mit alten Vitaminpillen zu beschmieren! Ich beschloss, dass der Lippenstift ein kostbarer Besitz war und ich ihn mir für besondere Gelegenheiten aufheben würde.

In der Nähe des Markts stand hoch oben auf einer Anhöhe ein buddhistisches Kloster. Es war aus schönem, dunkelrotem Holz erbaut und strahlte Wärme und tiefen Frieden aus. Jeden Morgen machten die Mönche mit ihren Bettelschalen ihre Runde durchs Dorf. Ein Mönchsnovize ging voraus und läutete ein flaches Glöckchen, das an einer Schnur hing. Wenn wir diesen Ton hörten, wussten wir, dass die Mönche kamen und um Almosen baten.

Ich war ein paarmal zur Vollmond-Zeremonie Lah Pweh zum Kloster hochgestiegen. Jeden Monat versammelte sich das Dorf bei Vollmond am Kloster. Es gab Gesänge und Gebete und köstliches Essen – süßen Reisbrei, scharfes Hühnchen-Curry und Klebreis mit frischer Kokosnuss.

Ich liebte Lah Pweh, denn dann war das ganze Dorf in silbernes Mondlicht getaucht. Wir konnten überallhin gehen und brauchten nicht einmal eine Fackel dazu. Manchmal kläfften die Hunde den Mond an. Die Geister hätten sie erschreckt, behaupteten wir Kinder und jagten uns damit gegenseitig Angst ein.

Meine Eltern hatten in letzter Zeit Slone zugeredet, als Novize ins Kloster einzutreten, und sie wollten auch, dass Bwa Bwa und ich Nonnen wurden. Es war nicht ungewöhnlich, dass Karen-Kinder eine Weile im Kloster lebten. Gewöhnlich taten sie das während der Sommerferien, und nach ein paar Monaten gingen sie dann wieder in die Schule. Obwohl meine Eltern keine Buddhisten waren, respektierten sie den buddhistischen Pfad der Selbsterforschung und Demut und wollten diese Werte auch an uns weitergeben. Doch über Nonnen wussten Bwa Bwa und ich nur, dass sie sich den Kopf rasieren mussten. Das wollten wir auf keinen Fall, und so weigerten wir uns kategorisch.

Auch in diesem Dorf lebten Buddhisten, Christen und Animisten friedlich beisammen, wenn auch der Buddhismus die vorherrschende Religion war. Unsere neue Schule war eine christliche Missionsschule. Sie war eine der besten in der Gegend, und um ihren religiösen Hintergrund schien sich niemand – einschließlich meiner Eltern – viele Gedanken zu machen.

Am ersten Schultag musste ich dem Schuldirektor, der »Lehrer Weißes Herz« hieß, erklären, warum ich die Prüfungsergebnisse des achten Schuljahrs nicht vorlegen konnte. Ich hatte das Flüchtlingslager verlassen, bevor sie veröffentlicht wurden. Er sprach mit meiner Mutter, und sie versicherte ihm, ich sei eine sehr fleißige Schülerin und habe immer gut abgeschnitten. Auf ihre Fürsprache hin wurde ich in die neunte Klasse aufgenommen. Bwa Bwa belegte Fortbildungskurse in Englisch und Bibelkunde.

Am ersten Schultag stellte ich freudig fest, dass ich einige der Schüler kannte. Ein Mädchen hatte ich im Dorf Per He Lu kennengelernt. Sie war älter als ich, und wir hatten nicht dieselbe Klasse besucht, aber wir kannten uns vom Sehen. Und es gab einen Jungen aus dem Dorf, der Sah Moo Daw, »Stern am Himmel«, hieß. Der Rest der Klasse war mir unbekannt.

Wir mussten uns nacheinander den anderen Schülern vorstellen und ihnen sagen, woher wir kamen und wer zu unserer Familie gehörte. Es war mir peinlich, dass ich aus einem Flüchtlingslager kam, deshalb hätte ich am liebsten nur erwähnt, dass ich aus dem Dorf Per He Lu stammte. Aber ich musste erzählen, wo ich in die achte Klasse gegangen war, und das bedeutete, ich musste über das Lager sprechen. Ich kam mir vor wie ein Bürger zweiter Klasse, als ich zugab, dass ich ein Flüchtling gewesen war. Doch es schien niemanden zu stören, und ich fand rasch Freunde.

Eines der hübschesten Mädchen der Schule hieß Eh Phyo Paw, »Kollektive Liebesblume«. Der Name Eh Phyo Paw klingt für Karen sehr sympathisch, denn er bedeutet, dass man von allen geliebt wird und so schön ist wie eine Blume. Eh Phyo Paw war in meiner Klasse, und wir wurden schnell beste Freundinnen.

Im Gegensatz zu der Schule im Flüchtlingslager war diese sehr groß; an ihr unterrichteten um die dreißig Lehrer. Einer der Lehrer stammte aus England, wir nannten ihn *thera* Tom, »Lehrer Tom«, und er war unglaublich groß. Insgeheim nannten wir ihn »Grandfather Longlegs«, nach Major Seagrim, aber natürlich nur heimlich. Dann war da noch James, ebenfalls ein hochgewachsener Lehrer aus England. Und ein Australier namens Jacob, den ich in Englisch hatte.

Recht bald stellte sich heraus, dass Jacob ziemlich streng war. Eines Tages hatten die Schüler besonders viel Unsinn gemacht. Als Strafe ließ er uns zu unserem Wohnheim gehen und von da zur Schule zurückrennen.

Thera Jacob führte eine neue Art der Benotung ein, die er »kontinuierliche Beurteilung« nannte. In diesem System wurden Abschlussprüfungen durch Noten ersetzt, die wir für unsere Hausaufgaben bekamen. Das schien mir ein gutes System, und ich verdoppelte meine Anstrengungen. Für die erste Beurteilung mussten wir in einem Lückentext englische Sätze vervollständigen und bestimmte Aussagen als »richtig« oder »falsch« markieren. Als ich meine Hausaufgaben einreichte, war ich sicher, dass ich meine Sache gut gemacht hatte.

Deshalb war ich wie vor den Kopf geschlagen, als wir die Noten bekamen und ich sah, dass ich null von hundert Punkten hatte. Fassungslos saß ich an meinem Tisch. Null? Wie um alles in der Welt konnte ich null Punkte haben? Irgendetwas stimmte da nicht. Andere Schüler hatten über neunzig bekommen und strahlten über das ganze Gesicht. Ich saß da, starrte auf meine Null, und die Tränen liefen mir übers Gesicht.

Meine Tutorin war eine gütige, sanfte Karen-Frau namens *theramu* Paw Lah Soe, also Lehrerin Paw Lah Soe.

»Zoya, was ist denn?«, fragte sie mich.

»Ich habe meine Hausaufgaben gut gemacht und erwartet, dass ich eine gute Note bekomme«, platzte ich heraus. »Aber Thera Jacob hat mir eine Null geben, und ich bin so unglücklich.« Ich sagte meiner Tutorin, diese Punktezahl müsse ein Irrtum sein.

Sie versprach, sich zu erkundigen, und kam ein paar Minuten später wieder. Thera Jacob hatte ihr erklärt, er habe nie Hausaufgaben von mir gesehen. Das sei unmöglich, widersprach ich. Ich hatte meinen Namen auf das Blatt geschrieben, und er hatte es mit Null bewertet. Wie konnte er mir eine Null gegeben haben, wenn ich nichts abgegeben hatte?

Meine Tutorin wusste nicht, was sie sagen sollte. »Gut, dann gehe ich selbst zu Thera Jacob«, verkündete ich.

Es war in unserem Schulsystem völlig undenkbar, dass eine Schülerin einen Lehrer zur Rede stellte. Aber ich war so wütend, dass ich direkt in sein Arbeitszimmer marschierte. Die Tür stand halb offen, und ich sah ihn am Schreibtisch sitzen. Er blickte auf und wirkte gar nicht überrascht, mich zu sehen. Ich hatte Tränen in den Augen und ein gerötetes Gesicht. Er dagegen war vollkommen gelassen.

»Thera Jacob, Sie haben meiner Tutorin gesagt, dass ich meine Hausaufgaben nicht gemacht habe«, begann ich. »Aber Sie wissen, dass ich sie gemacht habe. Sie haben mir eine Null gegeben.«

Er schüttelte den Kopf. »Ich habe keine Hausaufgaben von dir gesehen.«

»Aber wie konnten Sie mir eine Null geben, wenn ich keine gemacht habe?«

»Was ich sagte, war: Ich habe keine Hausaufgaben von dir gesehen.«

»Aber warum nicht? Ich habe meinen Namen deutlich darauf geschrieben. Wie konnten Sie ihn nicht sehen?«

»Ich sage nur, dass ich keine Hausaufgaben von *dir* gesehen habe.«

Das wollte mir einfach nicht in den Kopf. »Sehen Sie, ich bin unglücklich. Sie haben mir eine Null gegeben. Wie können Sie jemandem eine Null geben, wenn Sie dessen Hausaufgaben nicht gesehen haben?«

Thera Jacob seufzte. »Okay, ich prüfe das. Ich werde dich wissen lassen, wie ich entschieden habe.«

In jener Nacht schlief ich schlecht. Ich war aufgewühlt. Am nächsten Tag teilte mir Thera Jacob mit, er habe meine Hausaufgaben doch noch gefunden. Er gab sie mir zurück, und ich hatte 96 Punkte. Ich sagte nichts. Ich war einfach nur glücklich, dass aus meiner Null die beste Note der Klasse geworden war.

Aber ich hatte dabei zweierlei gelernt: Wenn ich etwas für richtig oder falsch hielt und mich für die Wahrheit einsetzte, konnte ich mich allen Widerständen zum Trotz gegen Tradition und Macht durchsetzen. Und wenn jemand versuchte, einen herabzusetzen, dann musste man sich doppelt anstrengen und würde am Ende gewinnen.

In der Schule fand ich eine neue Freundin. Sie hieß Moo Moo, »Leben Leben«, ging in die Klasse über mir und war immer die Klassenbeste. Wir freundeten uns an, als wir eines Tages gemeinsam von der Schule nach Hause schlenderten, denn ihr Haus stand auch am See. Ich ging sehr gerne zu ihr. Ihr Bruder hatte eine Gitarre, und am Abend saßen wir oft zusammen bei Moo Moo, und die Mädchen sangen aus voller Kehle, während die Jungen Gitarre spielten.

Gemeinsam singend und lachend verbrachten wir unsere Abende in Moo Moos Haus. Wir sangen bis tief in die Nacht und blickten hinaus auf den sternenhellen See. Niemand sagte, wir sollten still sein. Die Leute freuten sich über unsere fröhlichen Lieder. Wenn wir genug gesungen hatten, kochten und aßen wir zusammen und spazierten dann durch die samtene Dunkelheit nach Hause.

Oft war auch Eh Phyo Paw, »Kollektive Liebesblume«, dabei. Sie hatte einen besonderen Grund dazu, denn sie war die Freundin von Moo Moos Bruder. Er hieß Eh Ker Ter, »Am Meisten Geliebt«. Es war nicht verwunderlich, dass Eh Phyo Paw einen Freund hatte. Alle Jungen waren hinter ihr her, aber sie hatte nur Augen für Eh Ker Ter.

Wenn Eh Ker Ter ein Lied von »Erster Liebe« sang, blickte Eh Phyo Paw ihm tief in die Augen. Ich hatte niemanden, dem ich in die Augen blicken konnte, aber ich fühlte mich trotzdem nicht als Außenseiterin. Es gab einen Jungen, der mich mochte; er war in derselben Klasse wie meine Schwester. Eines Tages schrieb er mir einen Brief und fragte, ob ich auch Gefühle für ihn hätte. Der Brief wurde von einem seiner Freunde überbracht, weil er selbst zu schüchtern dazu war.

Ich schrieb zurück, dass ich nichts dagegen hätte, eine gute Freundin für ihn zu sein, dass ich aber momentan keinen richtigen Freund haben wollte. In meinem Brief erwähnte ich, dass im Garten seines Vaters viele Durianbäume stünden. Das sind Bäume mit übelriechenden, aber wohlschmeckenden Früchten, die ich sehr gerne aß. Ich schrieb ihm, dass ich gerne kommen und ein paar dieser Früchte mitnehmen würde – womit ich mehr oder weniger andeutete, dass ich zwar das Obst wollte, ihn aber nicht als Freund. Das erzählte ich Moo Moo und Eh Phyo Paw, und wir schütteten uns aus vor Lachen.

Nach dem Liebesbrief bekam ich noch mehr Briefe von anderen Jungen, aber ich wies sie alle ab. Aus irgendeinem Grund interessierte es mich nicht, einen Freund zu haben. Eh Phyo Paw verhielt sich wunderbar, sie unterstützte mich voll und ganz. Wenn ich keinen der Jungen mochte, sagte sie, sollte ich eben allein bleiben. Es sei schließlich meine Entscheidung.

In unserer Altersgruppe wollten alle aus Liebe heiraten. In der Vergangenheit hatten die Eltern den Ehepartner für ihre Kinder ausgesucht, aber auch in unserer Generation durfte ein Mädchen noch nicht sagen, wenn es einen Jungen mochte, denn dann galt es als »leicht zu haben«. Ein Junge konnte einem Mädchen per Brief mitteilen, dass er sie gernhatte, aber wenn das Mädchen dasselbe tat, galt das als ordinär und ungebührlich. Ein Mädchen konnte also nur warten, bis ein Mann irgendwie auf wundersame Weise begriff, dass sie ihn mochte.

Im Dorf Per He Lu hatte ein Mädchen aus Bwa Bwas Klasse Schwierigkeiten bekommen, weil sie »frühreif« war. Sie war ungefähr sechzehn und eines Tages nicht mehr in der Schule aufgetaucht. Nach einer Woche hatte der Lehrer nachgeforscht. Es stellte sich heraus, dass das Mädchen schwanger war. Sie wurde sofort der Schule verwiesen. Sie musste den Jungen heiraten, von dem sie schwanger geworden war, aber selbst danach traf sie das ganze Ausmaß des Skandals viel stärker als ihn. Sie verließ das Haus nicht, bis das Baby geboren war, und es dauerte Jahre, bis der Skandal ein wenig in Vergessenheit geriet.

Nach der ersten Hälfte des Schuljahrs wurde ich sehr krank. Ob es an verdorbenem Essen oder Wasser lag, weiß ich nicht, auf jeden Fall stimmte etwas mit meinem Darm nicht. Ich hatte schlimme Bauchschmerzen und konnte nichts essen. Auch zur Toilette konnte ich nicht. Ich konnte kaum laufen und wurde immer schwächer. Neben der Schule gab es eine Klinik, die von Dr. Cynthia Maung geführt wurde, einer Karen-Ärztin, die im August 1988 aus Rangun geflohen war.

Dr. Cynthia hatte in der Grenzregion mehrere Kliniken eingerichtet. Sie leitete auch mobile »Rucksack«-Kliniken, die aus Sanitätern wie dem französischen Paar bestanden, das in unser Dorf gekommen war, als ich klein war. Sie war eine bescheidene, sanftmütige Frau, aber sie strahlte Autorität aus. Als ich immer schwächer wurde, machte meine Mutter sich zunehmend Sorgen um mich. Schließlich entschloss sie sich, mich in Dr. Cynthias Klinik zu bringen.

Ich erhielt sofort eine Infusion, an der ich tagelang hing. Nach der Schule besuchten mich meine Freunde, und auch Bwa Bwa und Slone kümmerten sich um mich, so oft sie konnten. Da ich keine feste Nahrung zu mir nehmen konnte, bekam ich Reissuppe mit Huhn, aber selbst diese musste ich oft erbrechen. Die Sanitäter hatten meiner Mutter erklärt, was mit mir los war. Ich hatte Gastroenteritis, eine Krankheit, die Schmerzen, Krämpfe, Fieber, Durchfall und Appetitlosigkeit verursacht. Nur die Infusion hielt mich am Leben. Ich wusste nicht, wie krank ich war, bis ich schon fast wieder gesund war. Erst dann klärte mich meine Mutter auf, dass eine Gastroenteritis tödlich verlaufen kann. Dr. Cynthias Klinik – die von Spendengeldern aus der ganzen Welt finanziert wird – hatte mir vermutlich das Leben gerettet.

Damals ahnte ich nicht, dass es nicht das letzte Mal sein sollte, dass mir Dr. Cynthias Klinik das Leben rettete.

19

Auf der Flucht vor den Kugeln

Jeden Monat kam mein Vater für ein Wochenende nach Hause. Ich freute mich sehr auf diese Besuche. Eines Abends erzählte er uns, dass er am nächsten Tag im Dorf eine große Pressekonferenz abhalten würde. Wer von uns gerne zuhören wollte? Wir wussten nicht genau, was eine »Pressekonferenz« war, aber wir ergriffen jede Chance, die sich bot, etwas mit unserem Vater zu unternehmen. Wir alle wollten mitkommen. Am nächsten Morgen machten wir uns sehr früh zur Dorfwiese auf. Unterwegs wurde Vater alle paar Sekunden angesprochen und begrüßt.

»Guten Morgen, Padoh«, sagten die Leute respektvoll. Padoh ist der Karen-Begriff für »angesehener Anführer«.

Mein Vater erwiderte den Gruß jedes Einzelnen und fragte, wie es ihm, den Kindern und der Familie ging. Die meisten Leute hatte er noch nie gesehen. Aber sie kannten seine Stimme aus dem BBC World Service oder der Voice of America oder durch seine Artikel. Ich war stolz darauf, neben ihm zu gehen und seine Kleine Tochter zu sein, denn offenbar war mein Vater eine geachtete Persönlichkeit.

Auf der Dorfwiese hatten sich schon Hunderte von Menschen eingefunden. Mein Vater stieg zu den anderen Rednern auf eine Bühne, und wir setzten uns zu den Zuhörern auf den Boden. Erst sagte General Saw Bo Mya, der Chef der KNU, ein paar Worte. Die burmesische Armee, sagte er, führe weiterhin Krieg gegen die Widerstandsbewegung, gegen Karen-Dörfer und Zivilisten. Die KNU versuche, das Problem mit politischen Mitteln zu lösen und gleichzeitig das Volk möglichst wirksam zu schützen. Als Nächstes sprach einer der Anführer der Demokratiebewegung, ein guter Freund meines Vaters. Aber er hielt seine Rede auf Burmesisch. Ich verstand sie nicht, doch die Leute klatschten. Mehrere Videojournalisten filmten die Redner, hauptsächlich Mitarbeiter von Medien aus Thailand und Burma. Mein Vater sprach als Letzter. Er war ein hervorragender Redner und wusste genau, wie er sein Publikum gewinnen konnte. Er führte zwei Argumente an, die mir beide ans Herz gingen. Zuerst betonte er, wir müssten unser Volk mit Waffengewalt verteidigen, denn der Staatsrat führe einen brutalen Krieg gegen uns. Wir hätten keine andere Wahl. Zweitens sollten wir mit allen im Land zusammenarbeiten, die an Demokratie glaubten, ungeachtet ihres ethnischen Hintergrunds. Wir müssten vereint gegen unseren gemeinsamen Feind – die Militärdiktatur – antreten.

Die Rede meines Vaters wurde von Applaus und lauter Zustimmung begleitet. Ich hatte ihn noch nie öffentlich reden hören und erlebte ihn plötzlich erstaunt von einer neuen Seite. Weiter berichtete er von den Aktivitäten einer Friedensdelegation, die er vor kurzem geleitet hatte. Sie hatte sich zum Ziel gesetzt, direkt mit den Generälen der Militärregierung zu diskutieren und über Frieden zu verhandeln. Vier Mal waren sie zu Gesprächen angereist, und jedes Mal hatten die Generäle im Grunde die bedingungslose Kapitulation gefordert.

Mein Vater hatte dagegengehalten, der Staatsrat müsse zunächst seine Soldaten aus den Karen-Gebieten abziehen und aufhören, unsere Dörfer niederzubrennen, unsere Frauen zu vergewaltigen und unsere Kinder zu töten. Das war das Minimum, was von unserer Seite für einen Waffenstillstand erwartet würde. Aber die Generäle verlangten, dass die Widerstandskämpfer zuerst ihre Waffen niederlegten. Das wäre de facto einer Kapitulation gleichgekommen, die uns ihnen auf Gedeih und Verderb ausliefern würde. Der Staatsrat hatte kein Interesse an einem Dialog. Die Militärs wollten weder über politische Lösungen noch über irgendwie geartete Kompromisse diskutieren.

»Wie kann man einen echten Dialog mit den Generälen führen, wenn sie sich weigern, mit dem Beschuss unserer Bauern und dem Vergewaltigen und Töten Unschuldiger aufzuhören?«, fragte mein Vater. »Wie können wir die Waffen niederlegen und ihnen erlauben, unsere Dörfer weiter niederzubrennen? Wie kann es echte Verhandlungen geben, wenn sie nicht einmal damit aufhören wollen?«

Nach der Pressekonferenz drängten sich die Medienvertreter um meinen Vater und wollten ihn interviewen.

Ich wandte mich an meine Schwester: »Ist das nicht unglaublich? Mir hat wirklich gefallen, was Pah gesagt hat. Hast du das gehört? Er ist so energisch, wenn er eine Rede hält. Das ist ganz neu für mich!«

Bwa Bwa und ich hatten immer gewusst, dass unser Vater im Widerstand eine wichtige Funktion hatte, aber Genaueres war uns nicht bekannt gewesen. Jetzt sahen wir ihn mit anderen Augen. Er war nach Rangun gefahren und damit das Risiko eingegangen, den Generalen von Angesicht zu Angesicht gegenüberzutreten, und er hatte sich nicht einschüchtern lassen und nicht nachgegeben. So etwas hörten wir zum ersten Mal. Mein Vater hatte darüber zu Hause nie ein Wort verloren. Vielleicht wollte er uns nicht vorschreiben, was wir zu denken hatten. Er wollte uns die Freiheit lassen, uns selbst eine Meinung zu bilden. Am Abend wollte ich meinem Vater unbedingt sagen, wie stolz ich auf ihn war. Ich wollte ihm erzählen, dass er mein Held war. Aber es waren zu viele Besucher da. Es ergab sich keine Möglichkeit, ein paar Minuten mit ihm allein zu sein, und am nächsten Tag war er schon wieder fort.

Ein paar Tage später sah ich auf dem Heimweg von der Schule eine Gestalt am Seeufer, die mir bekannt vorkam. Mein Herzschlag setzte aus. Ich konnte es nicht glauben: Da ging Say Say! Ich stürzte auf ihn zu und rannte ihn vor lauter Freude fast um. Bwa Bwa, die dabei war, weinte vor Glück über Say Says Rückkehr. Als wir nach Hause kamen, wollte meine Mutter gleich ein Festmahl für ihn kochen. Aber darauf konnte Say Say nicht warten. Es war noch etwas kalter Reis vom letzten Essen übrig, den er heißhungrig in sich hineinstopfte.

Say Say war völlig ausgehungert. Er aß auch noch das allerletzte Reiskorn und leckte dann die Schüssel sauber. Er stellte sie auf den Bambusboden und blickte uns eindringlich an:»Ihr dürft niemals Essen verschwenden. Niemals! Ich habe gelernt, dass man kein einziges Reiskorn wegwerfen darf.« Say Say hatte sich in den Jahren seiner Abwesenheit verändert. Der Krieg hatte ihn altern lassen. Er hatte an der Front furchtbare Greuel erlebt. Say Say war im nördlich gelegenen Papun stationiert gewesen. Zuerst hatte er selbst an Kämpfen teilgenommen, aber mit der Zeit war es zu seiner Aufgabe geworden, den Opfern zu helfen. Tausende von Zivilisten waren geflohen, und Say Say hatte sie sicher durch den Dschungel geführt. Viele dieser Menschen waren schon halb verhungert, erzählte er uns. Männer, Frauen und Kinder hatten nichts mehr zu essen. Er hatte Menschen sterben sehen und sie nicht retten können. Meistens starben zuerst die Alten und Kleinkinder, denn sie waren am schwächsten. Am Abend setzten wir uns zu einer richtigen warmen Mahlzeit zusammen. Say Say erzählte, dass er seit sehr, sehr langer Zeit nicht mehr so etwas Gutes gegessen hatte. In Papun waren sie ständig unterwegs gewesen. Wenn er und seine Schützlinge länger an einem Ort blieben, fanden die Soldaten sie und griffen sie an. Er schilderte uns schreckliche Greueltaten: Karen-Frauen waren Opfer von Gruppenvergewaltigungen geworden und auf die denkbar brutalste Weise umgebracht worden; Bauern wurde ohne Grund in den Bauch geschossen, und sie verbluteten auf ihren Feldern; Dorfbewohner arbeiteten wie Sklaven als Träger und wurden irgendwo sterbend zurückgelassen.
Ganze Dörfer waren in Brand gesetzt worden, und ganze Familien verbrannten in ihren Häusern. Kinder starben an Malaria, Cholera oder Unterernährung – wenn die feindlichen Soldaten sie nicht schon vorher töteten. Es war die reinste Höllenvision.
Ich fragte Say Say, wie weit Papun von uns entfernt sei, und war sehr erleichtert, als er mir versicherte, es sei sehr weit weg. Vorläufig befänden wir uns in Sicherheit, meinte er. Das Dorf sei nicht akut gefährdet.

»Wie hast du uns gefunden?«, fragte ihn meine Mutter. »Woher wusstest du, wo wir sind?«

»Pah hat es mir gesagt«, antwortete Say Say. »Er hat dem Kommandanten meiner Einheit eine Nachricht geschickt. Ich habe einen ganzen Monat gebraucht, um herzukommen.«

Say Say blieb eine Woche bei uns. Er half meiner Mutter im Garten und aß die nahrhaften Mahlzeiten, die sie kochte. Er war dünn wie ein Gerippe. Sein Bauch war eingefallen. Früher war er gesund und stark gewesen. Es war unfassbar, was die Jahre an der Front aus ihm gemacht hatten.

Auch Tante Black wohnte jetzt bei uns. Sie war keine richtige Tante, stand aber meiner Mutter fast so nahe wie eine Schwester. Wir hatten sie in Manerplaw kennengelernt. Sie hatte keine eigene Familie, und so hatten wir sie bei uns aufgenommen, als wir alle im Flüchtlingslager Mae Ra Moe gestrandet waren. Jetzt war sie aus dem Lager gekommen, um wieder bei uns zu sein, und wir freuten uns sehr darüber.

Ich war glücklich über Say Says Besuch, aber er hatte sich enorm verändert. Er war still und zurückhaltend, und ich fragte mich, wie er all die schrecklichen Dinge verarbeitete, die er erlebt hatte. Am Ende der Woche kam mein Vater zu uns und erklärte, er wolle Say Say zu seinem Arbeitsplatz mitnehmen. Zumindest vorläufig würde er nicht mehr an die Front zurückkehren müssen.

Die regelmäßigen Besuche von Say Say und meinem Vater munterten uns alle auf. Vor allem meine Mutter wirkte viel glücklicher als in der schlimmen Zeit im Flüchtlingslager. Wir lebten zufrieden im Neuen Dorf, und unser Alltag verlief fast wieder wie früher in unserem Heimatdorf. Doch Say Says Geschichten erinnerten uns auf erschreckende Weise an die Dunkelheit da draußen. Das Leben im Neuen Dorf war friedlich und geordnet. Ich hoffte, dass es so bleiben würde und ich mich auf die Schule und die Freizeit mit meinen Freunden konzentrieren konnte. Doch noch vor Ende des Schuljahres griff der Feind unser Dorf an.

Die Neujahrsprüfungen begannen am 9. Februar 1997. Wir waren im März angekommen, lebten also etwa seit einem Jahr im Neuen Dorf. Am 11. Februar hatten wir keine Prüfungen, weil an diesem Tag der Karen-Nationalfeiertag begangen wurde. Auf dem Dorfplatz wurden Reden gehalten, und alle riefen die üblichen Slogans des Karen-Widerstands.

Nach der Feier wollte eine meiner Schulkameradinnen unbedingt mit mir nach Hause kommen, um sich von mir ein Problem in Mathematik erklären zu lassen. Ich war ungehalten, weil am nächsten Tag die Mathematikprüfung stattfand und ich noch lernen musste. Am Hang hinter dem Haus hatte ich eine Stelle frei geräumt, von der aus man auf den See blickte. Dort saß ich gerne und lernte in Ruhe. Wir hatten uns ungefähr eine Stunde mit den Fragen meiner Freundin beschäftigt, als unter uns eine Stimme rief:

»Kleine Tochter! Kleine Tochter! Komm schnell! Komm schnell!«

Es war meine Mutter. Wir liefen den Hügel hinunter und fanden sie über Taschen und Rucksäcke gebeugt, in die sie hektisch unsere Habe stopfte. Sie drehte sich um und warf mir einen angstvollen Blick zu.

»Wir werden angegriffen«, rief sie. »Schnell! Pack deine Tasche! Wir müssen fliehen!«

Kaum hatte sie die Worte ausgesprochen, als man auch schon vom anderen Ende des Dorfes ein entsetzliches Kreischen hörte und eine Mörsergranate in den Wald krachte. Meine Freundin war starr vor Schreck.

»Schnell! Lauf! Lauf!«, rief ihr meine Mutter zu. »Such deine Familie! Lauf!«

Ohne ein weiteres Wort stürzte meine Freundin den Pfad hinunter in Richtung See. Ich sah mich schockiert und verwirrt um. Der Feind? Jetzt? Mitten in meinen Schulprüfungen? Was sollte ich tun? Was sollte ich einpacken?

»Steh nicht rum«, schrie meine Mutter. »Wo ist dein Rucksack? Der, mit dem du letztes Mal geflohen bist? Mach dich ans Packen! Sofort!«

Die harten Worte meiner Mutter wirkten. Während das Getöse der Mörsergranaten immer lauter wurde, warf ich immer mehr Sachen in meinen schwarzen Rucksack. Man hörte jetzt auch das Knattern von Gewehren, ein Geräusch, das ich nie mehr zu hören gehofft hatte. Es kam immer näher, und ich hörte entsetzte Schreie von der anderen Seite des Sees.

Ich blickte auf. Menschen rannten durch das Dorf. Männer, Frauen und Kinder liefen wie gehetzt auf die thailändische Grenze zu. Kinder weinten und jammerten, wenn sie stolperten und hinfielen. Eltern schrien sie an und zerrten sie auf die Füße. Die Kleineren schluchzten fassungslos. Wie konnte das geschehen? Wie konnte das alles noch einmal geschehen?

Die Kampfgeräusche kamen immer näher. Ich wuchtete meinen Rucksack auf die Schulter. Oh Gott, dachte ich, wenn sie mich schnappen, ist mein Leben zu Ende. Say Say hatte uns ja erzählt, was sie mit den Frauen in Papun gemacht hatten, wenn sie sie zu fassen bekamen. Die Soldaten würden uns alle vergewaltigen. Ich konnte mich vor Angst nicht von der Stelle rühren.

»Bist du fertig?«, schrie meine Mutter. »*Bist du fertig?* Dann los!«

Sie griff nach einem Kochtopf und stopfte uns etwas kalten Reis in den Mund, um uns einen Energieschub zu geben. Dann stieß sie mich aus der Tür.

»Los – jetzt – alle!«, schrie sie, als würde sie einen Trupp Soldaten kommandieren. »Los jetzt! Nicht stehen bleiben, bis wir die Grenze erreicht haben.«

Slone, Bwa Bwa, Tante Black, meine Mutter und ich mischten uns in das allgemeine Chaos. Fast tausend Menschen lebten im Dorf, und alle liefen durcheinander und suchten hastig nach ihren Familien oder rafften ihre Habseligkeiten zusammen. Schreiende Menschen rannten in alle Richtungen. Tiere brüllten oder quietschten panisch. Kinder schrien und weinten, Gewehrschüsse peitschten, und dazu kam noch das ohrenbetäubende Krachen der Granaten, als seien sämtliche Glasscheiben der Welt gleichzeitig zerborsten. Manchmal detonierte nur eine, manchmal waren es drei kurz hintereinander. Da so viele Menschen durch das Dorf rannten, stiegen Staubwolken von der trockenen Erde auf, die einem den Atem nahmen. Ich war außer mir vor Angst.

Bwa Bwa und Slone liefen vor mir, Tante Black kam nach mir, und von ganz hinten trieb uns meine Mutter an. Eine Granate schlug so dicht bei uns ein, dass ich vor Schreck stolperte und hinfiel. »HOCH, WEITER!«, befahl meine Mutter, und ich rappelte mich auf und rannte wieder los.

Ab und zu verlor ich Bwa Bwa aus den Augen und bekam Angst, sie nie wiederzufinden. Der Staub nahm mir die Sicht, es wurde stockdunkel. Ich bekam kaum noch Luft, ich sah nichts mehr, meine Beine taten weh, meine Lungen brannten, ich zitterte am ganzen Körper. Aber ich wusste, wenn ich am Leben bleiben wollte, musste ich weiter. Wenn wir langsamer wurden, schrie meine Mutter von hinten »WEITER!«, und wir liefen wieder schneller.

Beim nächsten Granateneinschlag fiel ich vor Schreck wieder hin. Ich hatte einen Druck auf den Ohren und hörte nichts mehr. »WEITER«, schrie meine Mutter, und wieder gehorchte ich und lief weiter. Mir war nach Weinen zumute, aber das durfte ich nicht. Ich musste rennen.

Überall rannten Menschen, darunter viele Familien mit mehreren kleinen Kindern. Die Eltern konnten sie nicht alle tragen. Kleine Kinder stolperten schreiend vor Angst durch den Staub, geschoben von ihren Eltern, die Babys auf dem Arm hatten. Ich hätte gerne geholfen, aber das ging nicht. Ich war zu schwach, um sie zu tragen, und meine Mutter hätte es mir auch nicht erlaubt. Sie musste ihre eigenen Kinder beschützen und war fest entschlossen, uns zu retten.

Mein Rucksack war so schwer, dass ich ihn von den Schultern nahm und beim Laufen auf dem Kopf trug. Mein ganzer Körper tat weh. Ich sehnte mich nach einer Verschnaufpause, aber das kam nicht in Frage. Wenn mich die burmesische Armee schnappte, drohte mir Vergewaltigung, das wusste ich. Sie würden mich foltern. Ich konnte mir vorstellen, wie die Soldaten mich schlugen. Also lief ich weiter. Krachend explodierte die nächste Granate, und ich schlug wieder hin. Halb blind tastete ich auf dem Boden nach meinem Rucksack. »WEITER!«, schrie meine Mutter, und ich lief weiter.

Wir hatten Glück, dass unsere Familie zusammengeblieben war. Viele Männer riefen verzweifelt die Namen ihrer Frauen und Kinder. Alte Leute, die von ihren Angehörigen getrennt worden waren, riefen um Hilfe. Die Welt bestand nur noch aus Staub, Explosionen, Gewehrfeuer, schreienden Menschen und Tieren. Es war unbegreiflich. Nur eine Stunde zuvor war alles noch so friedlich gewesen.

Schließlich erreichten wir den Rand des Dschungels und die Schotterstraße, die uns ins sichere Thailand bringen würde. Wir waren seit etwa einer halben Stunde unterwegs, aber es kam uns wie eine Ewigkeit vor. Schwer atmend stolperten wir auf die Straße hinaus. Alle drängten sich auf engem Raum zusammen. Die Luft war immer noch voller Staub.

Aus Richtung des Dorfs hörte man jetzt noch mehr Detonationen und Schüsse. KNLA-Soldaten waren ins Dorf gestürmt, um die burmesische Armee zu vertreiben und uns Zeit zum Fliehen zu verschaffen. Aber wir wussten, dass die KNLA zahlenmäßig unterlegen war, und fürchteten, dass uns die burmesischen Soldaten verfolgen würden.

Während wir uns auf der Straße vorwärtsschleppten, brach die Dämmerung herein. Der Untergrund war uneben und von Rillen durchzogen, die Pkws und Ochsenkarren in den Boden gegraben hatten. Immer wieder stolperte ich, fiel hin und schlug mir die Knie auf. Einmal verstauchte ich mir den Knöchel, und ab da tat jeder Schritt weh. Aber meine Mutter trieb uns unermüdlich weiter.

Zu Hunderten schlichen wir durch die Dunkelheit, in der Hoffnung, die sichere Grenze zu erreichen. Niemand sprach. Wir waren viel zu verstört und erschöpft für Worte und hatten zu viel Angst vor der burmesischen Armee. Wir konnten auch keine Fackeln anzünden, denn sonst hätten die Verfolger uns aufgespürt. Die einzigen Geräusche waren die Schritte der Menschen auf der Straße und das Weinen der Kinder und Babys. Das Weinen hörte nicht auf.

»Geh weiter, geh weiter«, murmelte ich vor mich hin. Während ich einen Fuß vor den anderen setzte, schien die Welt um mich her zu schrumpfen. Meine Beine brannten wie Feuer. »Geh weiter, geh weiter.«

Die Nacht schien kein Ende nehmen zu wollen. Endlich zeigte sich ein Lichtschein am Himmel. Im ersten Morgenlicht sahen wir einen Soldaten vor uns auf der Straße stehen. Bwa Bwa und ich erstarrten, aber meine Mutter schob uns weiter: »Das ist in Ordnung, es sind Thai.« Der Soldat winkte uns mit einer Fackel vorwärts. Wieder kam ich als Flüchtling nach Thailand.

Direkt hinter der Grenze befand sich ein kleines Lager mit Karen-Flüchtlingen, die ebenso verängstigt und erschöpft waren wie wir.

Bwa Bwa, Slone, Tante Black und ich ließen uns todmüde auf den Boden fallen, nur meine Mutter fing sofort an, Reis für uns zu kochen. Sie hatte uns das Leben gerettet, und jetzt war es ihr, trotz aller Müdigkeit, das Wichtigste, für uns zu sorgen.

So weit man sah, hockten in sich zusammengesunkene menschliche Schattengestalten zwischen den Bäumen. Alte, Kinder, stillende Mütter – auf allen Seiten waren wir von den schmutzigen, verängstigten Bewohnern des Neuen Dorfes umgeben. Wunden wurden notdürftig verbunden. Überall lagen Stapel von Gepäck. Alle Geflüchteten hatten denselben leeren Blick. Gestern waren sie unsere Nachbarn und Freunde gewesen. Heute waren wir die Verfolgten und Enteigneten.

Auf der Flucht durch den Wald hatten riesige Blutegel an uns gesaugt und Moskitos uns in Schwärmen attackiert. Hier im Lager waren die Zustände kaum erfreulicher, ganze Familien hockten entkräftet auf dem Dschungelboden. Aber wenigstens hatten wir es bis Thailand geschafft, in ein Land, das uns ein wenig Schutz und Sicherheit bot.

Trotz meiner Müdigkeit versuchte ich, etwas über meine Freunde herauszufinden. Einer meiner Mitschüler, »Stern am Himmel«, war freiwillig im Dorf geblieben, um zu kämpfen, damit den Frauen und Kindern Zeit zur Flucht blieb. Es hatte ihn das Leben gekostet. Eine der ersten Mörsergranaten, die das Dorf trafen, hatte »Stern am Himmel« in Fetzen gerissen.

Von Nightingale, Moo Moo und Eh Phyo Paw war nichts zu sehen. Ich suchte unter all den ruhelosen, traumatisierten Menschen nach ihnen, aber ich fand sie nicht. Ich hoffte und betete, dass ihnen die Flucht gelungen sein möge. Ich wagte nicht daran zu denken, was ihnen womöglich zugestoßen war.

Unter den Gestalten, die zwischen den Bäumen hockten, erkannte ich auch die unverkennbaren Silhouetten meiner Lehrer Tom und Jacob. Auch die Ausländer hatten mit uns vor dem Feind fliehen müssen. Der Unterschied war nur, dass sie Pässe hatten und in ihre freien Heimatländer zurückreisen konnten. Wir aber waren mit dem Überschreiten der Grenze wieder einmal zu Unpersonen geworden.

Zum zweiten Mal waren wir illegale Einwanderer in einem fremden Land.

20

WIEDER FLÜCHTLING

Durch die neue Angriffswelle auf die Karen wurden erneut Zehntausende zu Flüchtlingen. Sie sammelten sich auf einem Stück Land in der Nähe des Thai-Karen-Dorfes Noe Poe. Auch wir gehörten dazu. Im Gegensatz zu dem ersten Flüchtlingslager, in dem wir gelebt hatten, war dieses allerdings offiziell von der UNO anerkannt.

Wieder machte sich meine Mutter daran, uns eine provisorische Bambushütte zu bauen. Wir ließen uns registrieren und erhielten unsere ersten Lebensmittel- und Medikamente-Rationen. Danach herrschten dieselben Regeln wie im Mae-Ra-Moe-Lager: kein Licht nach Einbruch der Dunkelheit; kein Gesang; keine lauten Geräusche; kein Überschreiten der Lagergrenze. Wir waren wieder in der Flüchtlingshölle gelandet.

Diesmal hatten wir keine jungen Männer als Helfer – keinen Ter Pay Pay und auch nicht die beiden Karen-Soldaten, die uns im ersten Lager geholfen hatten. Wir waren auf uns allein gestellt. Wir mussten den Bambus schneiden und das Gerüst bauen, Fußboden und Wände aus Bambus herstellen und das Dach mit Blättern decken. Wie viele provisorische Hütten und Unterkünfte hatten wir inzwischen gebaut? War diese jetzt die siebte oder achte? Keiner zählte mehr mit.

Ein paar Wochen nach unserer Ankunft erwachte ich mitten in der Nacht auf einmal von knatternden Gewehrsalven. *Oh Gott, nicht schon wieder. Nicht schon wieder.* Meine Mutter schrie uns zu, wir sollten unter dem Hüttenboden in Deckung gehen. In Todesangst quetschten wir uns in den engen Zwischenraum. Dort saßen wir endlose Stunden geduckt im Dunkeln, bis einer der Lager-Organisatoren kam. Es stellte sich heraus, dass nur ein betrunkener Thai-Soldat mit seinem Gewehr herumgeballert hatte.

Wir robbten ins Freie und gingen wieder ins Bett. Aber ich war so angespannt, dass ich nicht mehr einschlafen konnte. Ich lag wach im Bett und dachte darüber nach, was aus meinem Leben geworden war. Hier saßen wir nun und waren wieder Flüchtlinge. Ich wollte nicht bleiben. Auf keinen Fall. Alles, nur das nicht. Ich zermarterte mir das Gehirn, um eine Lösung zu finden. Aber was konnten wir schon tun? Nichts. So sah nun mal unser Leben aus. Willkommen in der Hölle.

Meine Mutter traf es am schwersten. Die traumatische Flucht aus dem Neuen Dorf forderte ihren Tribut. Sie war deprimiert und schwach und fraß allen Kummer in sich hinein. Tagsüber arbeitete sie fieberhaft und versuchte, uns wieder ein Leben aufzubauen. Aber nachts schlief sie nicht und wurde von Fieberschüben heimgesucht.

Ich fragte sie immer wieder, was mit ihr los sei, und bat sie, zur Krankenstation zu gehen. Schließlich war sie einverstanden. Aber die Sanitäter fanden nichts. Sie rieten ihr, sich auszuruhen und zu entspannen, was im Lager natürlich völlig unmöglich war. Und so verschlechterte sich ihr Zustand weiter.

In den kommenden Wochen begegnete ich Nightingale und Eh Phyo Paw wieder. Es war schön, sie zu sehen, auch wenn wir nun alle in einem Flüchtlingslager lebten. Meist redeten wir über die abwesenden Freunde. Wir vermissten Moo Moo sehr, aber niemand wusste, wo sie und viele andere abgeblieben waren. Entweder waren sie beim Angriff auf das Dorf getötet oder gefangen genommen worden, oder sie hatten tiefer in den Dschungel fliehen können. Möglicherweise waren sie auch von der Thai-Polizei aufgegriffen und nach Burma deportiert worden.

Das Leben im Lager war härter als zuvor, denn diesmal hatten wir alle Hoffnung aufgegeben. Wir waren erschöpft und traumatisiert, schlimmer noch, wir hofften nicht mehr auf eine bessere Zukunft. Wir gingen unseren Alltagsverrichtungen nach, aber ohne die unverwüstliche Lebensfreude von Kindern. Ich war jetzt sechzehn, und die Belastungen der letzten drei Jahre hatten mir einen sehr erwachsenen Kopf auf die jungen Schultern gesetzt.

Mir waren die Augen für das Leiden meines Volkes geöffnet worden. Von jedem Ort, an dem wir uns eine Zukunft hatten aufbauen wollen, hatten wir am Ende wieder in Todesangst fliehen müssen. Die Menschen im Lager berichteten uns, was ihnen zugestoßen war. Sie kamen aus vielen verschiedenen Dörfern, aber alle Geschichten ähnelten meiner: feindliche Angriffe, Bomben und Kugeln, Weglaufen, Verstecke im Dschungel und dann die Suche nach einem Weg in ein sicheres Leben. Das Leiden war so weit verbreitet. Wo gab es überhaupt noch einen sicheren Ort in den Karen-Gebieten? Gab es überhaupt noch Orte, die nicht angegriffen wurden? Überall wurde gemordet, Feuer gelegt, vergewaltigt, die Dimension war für mich fast unvorstellbar.

Warum ließen die UNO und die Staatengemeinschaft so etwas zu? Und vor allem: Wo waren die Briten? Wir waren ihre Verbündeten gewesen. Wir hatten im Zweiten Weltkrieg neben ihnen gekämpft und waren neben ihnen gestorben. Warum hatten sie uns im Stich gelassen? Ich träumte davon, dass sie kommen und uns retten würden. Aber sie kamen nie.

Im Lager Noh Poe quälte meine Mutter die Angst, uns zu verlieren. Sie wollte uns ständig um sich haben, und nach sechs Uhr abends mussten wir in der Hütte bleiben. Hier im Bergland erlebten wir eine bisher nie gekannte Kälte. Am Tag hatten wir nicht genug Kleidung, um uns warm zu halten. Und nachts schützten die beiden Decken, die UNO-Mitarbeiter uns gegeben hatten, nicht ausreichend gegen die Kälte. Meiner Mutter ging es nicht gut. Ihre Haut wurde ganz trocken und rissig. Sie bekam einen schmerzhaften, rasselnden Husten, und das nächtliche Fieber stieg.

Doch das Leben ging weiter. Ich meldete mich in der Lagerschule an und wurde in die zehnte Klasse geschickt, die höchste, die für Flüchtlingskinder vorgesehen war. Die Schule ähnelte der in

Mae Ra Moe. Sie wurde von Freiwilligen des Karen-Flüchtlingskomitees geleitet, und die NGOs stellten grundlegendes Unterrichtsmaterial zur Verfügung. Aber hier gab es eine neue Bedrohung. Die Thai-Soldaten, die eigentlich für die Sicherheit im Lager sorgen sollten, belästigten die Karen-Mädchen, es kam zu sexuellen Übergriffen. Man warnte uns, wir müssten immer auf der Hut sein.

Eines Tages wollte ich Wasser holen. Es gab nur eine Wasserstelle für die circa 300 Menschen in jedem Sektor. In der Regenzeit war das ausreichend. Man konnte Regenwasser auffangen und mit Bambusrohren in Auffangbehälter lenken. Aber in der Trockenzeit bildeten sich vor der Wasserstelle endlose Schlangen. Wir hatten Trockenzeit, und ich stellte mich resigniert in die Schlange der Wartenden. Gelangweilt schob ich mich immer näher an den Wasserhahn heran.

Auf einmal spürte ich eine bedrohliche Präsenz seitlich von mir. Ich blickte hinüber und bemerkte einen Thai-Soldaten, der mich musterte. Er starrte mich ganz offen an, ohne sein Interesse im mindesten zu verbergen. Er war dünn und drahtig und sah überhaupt nicht gut aus. Mir fiel auf, dass er seine Waffe nicht bei sich trug. Das beruhigte mich etwas. Er trug halb Uniform, halb Zivil, deshalb nahm ich an, dass er einen freien Tag hatte.

Er murmelte etwas auf Thai, als würde er mit sich selbst reden. Ich verstand kein Wort. Wahrscheinlich war er betrunken. Man hatte uns mehrfach vor betrunkenen Thai-Soldaten gewarnt, die Karen-Mädchen nachstellten, und ich hatte Angst. Ich ignorierte ihn, so gut es ging, aber er nuschelte etwas und starrte mich weiter an.

Schließlich hatte ich die Spitze der Schlange erreicht. So schnell ich konnte, füllte ich meinen Plastikeimer und trat zur Seite. Ich hob den Eimer auf den Kopf und lief auf unsere Hütte zu. Ich beeilte mich sehr und widerstand der Versuchung, mich unterwegs umzudrehen. Damit hätte ich ihm nur meine Angst gezeigt. Vor unserer Hütte angekommen, war ich mir sicher, dass ich ihm entwischt war.

Doch als ich mich auf der Treppe umdrehte, fiel ich fast in Ohnmacht. Da stand er, direkt hinter mir. Ich rannte ins Haus und vergoss dabei Wasser aus dem Eimer, aber er folgte mir. Zum Glück war meine Mutter zu Hause. Sie schickte mich ins Schlafzimmer. Ich lief hinein, schloss die Tür und setzte mich zitternd mit dem Rücken zur Tür auf den Boden.

Ich hörte, wie der Soldat auf Thai mit meiner Mutter stritt. Sie wiederholte immer wieder, sie verstünde kein Wort und er solle sofort das Haus verlassen. Er habe kein Recht, einfach hereinzuplatzen.

Seine Stimme klang immer fordernder, da hörte ich Schritte auf der Treppe und dann die Stimme meiner Mutter, die Bwa Bwa zuschrie, sie solle zu mir ins Schlafzimmer gehen. Der unbewaffnete Thai-Soldat war nun mit meiner Mutter, zwei jungen Frauen und meinem 15-jährigen Bruder Slone konfrontiert, der zusammen mit Bwa Bwa nach Hause gekommen war. Er musste gehofft haben, dass ich in der Hütte allein wäre. Nach ein paar geknurrten Drohlauten drehte er sich um und ging weg.

Meine Mutter schäumte vor Wut. Wieso er ins Haus gekommen sei, wollte sie wissen. Ich erzählte ihr, dass er mir gefolgt war. Die Thai-Soldaten hatten natürlich alle Macht, und wir Flüchtlinge waren ihnen ausgeliefert. Wenn wir den Mann der Lagerverwaltung meldeten, würden vermutlich eher wir bestraft als er.

Von da an versuchte uns meine Mutter noch mehr zu beschützen. Sie hatte zwar seine Worte nicht genau verstanden, seine Absichten aber sehr wohl.

Und ich fing an, meinem Vater seine lange Abwesenheit übelzunehmen. Warum war er immer weg? Wo war er, wenn wir ihn als Beschützer brauchten?

Eines Tages besuchte uns ein Freund meines Vaters. Er richtete uns aus, es ginge ihm gut, aber er sei sehr beschäftigt mit der Arbeit für den Widerstand. In diesem Moment konnte ich meinen Unmut nicht mehr zügeln. Der Besucher würde meinen Vater bald treffen, und so bat ich ihn, einen Brief mitzunehmen. Ich schrieb:

Lieber Pah,
ich glaube, du musst uns ganz und gar vergessen haben – vor
allem deine Kleine Tochter. Na ja, das ist schon in Ordnung …
Aber ich will kein Flüchtling mehr sein. Das Leben im Flücht-
lingslager ist ganz furchtbar. Weißt du, wie das ist? Wie es sich
anfühlt, ein Flüchtling zu sein? Die Thai-Soldaten behandeln
uns schlecht …

Als ich diesen Brief schrieb, war ich deprimiert und wütend. Ich
war wütend, weil die Thai-Soldaten die Karen-Mädchen so behandeln durften. Wir gingen ihnen möglichst aus dem Weg, aber
die Belästigungen hörten nicht auf. Ich wollte meinem Vater
nicht die Schuld daran geben, aber ich musste das Erlebnis irgendwie verarbeiten. Mein Brief war ein Hilferuf. Wenn mein
Vater schon nie da war, sollte er wenigstens wissen, wie unser
Leben aussah.

Mein Vater schrieb zurück, aber er adressierte den Brief an mei-
ne Mutter, und sie las ihn uns vor. Er schrieb, er vertraue meiner
Mutter, dass sie gut für uns sorge und sich um uns alle kümmere.
Er fand ermutigende Worte für sie und für uns. Überall litten
Menschen, alle Karen seien in gleicher Weise davon betroffen.
Angesichts solcher Widrigkeiten gebe es nur eine Möglichkeit:
stark sein.

Wir versuchten, unser Leben so normal wie möglich weiterzu-
führen. Ich hatte meinen Unterricht, mit dem ich mich beschäf-
tigen konnte. Das zehnte Schuljahr war das wichtigste, denn es
war das letzte Jahr vor dem Abschluss. Eh Phyo Paw besuchte
die Schule im Flüchtlingslager, und ich half ihr häufig bei den
Hausaufgaben. Ich war entschlossen, bei den Prüfungen gut ab-
zuschneiden. Beim Lernen spürte ich immer einen Funken von
Hoffnung.

Wir waren seit zehn Monaten im Flüchtlingslager, als meine
Mutter entschied, dass Bwa Bwa und ich fortgehen müssten.
Bwa Bwa hing in der Luft, für sie gab es keine Schule mehr. Und

die Belästigungen der Thai-Soldaten hatten zugenommen. Es war nur eine Frage der Zeit, bis ein Soldat uns irgendwo abpassen würde, wo uns niemand helfen konnte. Bwa Bwa und ich fürchteten uns sehr davor.

Da bekamen wir Besuch von einem langjährigen Freund der Familie. Er wollte versuchen, seine Familie aus dem Flüchtlingslager herauszuholen und nach Australien zu schicken. Von einer solchen Chance träumten viele Karen-Familien. Eine Rückkehr nach Burma war unmöglich, solange das Regime an der Macht war und die internationale Gemeinschaft nichts unternahm, um die Angriffe zu stoppen. Statt einer Rückkehr in ein Leben voller Unsicherheit und Angst erhoffte sich unser Freund eine neue Existenz im Ausland. Sollte es ihm gelingen, würde er vielleicht Bwa Bwa und mich mitnehmen können.

Da war *die* Gelegenheit, auf die ich gehofft hatte – eine Berufsausbildung in Australien! Der Freund meinte, er könne für uns einen Passierschein für das Lager besorgen. Aber meine Mutter und Slone würden zurückbleiben müssen. Ich war innerlich zerrissen. Einerseits wollte ich mich nicht von ihnen trennen. Andererseits wollte ich die Schule frei von Belästigungen und Gefahren beenden. Schließlich traf meine Mutter die Entscheidung, voller Sorge um unsere Sicherheit. Sie war überzeugt, dass wir im Lager in ernsthafter Gefahr waren.

Es war ein emotionaler Abschied. Ich war gerade siebzehn geworden und hatte nie länger als ein paar Wochen von meiner Mutter getrennt gelebt. Jetzt wurde die Familie auseinandergerissen, und wir ließen Mutter und Slone zurück. Weinend verabschiedete ich mich von meinen Freundinnen, und schließlich verließen wir das Lager auf der Ladefläche eines Pick-ups. Uns war bewusst, wie viel wir zurückließen. Es waren nur noch wenige Wochen bis zu den Jahresabschlussprüfungen, und ich hoffte inständig, dass ich die richtige Entscheidung traf.

Die Regeln lauteten, dass man sich persönlich in Bangkok um eine Neuansiedlung im Ausland bewerben musste. Doch zuerst mussten wir nach Mae Sot fahren, um dort das offizielle Schreiben der Thai-Behörden zu holen, das wir für die Fahrt nach Bangkok brauchten. Mein Vater wohnte gerade vorübergehend dort im Haus eines Freundes, und wir kamen bei ihm in Mae Sot unter. Er erzählte viel von den Greueltaten jenseits der Grenze, von getöteten Zivilisten und dem Militärapparat, der wie eine Dampfwalze vorrückte. Der Karen-Widerstand hatte Niederlagen einstecken müssen, und der Feind hatte sein zweites Hauptquartier eingenommen. Die Berichte aus den Dörfern waren niederschmetternd. Vielleicht hatten wir doch Glück gehabt.

Eines Abends sagte uns mein Vater nach dem Essen, er habe gerade die Nachricht erhalten, dass die burmesische Armee einen neuen Angriff gestartet hatte, und zwar im Distrikt Kler Lwee Htu, im Norden des Karen-Freistaats und damit in einem Gebiet, in dem es bisher noch kaum zu Kampfhandlungen gekommen war. Karen-Dörfer waren bombardiert und niedergebrannt worden. Die Überlebenden versteckten sich halb verhungert im Dschungel. Wenn sie zu entkräftet zum Weglaufen waren, wurden sie eingefangen und als Zwangsarbeiter ausgebeutet. Und wenn sie vor Erschöpfung nicht mehr arbeiten konnten, wurden sie umgebracht.

Einige Tage später gab mein Vater eine Pressekonferenz, in der er den Medien erläuterte, was im Karen-Territorium vor sich ging. Ich konnte ihm ansehen, wie sehr ihn die Situation belastete. Als junger Mann hatte er einen Traum gehabt – er hatte davon geträumt, sich dem Widerstand anzuschließen und allen Völkern Burmas die Freiheit zu bringen. Was jetzt geschah, bedrückte ihn enorm, und manchmal war er gestresst und unbeherrscht. Aber er hatte die Hoffnung auf einen Sieg des Widerstands noch nicht aufgegeben.

Ich dachte an den Brief, den ich ihm aus dem Flüchtlingslager geschrieben hatte. Als ich jetzt sah, womit er täglich konfrontiert war – mit der Vernichtung unserer Dörfer und der Plünderung unserer Heimat – verzieh ich ihm, dass er uns alleingelassen hatte. Nicht, dass es etwas zu verzeihen gegeben hätte. Er hatte sich entschieden, nicht so zu handeln wie viele andere. Statt sich auf die

Rettung seiner eigenen Familie zu konzentrieren, führte er ein anstrengendes, gefährliches Leben in sehr schwierigen Zeiten. Er empfand den Schmerz seines Volkes so tief, dass er sich über all das zu erheben versuchte. Er opferte die Bedürfnisse seiner Familie für die Sache. Das verstand ich, als ich von den Gewalttaten und Greueln im Distrikt Kler Lwee Htu hörte. Er hatte sich entschieden, sich für die am schwersten vom Leid betroffenen Menschen einzusetzen. Mein Vater war ein zutiefst mitfühlender Mensch und konnte das alles nicht ignorieren.

Er zeigte uns, was mit Karen geschah, die nach ihrer Flucht ohne Papiere in Thailand gelandet waren. Junge Mädchen arbeiteten in der Sexindustrie auf den Straßen von Mae Sot. Junge Männer schufteten auf Baustellen. In beiden Fällen wurden diese illegalen »Unpersonen« kaum besser als Sklaven behandelt. Wenn sie nicht »arbeiteten«, mussten sie auf ihren Zimmern bleiben, denn auf der Straße konnten sie verhaftet und deportiert werden. Vater zeigte uns junge Männer und Frauen, die von den Thai-Behörden auf Lastwagen über die Grenze zurückverfrachtet wurden.

Eines Nachts saß ich draußen im Garten und bemerkte eine seltsame Bewegung in den Bäumen. Ich erschauerte und mich überlief eine Gänsehaut. Ein Wesen mit einem feuerroten, leuchtenden Körper und einem brennenden Schwanz huschte von Baum zu Baum. Es war so groß wie ein kleiner Drache, aber das geisterhafte Licht ließ es größer erscheinen. Ich hatte keinen Zweifel, was das war: ein Geist oder ein Dämon. Ich spürte das Böse, das von ihm ausging, und war starr vor Angst.

Ich rief nach Bwa Bwa, und sie kam angelaufen. Aber als sie mich erreicht hatte, war das Wesen schon hinter eine Kokospalme geflogen und nicht mehr zu sehen. Bwa Bwa merkte mir an, wie erschrocken ich war. Ich beschrieb ihr, was ich gesehen hatte. Bwa Bwa gab nicht zu erkennen, ob sie mir glaubte oder nicht, sie nahm mich nur mit ins Haus. Viele Karen glauben, dass das Erscheinen eines Dämons ein böses Omen ist. Wir versuchten, die Sache zu ignorieren.

Wir konnten einfach nicht noch mehr Unglück gebrauchen.

21

DAS LAGER MAE LA

Es sollte Jahre dauern, bis unser Freund seine Familie nach Australien bringen konnte. Doch Bwa Bwa und ich merkten recht bald, dass er mit vielen Schwierigkeiten zu kämpfen hatte, und beschlossen daher, unser Glück erst einmal in einem Flüchtlingslager mit dem Namen Mae La zu versuchen. Mae La gab es schon über zwanzig Jahre – ein Zeugnis für den lang anhaltenden Kampf der Karen. Das Lager war gut ausgestattet und erhielt deutlich mehr Unterstützung durch die NGOs und die UNO als andere Flüchtlingslager. Es gab dort eine Internatsschule, das »Mae La Further Studies Programme«. Ihr Direktor hieß Pu Taw, »Großvater Ehrlich«. Von ihm erfuhren wir, dass das Lager Mae La schon zweimal von der burmesischen Armee angegriffen worden war, wir mussten also auch dort vorsichtig sein. Aber wenigstens würden wir in der Internatsschule vor den Thai-Soldaten geschützt sein. Und zu unserer großen Freude trafen wir Moo Moo und Eh Phyo Paw wieder, die beide seit einiger Zeit die Internatsschule besuchten.

Da es sich um eine höhere Schule handelte und die Thai in den Flüchtlingslagern keine weiterführenden Schulen zuließen, waren die einzigen Schulfächer Pilzzucht und Gemüseanbau. Für uns als Flüchtlinge ohne eigenes Land waren das bemerkenswert unsinnige Fächer. Wo sollten wir in absehbarer Zeit Pilze züchten oder Gemüse anbauen?

Doch die Internatsschule eröffnete uns dann doch noch aufregende Möglichkeiten. Eines Tages erhielten wir Besuch von einer Amerikanerin, die einen Vortrag über das OSI-Stipendienprogramm hielt. OSI steht für »Open Society Institute« und ist eine Stiftung des amerikanischen Investors George Soros, der die Arbeit von Menschenrechtsorganisationen und Demokratisierungsprogrammen finanziell unterstützt. Diese Stipendien, erklärte die Amerikanerin, seien auch für Flüchtlinge wie uns gedacht, die gerne studieren wollten. Ab einem bestimmten Mindestalter konnten sich alle bewerben. Wir mussten eine Prüfung ablegen, um zu beweisen, dass wir die Voraussetzung für ein Universitätsstudium erfüllten. Darüber hinaus verlangte das OSI von uns drei Aufsätze; einer davon sollte beschreiben, wie wir unsere Ausbildung zum Wohl unseres Volkes nutzen wollten. Bwa Bwa, Moo Moo, Eh Phyo Paw und ich wollten uns sofort bewerben.

Im April 1999 legten wir die Prüfung für das OSI-Stipendium ab. Allein in unserem Lager bewarben sich Dutzende hoffnungsvoller Schüler, und so konnte man nur schätzen, wie viele eifrige Bewerber es in allen Lagern gab. Ich hoffte verzweifelt, dass ich gut abgeschnitten hatte, obwohl ich wusste, dass die Konkurrenz groß war. Am Ende wurden nur fünf Schüler aus unserem Lager angenommen. Zu ihnen gehörten Bwa Bwa und Moo Moo, ich jedoch nicht.

Ich hatte die Prüfung bestanden, aber es gab einfach nicht genügend Plätze für alle. Dass Bwa Bwa und Moo Moo vorgezogen wurden, war richtig, denn sie waren ein Jahr älter als ich. Und Bwa Bwa hatte monatelang untätig herumgesessen. Dennoch war ich bitter enttäuscht. Es sah so aus, als würde ich noch mindestens ein Jahr im Lager festsitzen.

Ich hatte viel Hoffnung in diese Stipendienbewerbung gesetzt, und als sie fehlschlug, war ich am Boden zerstört. Bwa Bwa versuchte, mich zu trösten. Ich solle mir keine Sorgen machen, sagte sie, ich sei doch noch jung. Bestimmt bekäme ich im nächsten Jahr ein Stipendium.

Bwa Bwa verließ das Lager im September, um in Bangkok zu studieren. Ich freute mich sehr für sie, war aber gleichzeitig unglücklich über meine eigene Situation. Als ich am Tag ihrer Abreise am Tor stand und sie davonfahren sah, fragte ich mich, was die Zukunft wohl für mich bereithielt. Ich winkte meiner großen Schwester, bis ihre Hand von Staubwolken verschluckt wurde, und dann war sie fort.

Einsam und enttäuscht kehrte ich ins Wohnheim zurück. Ich ließ mich auf einen Stuhl fallen und dabei fiel mein Blick auf das Schulmotto, das auf eine Wand geschrieben stand:

1. Lernen
2. Leben
3. Dienen

Irgendwie gab mir dieses Motto Kraft. Es schien mir zuzurufen, dass wir allen Hindernissen zum Trotz durchhalten mussten. Und wenn wir durchhielten, konnten wir lernen. Und wenn wir lernten, konnten wir darauf hoffen, uns in der Welt zu behaupten. Trotz allem.

Aber ich vermisste meine Schwester sehr. Manchmal weinte ich mich in den Schlaf. Ich hatte mich immer darauf verlassen, dass sie bei mir war. Ich fragte mich, ob sie mich auch vermisste oder mich dort draußen in Bangkok ganz schnell vergessen hatte. Zum ersten Mal im Leben hatte ich niemanden aus meiner Familie um mich. Es kam mir vor, als täte sich eine große Leere auf. Meine Familie war nun im ganzen Land verstreut. Ich war sehr niedergeschlagen, und nur der Gedanke an die OSI-Prüfungen im nächsten Jahr hielt mich aufrecht.

Einige Monate zuvor hatte meine Mutter mir und Bwa Bwa einen Brief geschrieben. Jetzt vermisste ich sie mehr denn je und spürte, dass ich sie wirklich brauchte. So holte ich den Brief hervor und las ihn wieder einmal. »Meine lieben Töchter«, begann er, »passt auf euch auf, achtet auf eure Gesundheit. Es tut mir leid, dass ihr keine Möglichkeit hattet, nach Australien zu fahren, und ich hoffe, dass euer Unterricht in Mae La gut vorangeht.«

Gleich fühlte ich mich etwas getröstet. Ich war froh, dass es ihr und Slone gutging. Ein paar Wochen nach Bwa Bwas Abreise bekam ich einen Brief aus Bangkok. Alles lief gut, schrieb Bwa Bwa. Sie war von der Universität und allem, was damit zusammenhing, sehr beeindruckt – den Dozenten, den Computern, der Literatur. Sie fühlte sich wie in eine andere Welt versetzt. Sie beschrieb die hochmodernen Rolltreppen und die elektrisch betriebenen Lifts mit den Glastüren. Ihr Brief verstärkte das Gefühl, ausgeschlossen und allein zu sein, und ich vermisste sie noch mehr.

Meiner Mutter schrieb ich, dass es mir im Lager gutginge und ich viele neue Freunde gefunden hätte. Ich kündigte an, dass ich mich im nächsten Jahr wieder um ein OSI-Stipendium bewerben würde. Ich wollte sie nicht beunruhigen, sie sollte nicht wissen, wie mir wirklich zumute war. Beim Abschied war sie deprimiert und krank gewesen. Ich wollte ihren Zustand nicht verschlimmern.

Aber meinem Vater gegenüber konnte ich ehrlich sein. Ich schrieb ihm von meinem Misserfolg bei den OSI-Stipendien und von meiner Enttäuschung und Trauer. In seiner Antwort forderte er mich auf, nicht so streng mit mir selbst zu sein. Ich solle diese erste Bewerbung als Generalprobe betrachten. Beim nächsten Mal würde ich wissen, was mich erwartete, und sicher Erfolg haben.

Nicht lange danach wurde ich krank. Zuerst fühlte es sich an wie eine Erkältung, aber dann bekam ich hohes Fieber. Ich zitterte so sehr, dass ich nicht mehr stehen konnte. Man brachte mich in Dr. Cynthias Klinik. Mir war noch nie im Leben so kalt gewesen. Ich lag unter einem Berg von Decken und zitterte hemmungslos. Ich hörte, wie das Kopfende des Bettgestells gegen die Wand schlug, weil mein ganzer Körper hin- und hergeschüttelt wurde. Es war beängstigend.

Die Sanitäter stellten die Diagnose zerebrale Malaria. Diese Krankheit kann tödlich verlaufen. Nach den Worten meiner Ärztin war ich gerade noch rechtzeitig in die Klinik eingeliefert worden. Etwas später hätte sich das Gehirn in einem solchen Maß entzündet, dass ich gestorben wäre. Ich lag zwei Wochen an eine Chinin-Infusion angeschlossen im Bett und konnte kaum feste Nahrung bei mir behalten. Es dauerte lange, bis ich mich ganz erholt hatte. Eine von Dr. Cynthias Kliniken hatte mir ein weiteres Mal das Leben gerettet.

Die Thai-Regierung war nicht sehr glücklich über die Scharen von Karen-Flüchtlingen in ihrem Land. Sie wollten uns nicht offiziell als Flüchtlinge anerkennen, aber sie erlaubten 1999 den Bewohnern des Lagers Mae La, sich bei der UNO registrieren zu lassen. Nur wer registriert war, erhielt Rationen. Auf diese Weise wollten die Thai den Zustrom von Flüchtlingen ins Lager eindämmen, aber natürlich kamen trotzdem immer mehr. Der Grund dafür waren die Angriffe der burmesischen Armee und nicht etwa die Essensrationen.

Bald gab es Tausende von »Geisterflüchtlingen« in Mae La – sie waren zwar körperlich anwesend, existierten aber offiziell nicht. Das Karen-Flüchtlingskomitee schätzte die Anzahl der Flüchtlinge im Lager auf 20 000; ein Viertel davon waren »Geisterflüchtlinge«. Circa 15 000 anerkannte Flüchtlinge fütterten um die 5000 »Geister« mit durch, was bedeutete, dass das Essen nie ausreichte. Aus dem Lager Huay Kaloke strömten zusätzlich Menschen herbei. Eines Nachts hatte die burmesische Armee das Lager angegriffen und niedergebrannt. Viele Menschen waren in ihren Hütten verbrannt. Das ganze Lager war verwüstet, und die Überlebenden hatten fliehen müssen. Wie in den meisten Lagern waren Thai-Soldaten von der UNO bezahlt worden, um das Lager zu schützen. Aber sie waren einfach weggelaufen. Wer es nach Mae La geschafft hatte, durfte nicht auf ein offizielles Willkommen hoffen: Auch diese Neuankömmlinge mussten sich in die Schar der »Geister« einreihen.

Ich war wütend auf unsere Feinde, aber von ihnen erwartete man ja, dass sie unschuldige Menschen angriffen und töteten, sogar in den Flüchtlingslagern. Ich war wütend auf die Thai, die weggelaufen waren, anstatt uns zu beschützen – aber es war nicht das erste Mal. Doch welche Entschuldigung gab es für die UNO?

Ich wusste, dass die UNO Geld und Ressourcen hatte. Sie vertrat alle Nationen der Erde. Bei der UNO wusste man über unsere Notlage Bescheid. Warum trat sie der Thai-Regierung oder der Militärjunta in Burma nicht entschiedener entgegen? Mein Vater hatte die UNO oft als die einzige Organisation bezeichnet, die unser Leben wirklich ändern konnte. Aber mir erschien sie nutzlos. Wenn nicht einmal die UNO sich für unsere Rechte einsetzte, wer dann?

Im Juni 2000 kamen meine Mutter und Slone ins Lager Mae La. Sie hatten schon immer vorgehabt, zu uns zu stoßen, und wurden nun also auch »Geisterflüchtlinge«. Offiziell existierten sie nicht. Slone durfte zwar die Schule besuchen, aber weder er noch meine Mutter hatte ein Anrecht auf Lebensmittelrationen. Doch trotz aller Härten existierte im Lager ein starkes Gemeinschaftsgefühl, und niemand wurde ausgegrenzt. Es fand sich immer eine Familie, die ihnen etwas Reis abgab, eine andere etwas Fischpaste, eine dritte etwas von ihrem Öl.

Ich hatte meine Mutter und meinen kleinen Bruder nun seit fast zwei Jahren nicht gesehen. Slone war zu einem gutaussehenden jungen Mann herangewachsen, aber meine Mutter war sehr gealtert. Ich war schockiert. Ihre Arme und Beine waren geschwollen, und wenn man auf ihre Haut drückte, blieb der Abdruck sichtbar. Ihre Hand- und Fußgelenke waren am stärksten betroffen. Nur ihre Haare hatten ihren schönen Glanz behalten. Sie sah, obwohl sie noch gar nicht so alt war, fast wie eine Greisin aus.

Die Lagerklinik konnte nicht viel ausrichten. Man sagte uns, sie habe Probleme mit der Leber und dem Herzen, und die Schwellungen kämen von Wassereinlagerungen. Wenige Wochen später wurde sie ernsthaft krank. Ihre Arme und Beine waren dick und schwer, und sie hatte Schmerzen in den Gelenken. Sie konnte kaum noch laufen. Ich war sehr bedrückt, denn meine Mutter war immer die Starke gewesen, selbst in schwierigen Zeiten. Wenn ich sie ansah, musste ich daran denken, was für eine wunderbare Mutter sie doch war.

Glücklicherweise hatte sie etwas Hilfe durch ein 14-jähriges Waisenmädchen namens Thu Ray Paw und einen Teenager namens Saw Nu, die mit meiner Mutter zusammenlebten. Beide waren allein und brauchten Eltern, und meine Mutter hatte sie gerne bei sich aufgenommen. Sie »adoptierte« noch zwei weitere heimatlose Jungen. Einer war Say Says zehnjähriger Neffe Poe Thay Doh, »Baby Großer Baum«. Er war der jüngste der vier, und meine Mutter hing sehr an ihm. Er wurde wie ein Nesthäkchen behandelt.

Das war die Ersatzfamilie meiner Mutter; sie war die Matriarchin, zu der sich die Hilfebedürftigen hingezogen fühlten. Die Kinder halfen ihr im Alltag, und sie wiederum gab ihnen die dringend benötigte Liebe und Geborgenheit. Mein Vater versuchte, meine Mutter so oft wie möglich zu besuchen, aber es war nicht leicht, die Lagergrenzen zu passieren. Wenn es ihm gelang, war er froh, sie in der Runde ihrer Adoptivfamilie zu erleben.

Schließlich kam meine Mutter zu dem Schluss, dass die Tabletten aus der Klinik ihr nicht halfen. Sie bat Onkel Lay Pyoe, einen traditionellen Heiler, um einen Besuch. Onkel Lay Pyoe verwendete Dschungelkräuter und andere traditionelle Heilmittel. Er gab meiner Mutter eine Flasche Arznei, die er für sie zubereitet hatte. Sie musste jeden Tag eine Kappe voll davon trinken.

Das Getränk sah aus wie selbstgemachte Limonade. Eines Nachts steckte ich den Finger hinein und probierte, aber die Flüssigkeit schmeckte bitter, und ich war überrascht, dass meine Mutter sie klaglos schluckte. Sie konnte jetzt viel regelmäßiger als vorher auf die Toilette gehen und wirkte gesünder. Die Behandlung schien ihr gutzutun, viel besser als die Tabletten zuvor, und für eine Weile schien sie sich auf dem Weg der Besserung zu befinden.

Am Tor des Lagers Mae La führte eine Asphaltstraße vorbei, auf der umgebaute Pick-ups Passagiere transportierten. Eines Tages sah ich, wie ein Pick-up am Lagerzaun hielt. Auf der Ladefläche saß ein weißes Mädchen etwa in meinem Alter, und ich fasste spontan den Entschluss, sie anzusprechen.

»Hallo. Möchtest du reinkommen und uns besuchen?«

»Warum?«, fragte sie erstaunt. »Was ist das hier?«

»Das ist ein Flüchtlingslager«, antwortete ich mit einem freundlichen Lächeln. »Und wir sind Karen-Flüchtlinge.«

Aus irgendeinem Grund schien sie mir zu trauen. Sie stieg von der Ladefläche und hob ihren Rucksack über den Zaun. Wir fanden ein Loch im Zaun, durch das sie schlüpfen konnte. Ich brachte sie direkt zum Wohnheim, wo wir sie verstecken konnten. Im Lager arbeiteten auch Ausländer, aber sie durften nicht über Nacht bleiben. Sie kamen am Morgen und kehrten abends wieder in ihre Häuser außerhalb des Lagers zurück.

Als wir ein sicheres Eckchen gefunden hatten, erzählte sie mir ihre Geschichte. Sie hieß Linda und kam aus Holland. Linda war Touristin und auf dem Weg von Mae Hong Song nach Mae Sot. Sie war Anfang zwanzig und alleine unterwegs.

Es war eine spontane Eingebung gewesen, sie anzusprechen. Wir Karen waren sehr darauf erpicht, mit Ausländern über unsere Situation ins Gespräch zu kommen, damit möglichst viele von unserem Schicksal erfuhren. Ich wollte, dass die Menschen wussten, wie es uns erging. Ich erzählte Linda, dass wir Karen aus Burma waren, dass man unsere Dörfer zerstört hatte und wir gezwungen waren, im Lager zu leben. Sie hatte keine Ahnung gehabt, dass es in Thailand Flüchtlinge gab, sie hatte einfach angenommen, Mae La sei ein armes, überfülltes Dorf.

Die anderen Schülerinnen fanden es großartig, Linda kennenzulernen. Am Abend kochte ich – Reis und Fischpaste, was sonst! Nach dem Essen fanden wir im Mädchenschlafsaal ein freies Bett für sie. Linda blieb zwei Tage. Der einzige Nachteil war, dass wir sie nicht frei im Lager herumlaufen lassen konnten, denn die Thai-Behörden wären möglicherweise auf sie aufmerksam geworden.

Als sie wieder wegmusste, schmuggelten wir sie durch den Zaun nach draußen, indem wir einige Bambusrohre entfernten. Linda hatte mir ihre E-Mail-Adresse und Telefonnummern gegeben.

Aber natürlich hatte ich keine Möglichkeit, mit ihr zu kommunizieren, insofern nützten sie mir nichts. Aber ich behielt sie für alle Fälle. Eines Tages würde ich vielleicht das Lager verlassen und mit Linda Kontakt aufnehmen können – mit meiner Freundin aus der weiten Welt.

Im März 2000 meldete ich mich zum zweiten Mal zur OSI-Prüfung an. Ich musste Aufsätze in englischer Sprache schreiben, über mich und meine Zukunftspläne und warum ich studieren wollte. Ich sei ein Flüchtling aus Burma, schrieb ich, und wolle Erfolg haben, weil ich später einmal meinem Volk auf alle erdenkliche Weise helfen wolle. Das hatte ich auch wirklich nach dem Studium vor.

Ungefähr sechzig Schüler aus unserer Schule bewarben sich. Der Direktor teilte uns mit, dass im Grenzgebiet Hunderte die Prüfung ablegten. Insgesamt gab es neun Flüchtlingslager, die über 100 000 Flüchtlinge beherbergten. Doch die OSI konnte nur wenige Stipendien vergeben. Ich wagte es nicht, mir allzu große Hoffnungen zu machen, denn ich wusste, ein zweites Scheitern würde mir mein Selbstvertrauen nehmen, und ich würde all meine Hoffnungen endgültig begraben müssen.

Zwei Monate nach der Prüfung wurden die Ergebnisse verteilt. Jeder Schüler erhielt einen versiegelten Brief. Ich riss meinen auf und konnte es kaum glauben: Ich hatte bestanden und ein Stipendium erhalten. Mein Stipendium wurde von »Prospect Burma« finanziert, einer Stiftung, die von Freunden und Verwandten von Aung San Suu Kyi gegründet worden war. Meine Befürchtungen waren unbegründet gewesen. Mein Studium wies mir den Weg aus dem Lager.

Nightingale hatte ebenfalls ein Stipendium, und auch drei meiner Freunde waren unter den Glücklichen. Fünf von unserer Schule hatten es geschafft. Die anderen fünfundfünfzig waren gescheitert. Am Nachmittag nahm mich »Großvater Ehrlich«, der Direktor, beiseite. Er sei sehr stolz auf mich, sagte er. Von den vielen hundert Schülern, die sich um ein OSI-Stipendium beworben hatten, habe ich am besten abgeschnitten.

Am 27. September 2000, wenige Tage vor meinem 20. Geburtstag, verließ ich das Lager Mae La. Ich fuhr nach Bangkok zu Bwa Bwa, um dort an derselben Universität wie sie zu studieren. Ich musste aus dem Lager herausgeschmuggelt werden, denn ich war immer noch ein Flüchtling ohne gültigen Ausweis. Ich existierte im Lager nur als Name auf einer UNO-Liste.

Von meiner Mutter und Slone verabschiedete ich mich mit gemischten Gefühlen. Auf der einen Seite war die Vorfreude groß. Auf der anderen Seite hatte ich Schuldgefühle, weil ich meine Mutter so krank zurückließ. Sie versuchte, sich für mich zu freuen, aber sie konnte ihre Niedergeschlagenheit nicht verbergen. Slone war begeistert, dass ich eine solche Chance erhielt. Er wollte, genau wie seine beiden großen Schwestern, auf ein Entkommen aus dem Lager hinarbeiten.

Ich umarmte sie und meinen kleinen Bruder ein letztes Mal, dann sprang ich in das wartende Fahrzeug, und wir fuhren los. Wann ich zurückkehren würde, stand in den Sternen.

22

BERAUSCHT VON BANGKOK

Nach meinem Leben im Dschungel und in Flüchtlingslagern kam ich mir in Bangkok vor wie auf einem anderen Planeten. Zum ersten Mal sah ich eine richtige Großstadt. Staunend blickte ich auf die schönen, hohen Gebäude, die Wände aus Beton und Glas und dachte nur: Unglaublich! Wenn mein Land nur Frieden finden würde, könnte mein Volk die erbärmlichen Flüchtlingslager hinter sich lassen und an Orten wie diesem leben.

Zuerst fielen mir der Krach, der Gestank und die Auspuffgase gar nicht auf, und ich merkte auch nicht, wie beschäftigt alle waren. Ich war blind für die Verkehrsstaus und die Schattenseiten der Stadt. Ich sah nur die vielen beeindruckenden Bauten: das glatte, verspiegelte Glas, die glänzenden Wagen, die über asphaltierte Straßen glitten, die Menschen, die auf Motorrädern und Rollern an mir vorbeisausten.

Das Leben in dieser riesigen, chaotischen Stadt stellte für ein Mädchen aus dem Dschungel eine echte Herausforderung dar. Zum Glück hatte ich Bwa Bwa. Sie hatte in einem Wohnblock, der hauptsächlich von Studenten bewohnt wurde, eine kleine Wohnung gemietet. Sie bestand aus einem kleinen Raum mit einer abgetrennten Dusche und Toilette und einem Bett für uns beide. Kochen mussten wir auf einer Kochplatte, die man aus einer Steckdose in der Wand mit Strom versorgte.

Unsere Wohnung lag in dem Viertel Ratchadaphisek, etwa zehn Minuten zu Fuß vom College entfernt. Das ist keine Touristengegend, sondern eher ein Banken- und Geschäftsviertel mit Wohnhäusern und Büros. Meine Schwester hatte die Wohnung mit einem Foto geschmückt, das am Karen-Widerstandstag aufgenommen worden war. Darauf waren sie, mein Vater und ich zu sehen. Für etwas anderes war kaum Platz.

Das Geld, das wir durch das OSI-Stipendium bekamen, reichte nur knapp. Nach Abzug der Studiengebühren hatten wir jeden Monat ungefähr 5000 Thai Baht – etwa 80 Euro – für den Lebensunterhalt übrig. Davon mussten wir Essen, Kleider und Bücher kaufen und die Miete bezahlen. Außerdem wollten wir etwas Geld an Mutter und Slone schicken. Das war nur möglich, weil wir uns die Wohnung teilten.

Zum ersten Mal im Leben wohnten wir in einem Betonklotz und nicht in einem Haus aus Bambus und Blättern. Selbst bei offenem Fenster war es im Zimmer stickig. Unsere winzige Wohnung mussten wir jetzt jedes Mal, wenn wir ausgingen, aus Angst vor Einbrechern zusperren – im Flüchtlingslager hatten wir nicht einmal Türen und Fenster zum Abschließen gehabt …

Zum Glück lebten Freunde von Bwa Bwa und mir in der Nähe. Nightingale wohnte zusammen mit ihrer Schwester Paw Wah, »Weiße Blume«, in einem Wohnblock in der Nachbarschaft. Sie hatten beide das OSI-Stipendium erhalten, »Weiße Blume« allerdings in einem anderen Flüchtlingslager. Und Moo Moo, meine Freundin aus dem Neuen Dorf, lebte mit ihrer Schwester Khu Khu im selben Gebäude. Auch Khu Khu und ich wurden bald gute Freundinnen.

Mein Studienfach konnte ich mir nicht aussuchen. Das Stipendium gab es nur für ein Fach: Betriebswirtschaft. In meinem Jahrgang studierten zehn OSI-Stipendiaten aus den wichtigsten ethnischen Gruppen Burmas – Karen, Mon, Karenni, Arakan und Burmesen. Uns verband die Tatsache, dass wir alle Opfer des burmesischen Militärregimes und Gegner der Generäle waren, die in unserem Land die Macht an sich gerissen hatten.

Unser College war das St. Theresa Institute of Technology, ein internationales College, das an die britische Brandford University angegliedert war. Die Mehrheit der Studenten stammte entweder aus reichen Thai-Familien oder aus China, Taiwan, Kambodscha, Sri Lanka, Indien, den USA, Kanada oder Großbritannien. Im ersten Trimester hatte ich wenig Zeit, Freundschaften zu schließen, denn ich musste jede freie Minute zum Lernen nutzen, wenn ich überhaupt je hoffen wollte, das Niveau der anderen zu erreichen.

Meine größte Herausforderung war der Umgang mit dem Computer. Ich saß bis spätabends vor dem Bildschirm. Die Freunde, die ich fand, waren unweigerlich auch OSI-Stipendiaten, und wir lernten uns an den frustrierenden Abenden kennen, die wir gemeinsam in den Computerräumen verbrachten.

Wenn ich mir mein Fach hätte aussuchen können, hätte ich Südostasien-Studien gewählt. Betriebswirtschaft interessierte mich nicht so sehr, weil mir die Materie völlig fremd war. Die meisten Grundkonzepte verstand ich nicht. Ich hatte zum Beispiel keine Ahnung, wie das Auslandsgeschäft funktioniert. Und ob das Logo von Kimberley Clark oder das von Toyota oder Tesco besser ist – woher sollte ich das wissen? Was war überhaupt ein Logo? Und was ein Megamarkt? Wer waren Tesco, Toyota und die anderen?

Ich war frustriert, als mir klarwurde, wie viel ich aufzuholen hatte. Auch die Unterrichtsmethoden waren ganz anders als die, die ich kannte. Hier hatten wir einstündige Vorlesungen zu einem Thema und mussten dann in der Bibliothek oder im Internet recherchieren. Das war schwierig, aber bald fand ich heraus, dass es mir Spaß machte, eigenständig zu denken.

Am liebsten mochte ich das Modul »ASEAN Studies«. ASEAN ist die Abkürzung für Association of Southeast Asian Nations, ein Staatenbund ähnlich der Europäischen Union. Theoretisch konnten wir die Wirtschaft jedes beliebigen ASEAN-Landes studieren. Aber niemand wählte Burma, denn da gab es kaum etwas zu forschen. Kein einziges Fachbuch in der Bibliothek behandelte die Wirtschaft Burmas. Seit Jahrzehnten herrschte die Diktatur willkürlich, chaotisch und zum eigenen Profit. Ich suchte mir also Thailand aus, und so entdeckte ich, wie man die Wirtschaft eines Landes zum Nutzen aller gestalten kann statt zur Bereicherung einer Handvoll Militärs.

Zuerst hatte mich Bangkok als Stadt fasziniert, aber nach ein paar Wochen stellte ich fest, dass sie gar nicht so großartig war – das Dorfleben hatte durchaus seine Vorteile.

Ich wusste nicht, wie man eine Rolltreppe, einen Lift oder einen elektrischen Teekocher benutzt. Im Dschungel und in den Flüchtlingslagern gab es keinen Strom und keine elektrischen Geräte. Eine belebte Straße zu überqueren war eine regelrechte Tortur. Ich brauchte lange, bis ich Glasfenster und -türen als Hindernisse erkannte. Wenn etwas durchsichtig war, musste es Luft sein, sagte mir mein Gehirn. Mehrmals stieß ich frontal gegen eine Glastür. Es war mir sehr peinlich.

Trotz der unbestreitbar vergnüglichen Seiten war das Leben in Bangkok für mich mit großen Gefahren verbunden. Ich besaß keine Ausweispapiere, und fiel ich auf, riskierte ich, dass die Thai-Behörden auf mich aufmerksam wurden. Zuerst konnte ich noch kein Thai sprechen und mich auf den Straßen nicht verständlich machen. Ich war eine illegale Immigrantin. Falls mich die Polizei anhielt, war ich in großen Schwierigkeiten. Immer wenn ich einen Polizisten sah, bekam ich Angst.

Das Entscheidende war, dass ich keine Papiere hatte, die ich der Polizei vorweisen konnte. Ich musste mich so unauffällig wie möglich benehmen, sogar auf dem Weg zur Universität. Sah ich einen Polizisten, versuchte ich, mich praktisch unsichtbar zu machen. Ich verbrachte so viel Zeit wie möglich auf dem Campus oder zu Hause, denn dort war ich in Sicherheit. Bwa Bwa und ich lebten zwar jetzt nicht mehr in einem Lager mit Geisterflüchtlingen, dafür waren wir nun zu Geisterbürgern geworden. Die Thai-Polizei führte laufend Kontrollen durch. Sie verlangte die Ausweispapiere, und wenn man keine hatte, wurde man unweigerlich nach Burma deportiert. Wer Geld hatte, konnte die Polizei bestechen und bleiben. Es gab Millionen illegaler Immigranten in Thailand, die jeden Tag in Angst lebten.

Die Polizei errichtete Straßensperren und patrouillierte zu Fuß durch die Straßen. Sie hielten alle an, die ihnen verdächtig vorkamen. Wenn man kein Thai sprechen konnte oder abgerissene

»ländliche« Kleidung trug, war das ein verräterischer Hinweis. Ich versuchte, wie eine Thai-Frau auszusehen. Ich trug Hosen und nicht mehr den traditionellen Karen-Longyi, an den ich gewöhnt war. Ich schnitt mir die Haare nach Thai-Art kurz. Auf der Straße benutzte ich die wenigen Worte Thai, die ich gelernt hatte, oder sagte gar nichts. Ich tat alles Erdenkliche, um unbemerkt zu bleiben.

Im College wurde mir schnell bewusst, wie sehr wir OSI-Stipendiaten uns von den anderen Studenten unterschieden. Wir waren alle Menschen, aber ein Teil von uns hatte die Hölle durchlebt, während der andere Teil ein bequemes Leben geführt hatte. Ich sonderte mich im College ab, denn wenn ich zu viel redete, würden die anderen herausfinden, dass ich illegal in Bangkok war, und das konnte zu Problemen führen. Aber ich wusste, dass die anderen Studenten aus reichen Elternhäusern stammten.

Sie hatten ihr Leben lang Freiheiten und Privilegien genossen, während wir im Dschungel vor Gewehrkugeln geflohen waren. Warum?, fragte ich mich. Warum war das Schicksal der Menschen so unterschiedlich? Lag das nur an dem Zufall ihrer Geburt? Ich wurde als eine Karen geboren und hatte Angst, Verfolgung und Unterdrückung erfahren. Sie verdankten es dem Zufall ihrer Geburt, dass sie nicht einen Bruchteil dessen erlebt hatten, was wir Karen durchmachen mussten. Mit Menschen wie ihnen war ich zuvor noch nie enger in Berührung gewesen. Sie beklagten sich, wenn ihre Designer-Jeans einen Riss bekamen, wenn ihre Eltern ihnen nicht das neueste Handy kauften oder ihr Auto eine Beule hatte. Und ich dachte mir: »Das ist doch gar nichts. Worüber beklagst du dich?«
Jetzt bewegte ich mich unter Menschen, die anscheinend alles hatten und sich über Trivialitäten beklagten. Sie schienen unfähig, das privilegierte Leben, mit dem sie gesegnet waren, zu würdigen. Manchmal schwänzten sie den Unterricht oder kamen zu spät oder sie hielten Abgabetermine nicht ein, und es schien sie überhaupt nicht zu kümmern.

Ich war fassungslos, dass es Menschen gab, die der Bildung so wenig Respekt entgegenbrachten. Wir OSI-Stipendiaten hatten uns den Zugang dazu so hart erkämpft. Diese Ausbildung, dieser Studiengang – *das war mein Traum*. Für sie war es nur ein weiteres Kapitel in ihrem Leben. Viele Tausende in den Flüchtlingslagern hätten alles dafür gegeben, ein so sorgloses, chancenreiches Leben führen zu können.

Inmitten all dieser Designer-Outfits wurden mein Land und sein Leid nie erwähnt. Dabei lag es nicht weit entfernt. Gleich hinter der Grenze. In den Zeitungen und in den Fernsehnachrichten wurde manchmal darüber berichtet. Die Studenten hatten Zugang zum Internet und den internationalen Medien, und es gab eigentlich keine Entschuldigung für ihre Ignoranz. Aber im College war mein Land nie Gesprächsthema.

Manchmal fühlte ich mich ihnen unterlegen, auch deshalb wollte ich bei den Prüfungen gut abschneiden. Ich musste beweisen, dass ich als »Tochter des Dschungels« und Karen-Flüchtling jedem, ganz gleich wem, ebenbürtig sein konnte.

Im ersten Studienjahr vermisste ich meine Eltern und Brüder sehr. Meine einzige Verbindung nach Zuhause war das Telefon meines Vaters. Er lebte jetzt abwechselnd in Burma und Thailand, und wenn er auf der thailändischen Seite der Grenze war, konnten wir ihn oft auf seinem Handy erreichen. So hatten wir fast mehr Kontakt als in den Jahren zuvor. Physisch waren wir weiter voneinander entfernt denn je, aber über das Telefon blieben wir in Verbindung.

Die Neuigkeiten von »Zuhause« waren gemischt. Slone ging es gut, er war Klassenbester im Lager Mae La. Und Say Say hatte sein Soldatenleben aufgegeben und half jetzt meinem Vater bei dessen Arbeit. Aber meine Mutter war nicht gesund. Mein Vater wollte sie in Dr. Cynthias Klinik in Mae Sot bringen, aber dafür brauchte er ein Auto, denn sie war zu krank, als dass sie den Weg anders hätte bewältigen können. Er brauchte Geld für ein Mietauto, für Benzin und die Bestechung der Lagerwachen, damit sie durchgelassen wurden. Ich sagte ihm, Bwa Bwa und ich könnten etwas Geld sparen und aushelfen, aber er meinte, er würde es schon schaffen.

Ich hätte meine Mutter sehr gerne besucht, aber das Risiko einer so weiten Reise und einer möglichen Verhaftung erschien mir zu hoch. Auch wurden viel Burmesen in der Stadt praktisch wie Sklaven gehalten – zumindest erzählte man sich das.

So kannte eine Freundin ein junges Flüchtlingsmädchen aus Burma, das seit Jahren in einer Thai-Familie als Hausangestellte gearbeitet hatte. Sie durfte das Haus nie verlassen und erhielt keinen Lohn. Schließlich brachte sich das Mädchen um. Zur Unterstützung der Illegalen war eine Untergrundorganisation entstanden, die Overseas Karen Refugee and Social Organization (OKRSO). Es gab ein Büro in einem Privathaus, aber die Helfer arbeiteten in ständiger Angst vor der Polizei. Nach Ansicht der Polizei verstieß es gegen das Gesetz, eine Organisation zu betreiben, die Illegalen half. Deshalb musste das Büro im Geheimen operieren.

Als ich das erste Mal von diesem Büro hörte, war ich sehr beeindruckt. Sie halfen Illegalen, eine seriöse Arbeit zu finden; sie versuchten, sie aus Polizeigewahrsam herauszuholen; sie zahlten sogar Bestechungsgelder für sie. Für die Thai-Polizei war das eine zusätzliche Einnahmequelle, deshalb verhafteten sie manche Personen immer wieder. Dann hielten sie sie fest, bis irgendjemand – Angehörige oder die OKRSO – kam und das Geld für die Freilassung zahlte.

Aus Burma stammende Mädchen wurden von der Polizei nicht selten missbraucht. Männer wurden brutal verprügelt, manchmal blieben sie halb tot liegen. Das war die normale Behandlung von »Illegalen«.

Unter den Thai gab es gute und schlechte Menschen, wie überall. Einige waren offen rassistisch, aber die meisten lebten einfach ihr Leben. Ich machte keine schlechten Erfahrungen, aber das lag daran, dass man mich für eine Thai hielt. Meine Freunde nannten mich bei meinem Spitznamen Poezo, »Baby Zoya«, ein Name, der in Thai-Ohren nicht fremd klang. Das war mein größter Schutz.

In diesem ersten Jahr lernte ich so fleißig wie nie zuvor. Bei den Jahresabschlussprüfungen erzielte ich 60 Prozent und lag damit ungefähr im Durchschnitt. Meine größten Lücken hatte ich im Fach Informationstechnik. Aber da ich gerade erst gelernt hatte, einen Computer zu bedienen, war es ein Wunder, dass ich nicht durchgefallen war.

Das Flüchtlingsmädchen aus dem Dschungel ließ sich nicht unterkriegen.

23

City Girls

Im zweiten Studienjahr waren Bwa Bwa, Khu Khu und ich der Ansicht, dass wir mehr unternehmen sollten, um unserem Volk im Grenzgebiet zwischen Thailand und Burma zu helfen. Gemeinsam mit anderen Karen-Studenten gründeten wir die Karen University Students Group (KUSG). Bei unserer ersten KUSG-Sitzung waren um die zwanzig Studenten anwesend. Wir erhoben einen Mitgliedsbeitrag von 500 Thai Baht. Mit dem Geld wollten wir einen Preis für den besten Schüler der Flüchtlingslager stiften.

Wir beschlossen, eine »Medaille« zu entwerfen, auf der das KUSG-Logo – ein Buch, eine Kerze und eine Karen-Trommel – abgebildet war. Die drei besten Schüler aus den Flüchtlingslagern sollten von uns je eine Medaille und ein Wörterbuch Karen-Englisch bekommen.

Wir konnten die Preise nicht persönlich aushändigen, aber wir konnten sie den Schulen schicken, damit der Direktor sie übergab. Gleich im ersten Jahr hatte unsere Preisidee eine außerordentlich positive Resonanz. Sie gab den Schülern einen regelrechten Motivationsschub. Alle wollten unserem Beispiel folgen, und das bedeutete, dass die OSI-Stipendien noch begehrter sein würden. Es tat gut, etwas zurückzugeben, selbst wenn es nur so wenig war.

In jenem September 2002 verließ Bwa Bwa Bangkok. Ihre kühnsten Träume hatten sich erfüllt, und sie sollte ihr letztes Studienjahr in England an der Bradford University absolvieren. Ich war traurig über ihre Abreise, aber auch glücklich, dass sie ihrem Traum folgte.

Bald nach Bwa Bwas Abreise begann ich als Teil meines Studiums ein Praktikum. Ich arbeitete drei Monate bei der Telecomasia Corporation. Telecomasia residierte in einem riesigen Glasturm in der Nähe des Colleges. Ich konnte es kaum fassen, dass ich an so einem Ort arbeiten sollte. Scharen von Menschen gingen dort ein und aus, und alle trugen elegante Business-Kleidung.

Kostüme und Anzüge waren offenbar die »Uniform« der Angestellten, und gemäß meiner generellen Strategie – *nur nicht auffallen* – versuchte ich, mich ihnen anzugleichen. Tha Say, meine neue Mitbewohnerin, und Nightingale boten mir an, mich beim Einkaufen zu begleiten. Ich brauchte ein schickes Kostüm, eine Bluse und *High Heels*. Ich aber hatte breite, bewegliche Füße, die besser dazu geeignet waren, über Flusssteine zu springen, Lehmrutschen herabzugleiten oder auf Bambus Halt zu finden. Schließlich fand ich ein Paar Plateauschuhe, die mich größer machten und mir die Füße nicht ganz ruinierten.

Tha Say brachte mir bei, wie man sich schminkt. Auch bei der Auswahl der Kleidung und der Farbzusammenstellung half sie mit. Sie schien ein Auge für solche Dinge zu haben.

Am ersten Tag meines Praktikums besah ich mich im Spiegel, bevor ich die Wohnung verließ. Ich erkannte mich kaum wieder. Ich sah sehr elegant und modisch aus, aber auch irgendwie unnatürlich. Gleichzeitig überlief mich ein freudiger Schauer. Dass ich einmal einen so professionellen Eindruck machen würde, hätte ich nie zu träumen gewagt. Die Tochter des Dschungels hatte einen weiten Weg zurückgelegt. Mir war, als hätte ich eine neue Haut bekommen.

Doch sobald ich die Tür hinter mir geschlossen hatte, merkte ich, wie schwer es mir fiel, in diesen albernen Schuhen zu laufen. Dann musste ich mich in einen überfüllten Bus drängen und vierzig Minuten lang wie eine Sardine eingequetscht stehen und Benzindämpfe einatmen. Ich erreichte das Büro pünktlich um 8.30 Uhr zu Arbeitsbeginn und war schon erschöpft.

Eine meiner Vorgesetzten war eine Thai-Managerin mit dem Spitznamen Pi Mao. Sie empfing mich in ihrem Büro im achtundzwanzigsten Stock des Telecomasia-Gebäudes, studierte meinen Lebenslauf und schien erfreut, dass ich gut Englisch sprach, denn das konnte beim Kontakt mit ihren ausländischen Kunden nützlich sein. Sie war freundlich und hilfsbereit, zeigte mir meinen Schreibtisch und erklärte mir, was ich zu tun hatte. Mein Schreibtisch stand im zweiundzwanzigsten Stockwerk mitten im Raum. Das Gebäude hatte eine Fassade aus Stahl und Glas und war voll klimatisiert. Von meinem Schreibtisch aus sah ich nicht viel, aber ich konnte ans Fenster gehen, wann immer ich eine Pause brauchte. So weit das Auge reichte, sah man nur die Stadt. Keinen Berg, keinen Fluss, kein Waldstück. Ich konnte kaum glauben, dass so viele Menschen in einem so riesigen Areal aus Beton, Glas und Asphalt leben konnten.

Pi Mao half mir geduldig bei meinen Bemühungen, mich mit der Telekommunikation vertraut zu machen. Zuerst blieb ich im Büro und lernte, wie der Vertrieb funktioniert und man Kundendaten in Tabellen eingibt. Danach wurde ich in Einkaufszentren geschickt, um Halbjahresverträge für Festnetzanschlüsse zu verkaufen. Mobiltelefone waren in Thailand sehr verbreitet, und der Verkauf von Festnetzanschlüssen war eine echte Herausforderung.

Die Leute in der Firma waren hilfsbereit, aber für ein freundliches Wort blieb keine Zeit. Der Höhepunkt der Woche war das Mittagessen mit Pi Mao. Wir gingen in ein Thai-Restaurant um die Ecke. Ich aß gewöhnlich gebratenen Reis mit Ei und sie Nudeln. Sie trank Eiskaffee und ich Eistee. Für mich war das ein Hochgenuss, denn ich war noch nie zuvor in ein richtiges Restaurant eingeladen worden.

Beim Mittagessen erklärte mir Pi Mao, dass Telecomasia Mitarbeiter mit Fremdsprachenkenntnissen brauchte. Nach meinem Praktikum sei eine feste Anstellung durchaus denkbar.

Und wirklich: Am Ende meines Praktikums rief mich der Abteilungsleiter zu sich ins Büro. Ich hätte einen sehr guten Eindruck hinterlassen, sagte er, und alle in der Firma seien sehr zufrieden mit mir.

»Sie sollten sehr stolz auf sich sein, Zoya«, sagte er. »Und wenn

Sie wiederkommen und für uns arbeiten wollen, würden wir uns freuen. Geben Sie uns Bescheid.«

Ich war sprachlos: Er bot mir einen Stelle an! Welch eine Chance! Hier konnte ich arbeiten und die Mechanismen der Telekommunikationsbranche kennenlernen. Und später, wenn mein Land endlich frei wäre, konnte ich mein Wissen nach Burma mitnehmen, denn wir würden es für den Aufbau einer Telekommunikationsindustrie brauchen. Eine bessere Gelegenheit, das nötige Wissen für den Aufbau einer burmesischen Telefongesellschaft zu sammeln, gab es nicht.

Ich erlaubte mir in Gedanken einen kleinen Ausflug: Wie es wohl wäre, ein normales Leben zu führen? Ich hätte einen richtigen Beruf, Sicherheit und eine aussichtsreiche Zukunft. Ich hätte Geld und würde in Frieden leben. Ich könnte mir eine Existenz aufbauen, meine Familie unterstützen und vielleicht irgendwann Kinder haben. Ich könnte in meine eigene Zukunft investieren. Und wenn Burma frei wäre – eines Tages musste es so weit sein –, wäre ich hervorragend geeignet, beim Aufbau des neuen Landes mitzuhelfen. Wie auch immer ich das Angebot betrachtete – es war wirklich keine schlechte Idee.

An der Schwelle zum neuen Jahr – 2003 – rief mein Vater mit besorgniserregenden Neuigkeiten an. Der Zustand meiner Mutter hatte sich verschlechtert, und sie war in Dr. Cynthias Klinik eingeliefert worden. Ihr ganzer Körper war unförmig angeschwollen. Die Sanitäter hatten Leberversagen diagnostiziert, kompliziert durch Herzprobleme. Mein Vater klang äußerst besorgt, was sehr selten vorkam. Normalerweise wurde er mit allen Widrigkeiten, die das Leben ihm bereitete, spielend fertig.

Eine Woche später rief mein Vater wieder an. Meine Mutter war in ein Thai-Krankenhaus gebracht worden, er besuchte sie täglich und betete für ihre Genesung. Ich war hin- und hergerissen. Ich wollte meine Mutter so gerne besuchen, aber ich kannte die Gefahren der Reise. Wenn ich aus dem Bus geholt und verhaftet würde, wusste ich nur zu gut, was mich erwartete.

Zwei Wochen später kam wieder ein Anruf von meinem Vater.

Ich machte mich auf noch mehr schlechte Nachrichten gefasst, aber er klang zuversichtlicher. Meine Mutter hatte gut auf die Behandlung angesprochen, und die Schwellung war abgeklungen. Die Thai-Ärzte hatten sie aus dem Krankenhaus entlassen. Sie wohnte vorläufig bei meinem Vater in Mae Sot, um sich zu erholen. In den folgenden Monaten wurde dies zu einem wiederkehrenden Muster. Nach der Entlassung aus dem Krankenhaus bildete sich mit der Zeit eine erneute Schwellung, und sie musste wieder eingeliefert werden.

Mein letztes Jahr am College hatte begonnen, und ich versuchte, konzentriert für die Abschlussprüfung zu lernen, während die Sorge um meine Mutter an mir nagte. Meine größte Angst war, dass sie womöglich starb, bevor ich sie wiedersehen konnte. Ständig schlich sich diese Angst in meine Gedanken.

Ich hatte nach dem Abschluss zwei Alternativen. Ich konnte zurück zur Grenze gehen und für die Karen innerhalb und außerhalb der Flüchtlingslager arbeiten. Damit wäre ich eine Staatenlose in einem Flüchtlingslager, aber wenigstens in der Nähe meiner kranken Mutter.

Oder ich konnte die Stelle bei Telecomasia annehmen. Das würde mir ein Leben in Luxus und Freiheit ermöglichen, gutes Essen, Geld und elegante Kleider. Ich hätte einen Status, und keinem Thai-Polizisten würde es je einfallen, eine schicke »thailändische« Telekom-Angestellte zu verhaften. Dann könnte ich mit Armut, Tod, Leid und der unwürdigen Flüchtlingsexistenz abschließen. Ich könnte den Kampf und den endlosen Pfad des Widerstands hinter mir lassen und das Leben genießen. Ich könnte viel Geld verdienen, es meinen Eltern schicken und sie aus den Lagern holen.

Im März 2003 legte ich die letzte Prüfung ab. Doch am Tag der Notenverkündung war ich aufgeregt und ängstlich zugleich. Als ich meine Note auf der Liste fand, wäre ich vor Freude fast in die Luft gesprungen und hätte das Brett umarmt: Ich hatte eine 2,1! Tha Say hatte ebenfalls eine 2,1 und war überglücklich. Nightingale freute sich nicht weniger über ihre 2,2.

Ich rief meinen Vater an. Er sagte, er sei sehr stolz auf seine Kleine Tochter. Es gab keine offizielle Examensfeier, der Dekan händigte jedem von uns sein Abschlusszeugnis aus. Darauf standen unter dem Logo der Universität Bradford der Name sowie die Worte »Bachelor of Arts in Business Administration«.

Und nun musste ich mich entscheiden. Mein OSI-Stipendium war aufgebraucht, und das Leben in Bangkok war teuer. Ich würde die Stelle bei Telecomasia annehmen müssen, wenn ich meine kleine Wohnung behalten wollte. Aber zuerst musste ich etwas anderes tun. Ich musste zur Grenze reisen und meine Mutter besuchen. Ich konnte nicht länger warten. Nun hatte ich meinen Abschluss in der Tasche und musste zu ihr.

Ich fuhr mit dem Bus in die Grenzregion. Ich trug meine besten Kleider, dezentes Make-up und die Plateauschuhe waren meine Rüstung. Am ersten Kontrollpunkt wurde der Bus angehalten, und ein Thai-Polizist stieg ein.

»Raus! Raus! Karen und Burmesen – alle raus!«, befahl er grimmig.

Ich blieb sitzen, aber ich zitterte buchstäblich vor Angst. Ich wusste, was die Leute erwartete, die aus dem Bus geholt worden waren. Viele unternahmen ihre erste »Heimreise« seit Jahren und hatten das Geld mitgenommen, das sie sich von ihrem mageren Einkommen in Bangkok abgespart hatten. Und nun würde die Thai-Polizei sie filzen. Die meisten würden Bestechungsgeld zahlen und weiterfahren dürfen. Die weniger Glücklichen, die nicht genug Geld hatten, würde man kurzerhand nach Burma zurückschicken.

Nach mehreren solchen Kontrollpunkten erreichten wir endlich Mae Sot. Mein Vater hatte für sich und meine kranke Mutter in Mae Sot ein Haus gemietet, das ihm auch als Büro diente. Von hier aus unterrichtete er die Medien über die Geschehnisse jenseits der Grenze, und hier traf er Politiker und andere einflussreiche Leute.

Obwohl mich mein Vater auf die Veränderung vorbereitet hatte, war ich schockiert, als ich meine Mutter sah. Sie war entsetzlich dünn geworden. Die Schwellung war verschwunden, aber ihr Bauch war aufgedunsen und hart wie eine Trommel. Ihr Gesicht war voller Falten, und zum ersten Mal im Leben trug sie die Haare kurz geschnitten. Als ich begriff, dass sie nicht einmal mehr die Energie hatte, ihre schönen Haare zu pflegen, wusste ich, wie krank sie wirklich war.

Sie konnte im Garten herumgehen, aber nur langsam und auf einen helfenden Arm gestützt. Sie ließ sich das Essen zubereiten und aß in ihrem Zimmer. Lesen konnte sie noch, und so war es ihr wenigstens möglich, in die Welt ihrer Bücher einzutauchen. Das war praktisch die einzige Freude, die ihr geblieben war. Sie hatte kein Gemüsebeet, keine Hühner, keine Schweine und Enten. Meine Mutter war sehr unglücklich.

Nachdem ich ein paar Wochen bei ihr gewesen war und für sie gesorgt hatte, schien es ihr etwas besser zu gehen. Sie sagte mir, wie stolz sie auf meine Examensnote sei, und ab und zu brachte ich sie sogar zum Lachen. Nachmittags gingen wir in den Garten, und ich erzählte ihr Geschichten aus meinem Leben in Bangkok: wie ich gegen Glastüren gelaufen war, wie ich im Aufzug stecken geblieben war …

Meine Mutter lächelte. Sie meinte, Bangkok klinge nach einem Irrenhaus. Vor dem Schlafengehen massierte ich meiner Mutter die Schultern und strich ihr den Rücken aus. Aber ich musste sanft sein, denn sie war dünn und zerbrechlich wie ein kleiner Vogel. Dann zündete ich in ihrem Zimmer eine Kerze an, steckte das Moskitonetz fest und ließ sie schlafen.

Morgens erhitzte ich einen Topf Wasser über dem Feuer. Ich ging mit ihr ins Badezimmer und wusch sie mit warmem Wasser und einem Schwamm. Danach bestand sie darauf, dass ich ihr die grauen Haare auszupfte. Dazu zogen wir uns in die Abgeschiedenheit ihres Schlafzimmers zurück, und es dauerte immer sehr lange. Oft schlief sie dabei ein.

Während ich die grauen Haare auszupfte, musste ich daran denken, dass ich das schon als Kind getan hatte. Damals waren in ihrer dicken schwarzen Mähne nur wenige graue Haare zu finden. Wenn ich ein graues ausriss, zeigte ich es ihr; dann zupfte ich ein paar Minuten später ein schwarzes aus und zeigte ihr das graue von vorher noch einmal. Am Ende versicherte ich ihr, jetzt seien alle grauen verschwunden!

Ich war etwa einen Monat zu Hause, als die Preisverleihung der Karen University Students Group in den Flüchtlingslagern kurz bevorstand. Beim letzten Mal hatten wir die Medaillen und Wörterbücher nur in die Lager schicken können. Diesmal wollten wir sie persönlich übergeben. Und wir wollten noch mehr. Eine Gruppe von KUSG-Mitgliedern wollte die Grenze überqueren und in den Regionen, aus denen die Flüchtlinge stammten, Tatsachenforschung betreiben.

In den vergangenen Wochen hatte ich von meinem Vater erfahren, wie verzweifelt die Lage jenseits der Grenze zu Burma war. Ich war entsetzt. Ich war mit vierzehn zum ersten Mal aus meinem Land geflohen, und dann noch einmal mit sechzehn. Jetzt war ich zweiundzwanzig. Die drei Jahre in Bangkok hatten mich von der Realität der Ereignisse in meinem Land entfernt. Doch jetzt kamen die Erinnerungen zurück.

Ich war nicht wirklich überrascht, dass mein Vater meine Pläne unterstützte. Ich hatte ihm gesagt, dass wir in den Distrikt Papun wollten, und er wusste, dass dieser tief im Landesinneren lag. Er wusste, wie würden die ganze Zeit feindlichen Soldaten ausweichen und große Teile ihres Territoriums durchqueren müssen. Doch trotz der Risiken billigte er meinen Wunsch.

Einigen meiner Mitstudenten verboten die Eltern die Fahrt nach Burma mit dem Argument, es sei zu gefährlich. Mein Vater dagegen kramte sein Moskitonetz und seine Hängematte hervor – Ausrüstungsgegenstände, die er auf seinen regelmäßigen Touren ins Landesinnere immer mitnahm – und lieh sie mir. Die Hängematte sei ihm besonders wertvoll, erklärte er. Er trage sie seit zehn Jahren auf seinen Reisen bei sich. Außerdem gab er mir Ratschläge, was ich anziehen und welche Medikamente ich mitnehmen sollte.

Und dann gab er mir seinen Segen für die Reise.

DAS LAND DES BÖSEN

Im Jargon der Hilfsorganisationen heißen die Leute, die wir besuchen wollten, Binnenflüchtlinge oder IDPs, »Internally Displaced Persons«. Sie waren aus ihren Häusern vertrieben worden und hatten keinen dauerhaften Wohnsitz. Wenn sie eine Landesgrenze überschritten, wurden sie Flüchtlinge genannt, aber solange sie in Burma blieben, waren sie Binnenflüchtlinge. Und in der Regel wurden sie von der Welt ignoriert. Wir wollten mehr über ihre Situation lernen und in Erfahrung bringen, was sie am dringendsten brauchten und wie wir ihnen möglicherweise helfen konnten.

Unsere Gruppe bestand aus dreizehn Studenten, unter ihnen meine Freundinnen Khu Khu und Nightingale. Dazu kam ein Karen mit Namen Hsa Pwe Moo, »Voller Stern Leben«. Er stammte ursprünglich aus dem Distrikt Papun und kannte sich dort aus. Er hatte ein OSI-Stipendium für eine andere Universität erhalten, wo er Ökologie studieren konnte. Er war der inoffizielle Leiter unserer Expedition.

Wir überquerten die Grenze heimlich in einem Longtail-Boot und fuhren zunächst ein Stück auf dem Salween. Endlich sah ich mein Heimatland wieder! Wir hatten vor, vier Stunden auf dem Salween zu bleiben, und wussten, dass mehrere feindliche Kontrollpunkte vor uns lagen. Diese bestanden aus einer Hütte, über der eine burmesische Fahne wehte und die von einem Trupp Soldaten besetzt war. Hsa Pwe Moo wies den Karen-Bootsführer an, nicht an burmesischen Kontrollpunkten anzuhalten. Wenn die Soldaten uns heranwinkten, sollte er Gas geben.

Wir hatten eine Bootsfahrt von fast 100 Kilometern vor uns, gefolgt von einem zweitägigen Fußmarsch durch den Dschungel.

Insgesamt wollten wir eine gefährliche Strecke von 160 Kilometern zurücklegen. Der Bootsführer war bereit, an den Kontrollpunkten vorbeizufahren, obwohl er damit Gefahr lief, gejagt oder beschossen zu werden. Er tat das, weil er an unsere Mission glaubte und wir ihn weit über Durchschnitt bezahlten. Auf den Rat von Hsa Pwe Moo hin hatten wir uns wie Bauern gekleidet. Wir hofften, dass wir zwischen den anderen Booten auf der belebten Wasserstraße nicht auffallen würden. Unsere Kameras und Aufnahmegeräte waren am Boden des Bootes versteckt.

Wir waren kaum eine halbe Stunde auf dem Fluss, als wir zu einem letzten Thai-Kontrollpunkt herangewinkt wurden. Der Bootsführer trug seinen Namen in eine Liste ein.

Nach einer halben Stunde näherten wir uns dem ersten burmesischen Kontrollpunkt. Wir senkten die Köpfe und starrten schweigend auf den Boden, während unser Bootsführer im Schneckentempo am gegenüberliegenden Ufer entlangfuhr. Auf diese Weise, hoffte er, würden uns die Soldaten gar nicht erst hören. Die Anspannung war unerträglich, aber wir brachten erfolgreich Meter um Meter hinter uns und hatten schließlich den Checkpoint passiert.

Der Bootsführer ließ den Motor aufheulen, und als wir Fahrt aufnahmen, verflüchtigte sich die Angst. Wenn wir diesen Checkpoint passiert hatten, bestand kein Grund, warum wir die anderen nicht auch bewältigen sollten. Als wir uns dem zweiten näherten, sahen wir, dass die Soldaten bis auf ihre Shorts nackt waren und im Fluss badeten. Das war ein echter Glücksfall. Sie waren mit sich beschäftigt und dachten nicht daran, uns anzuhalten.

Vor dem dritten Kontrollpunkt war der Fluss auf eine Breite von 450 Metern angeschwollen, und wir tuckerten leise am anderen Ufer vorbei, wo es dem Feind praktisch unmöglich war, uns zu stoppen. Die Soldaten starrten zu uns hinüber, aber selbst wenn sie das Feuer eröffnet hätten, wäre ein schwankendes Longtail-Boot auf diese Entfernung ein sehr unsicheres Ziel gewesen. Und sie hatten, soweit wir sehen konnten, kein Boot, mit dem sie uns hätten verfolgen können.

Eine halbe Stunde später erreichten wir den vierten Kontrollpunkt. Wir seufzten vor Erleichterung laut auf, als wir erkannten, dass die Fahne, die über ihm wehte, die Karen-Fahne war. Wir hatten sicheres Territorium erreicht. Wir legten an dem Kontrollpunkt an, aber dort erwarteten uns schlechte Nachrichten. Die Karen-Soldaten hatten über Radio gerade eine Warnung erhalten, dass sich der Feind zu einem Angriff auf das nächstgelgene Dorf sammelte. Es stand uns frei, die Fahrt fortzusetzen, aber wir würden vielleicht in Kampfhandlungen geraten. Natürlich wollten wir weiterfahren, etwas anderes kam nicht in Frage. Ein paar Minuten später kam ein Bergdorf in Sicht. Wir sahen, wie Karen-Soldaten Frauen und Kinder an den Fluss führten. Am Ufer wartete ein Longtail-Boot, das sie über den Salween in Sicherheit bringen sollte. Wir änderten unseren Kurs und legten am Ufer an.

Dort herrschten Chaos und Panik. Frauen drückten Babys an sich und balancierten Bündel auf dem Kopf. Mütter trieben ihre Kinder an, schneller zu laufen und nicht zurückzubleiben. Kleine Kinder stolperten weinend auf den Fluss zu. Karen-Soldaten hoben Kinder in das wartende Boot und halfen den Müttern mit ihren schweren Lasten beim Einsteigen.

Es zerriss mir das Herz. Genau dasselbe war vor Jahren mir passiert. Vorher hatte ich Angst gehabt, aber nun verwandelte sich die Angst in Wut. Ich war ratlos. Was konnten wir für diese verängstigten Familien tun? Ein Teil von mir wollte wie meine Mutter handeln: ein Gewehr nehmen und kämpfen. Doch ich wusste auch, wie wichtig es war, Zeugnis abzulegen und diese Geschehnisse der Außenwelt mitzuteilen. Tief in meinem Herzen wusste ich, dass ich auf diese Art mehr ausrichten konnte als durch die Teilnahme am Widerstandskampf. Das Verlangen, diejenigen zu bekämpfen und zu töten, die meinem Volk so etwas antaten, wollte mich in diesem Moment schier überwältigen.

Doch dann rannten wir zum Flussufer und stiegen ins Boot. Der Bootsführer startete den Motor, lenkte den Bug stromaufwärts, und wir donnerten weiter ins Innere Burmas.

Während der Fahrt ging mir vieles durch den Kopf. Ich war seit über sechs Jahren nicht mehr auf Karen-Gebiet gewesen, aber was hatte sich eigentlich geändert? Das Morden, die Greueltaten und die Dunkelheit gab es noch. Ich wollte nicht glauben, dass mein Volk noch immer nicht in Frieden leben durfte.

Wir fuhren in die zunehmende Dunkelheit. Schließlich erreichten wir ein Karen-Dorf, dessen Bewohner es uns so bequem machten wie möglich. Ich war so erschöpft von der Reise, dass ich sofort einschlief.

Am nächsten Morgen um fünf waren wir wach. Der nächste Abschnitt der Reise begann mit einem steilen Anstieg, und ich merkte schnell, dass ich vergessen hatte, wie man sich im Dschungel bewegt. Nach drei Jahren als City Girl war ich außer Übung und unsicher auf den Beinen. Ich musste mir ein Handtuch um den Hals legen, das den Schweiß aufsaugte, der in Strömen an mir herunterlief.

Zwei Karen-Widerstandskämpfer begleiteten uns und dienten uns als Führer. Wir wussten alle, dass sie nicht zu unserem Schutz mitgekommen waren. Zwei Soldaten konnten uns nicht verteidigen, sie konnten uns lediglich zeigen, wohin wir laufen und wo wir uns verstecken sollten.

Zuerst plauderten wir miteinander und bewunderten den Dschungel. Hsa Pwe Moo zog ein kleines Buch hervor, das er bei sich trug, um Pflanzen und Vögel identifizieren zu können. Doch als wir uns einem burmesischen Posten näherten, ermahnten uns die Soldaten, still zu sein.

Wir schalteten auf Geräuschlos-Modus und gingen im Abstand von einem knappen Meter im Gänsemarsch hintereinander her, damit wir dem Feind kein leichtes Ziel boten. Wir durften auch nicht vom Weg abweichen, denn man musste mit Landminen rechnen.

Geräuschlos schlichen wir an dem Armeeposten vorbei. Hin und wieder gaben uns die Widerstandskämpfer ein Signal, und wir kauerten uns ins Unterholz. So verharrten wir dann etwa eine Minute und lauschten auf mögliche Gefahren, bis wir das

Signal zum Weitergehen bekamen. Wir beeilten uns sehr und warfen immer wieder flüchtige Blicke in den dunklen Wald. Nachdem wir den Gipfel erreicht hatten, gelangten wir in eine geheimnisvolle und unglaublich schöne Gegend, eine verborgene Welt mit hohen Bäumen und schroffen Bergen. Sie war nur von wenigen Menschen besiedelt, denn die meisten Bewohner waren vertrieben worden. Einige der trotzig Ausharrenden wollten wir besuchen. Am Fuß des Berges füllten wir unsere Wasserflaschen an einem glitzernden Fluss.

Die Nacht verbrachten wir in einem winzigen Dschungeldorf. Wieder nahm man uns freundlich auf. Die Dörfler hatten selbst sehr wenig, aber sie teilten alles mit uns. Wir hatten ein paar Lebensmittel mitgebracht, aber sie wollten uns unbedingt bewirten. Das erlebten wir von nun an immer wieder.

Am nächsten Morgen fragte ich die Frau, in deren Haus ich geschlafen hatte, ob ich die Toilette benutzen könnte. Sie antwortete, ich solle »die Toilette neben dem Hügel« nehmen – ein Euphemismus für das Gebüsch.

Nightingale kam mit, und als wir das Dorf verließen, merkten wir, dass uns eine Herde Schweine folgte. Sie quiekten aufgeregt, als wüssten sie schon, was nun kam. Wir ließen die Hütten hinter uns und suchten uns ein Stück Land mit dichtem Bewuchs. Nightingale holte uns zwei kräftige Stöcke; mit ihnen hielten wir uns die Schweine vom Leib, während wir uns hinhockten. Als wir fertig waren, schlug Nightingale vor, wir sollten bis drei zählen und losrennen, und genau das taten wir. Als wir den Dorfrand erreichten, konnten wir uns vor Lachen kaum noch halten. Eine der anderen Studentinnen fragte uns nach der Toilette, und wir rieten allen, sie sollten nur den Schweinen folgen. Aber bei aller Heiterkeit erkannten wir allmählich auch, welche Armut und Not den Alltag unseres Volkes bestimmten.

Am Abend des dritten Tages erreichten wir unser Ziel, Dorf Drei. Am folgenden Vormittag fand eine Feier im Dorf statt, zu der wir alle eingeladen waren. Allerdings entpuppte sich das Festessen als Schweinefleisch! Nach meinen Erfahrungen mit der »Toilette neben dem Hügel« war mir der Appetit vergangen, und ich musste mich zum Essen zwingen. Vielleicht war ich wirklich ein City Girl geworden!

Beim Essen erzählten uns die Dorfbewohner ihre Geschichte. Vor einigen Monaten war ihr Dorf zum vierten Mal angegriffen worden. Die burmesische Armee hatte es geplündert und viele Hütten niedergebrannt. Die Bewohner waren in den Dschungel geflohen und dort geblieben, bis die Gefahr vorüber war. Nach jedem Angriff hatten sie ihre Hütten wieder aufgebaut, doch niemand wusste, wie lange es dauern würde, bis der Feind wiederkam.

Den meisten Karen-Dörfern der Umgebung war es ähnlich ergangen. Auch die Nachbarsiedlung war niedergebrannt worden, und die Bewohner hatten ihre Häuser und ihr Leben wieder neu aufgebaut. Dorf Drei jedoch war ein besonderer Ort, denn es gab hier eine Schule. Nach jedem Angriff hatte man die Schule aufs Neue errichtet. Wie konnte man nur eine Schule vier Mal wieder aufbauen, fragte ich mich. Und wie fand man die Kraft dazu, wenn man nie wusste, wie lange sie stehen würde?

Wir organisierten einen Workshop in der Schule, bei dem wir sangen und schauspielerten und unser Möglichstes taten, die Kinder aufzumuntern. Dann baten wir sie, uns von sich zu erzählen. Die fröhliche Atmosphäre, die unsere »Show« geschaffen hatte, hielt sich nicht lange. Fast jedes Kind hatte einen Angriff auf sein Dorf überlebt, manche sogar mehrere.

Es gab Dutzende von Waisen und noch mehr Kinder, die einen oder mehr Angehörige verloren hatten. Man sah ihnen ihre Traumatisierung an. Erschüttert hörte ich den zarten, dünnen Stimmchen zu, die nacheinander ihre Schreckensgeschichten erzählten. Der Schulleiter sagte uns, er erwarte nie, ein Schuljahr beenden zu können, denn der Feind habe die Schule bei jedem Angriff zerstört. Oft legten die Soldaten auch Landminen. Wenn jemand sich ins Dorf zurückwagte – etwa um die Tafel oder die verbleibenden Bücher zu retten –, riskierte er, dass ihm die Beine von einer Landmine abgerissen wurden.

Der Schulleiter wählte einige Schüler aus, die mit uns sprechen durften. Darunter war ein zehnjähriger Junge aus einer Familie, deren Reisvorräte erschöpft waren und die die grünen Schösslinge der Reispflanzen von den Feldern essen musste. Manchmal hatten sie überhaupt nichts mehr zu essen, dann nagte der Hunger unerträglich an seinen Eingeweiden. Seine Familie bezahlte ein geringes Schulgeld von fünf Thai Baht, weniger als zehn Cent pro Jahr. Doch im kommenden Jahr würden sie selbst diese geringe Summe kaum aufbringen können.

Ich war den Tränen nahe. Der Junge sprach mit leiser, sanfter Stimme, ohne eine Spur von Selbstmitleid. Und am erstaunlichsten war, dass in seinen Worten überhaupt kein Hass oder Zorn lag. Er sprach ganz nüchtern, als sei an seiner Geschichte nichts Ungewöhnliches. Er und seine Familie hatten nie etwas anderes gekannt. Ging es nicht allen Kindern so?, schien er zu denken. Und das Tragische war, dass es im Distrikt Papun wirklich allen Kindern so ging. Seine Geschichte war normal. *Normal.* Unter solchen Umständen lebten alle Kinder hier. Oder unter noch schlimmeren.

25

Das Erwachen

Ein paar Tage später begannen wir unseren Marsch durch das bewaldete Bergland, der uns wie entlang der Seiten eines Dreiecks am Ende wieder zu unserem Ausgangspunkt am Salween zurückführen sollte. Wir machten uns in der bitterkalten Morgendämmerung auf den Weg. Die Dorfbewohner besaßen kaum Kleider oder Decken und konnten sich nur an ihrer Feuerstelle wärmen. Kerzen oder Öllampen konnten sie sich nicht leisten, und so lebten sie im Dunkeln, bis die Sonne ihre Welt erleuchtete. Auf dem Marsch von einem Dorf zum nächsten begegneten wir mitten im Dschungel einer Familie. Sie war aus einem Dorf, das angegriffen und niedergebrannt worden war, weiter ins Landesinnere geflohen. Seit Wochen war sie nun unterwegs und verbrachte jede Nacht in einer anderen notdürftig errichteten Unterkunft.

Die arme, verängstigte Mutter zeigte uns ihre beiden kleinen Mädchen – in Fetzen gewickelte Bündel. Eines lag auf ihrem Schoß, das andere auf einem Blätterbett. Eine Tochter hatte, wie sie erklärte, das für Malaria so typische hohe Fieber, die andere litt an chronischem Durchfall, vermutlich Cholera. Sie hatten keine Medikamente und keine Chance auf ärztliche Versorgung, bis sie ein Flüchtlingslager in Thailand erreichen würden.

In dem bisherigen Tempo, mit ihrer kümmerlichen Habe und den sterbenden Kindern auf dem Rücken würden sie noch Wochen unterwegs sein. In der Zwischenzeit lebten sie in ständiger Furcht vor dem Feind. Die Mutter sprach die Worte nicht aus, aber ich konnte die Frage in ihren Augen lesen: Würden sie das Lager erreichen, bevor eines der kleinen Mädchen starb? Oder gar beide?

Ich gab ihnen alle Medikamente, die ich hatte. Meine Freunde und ich legten unser Geld zusammen. Es waren nur 100 Thai Baht – keine zwei Euro –, aber für sie war es ein Vermögen. Und wir gaben ihnen die Kleider, auf die wir verzichten konnten. Sie waren so bettelarm, dass sogar ihre Kleider in Fetzen an ihnen herunterhingen. Der Familienvater hatte versucht, seine Würde zu wahren, während seine Frau uns ihre herzzerreißende Geschichte erzählte, und hielt die ganze Zeit die fadenscheinigen Shorts mit einer Hand an der Taille fest. Als wir weitermarschierten, bauten sie an einem kleinen Fluss eine notdürftige Unterkunft. Ich blickte zurück und sah die Mutter am Wasser hocken. Im Schatten des Waldes entblößte sie eine verwelkte Brust und versuchte, ihre Jüngste zu stillen – das kleine Mädchen, das an Cholera starb.

Da geschah etwas in mir. Tränen liefen mir übers Gesicht. Dies war ein Wendepunkt, das spürte ich. Ich konnte nicht in mein bequemes Leben zurück und für Telecomasia arbeiten, während Menschen aus meinem Volk litten und starben wie Tiere, durch den Dschungel gehetzt, aller Würde und aller Annehmlichkeiten des Lebens beraubt. Das grausame Schicksal dieser Familie brachte mich von dem Traumbild einer angenehmen, leichten und finanziell abgesicherten Zukunft ab und wieder zurück zu meinem Volk, seinem Kampf und seinem Widerstand.

Angesichts solcher Leiden konnte man nicht untätig bleiben. Und die Not nahm kein Ende. Im nächsten Dorf lebten viele Familien in ähnlichen Umständen wie die, der wir gerade begegnet waren. In einer Hütte, die ich betrat, herrschte himmelschreiende Armut. Sie hatten nichts. *Nichts.* Keine Töpfe und Pfannen; keine Decken; kaum etwas zu essen; keine Medikamente (natürlich nicht); keine Schule für ihre Kinder. Ihre Kleinkinder waren kränklich und unterernährt. Ihr Blick war matt und leer. Wie konnten sie so leben? Wie konnten sie das hier überstehen?

Der Familie, deren Hütte ich besuchte, gab ich die Hängematte meines Vaters. Sie war einer der letzten Gegenstände, die ich noch besaß, und ich fand, ich konnte sie entbehren. Hier war einfach alles hoffnungslos. In den Flüchtlingslagern hatten wir wenigstens die elementarsten Dinge gehabt: Essensrationen, sauberes Wasser, ein Dach über dem Kopf, ärztliche Hilfe. Hier gab es nichts. Die Leute starben an Unterernährung oder an harmlosen, gut heilbaren Krankheiten oder aber durch die Kugeln und Bajonette der Soldaten.

Gelegentlich kamen Rucksack-Sanitäter durch dieses Gebiet. Aber das letzte Team war vor einem Jahr hier gewesen, und die Leute erwarteten so schnell keines. Die Dorfbewohner hatten uns zunächst für ein Rucksack-Team gehalten und waren sehr enttäuscht gewesen, als sie herausfanden, wer wir waren und dass wir nur gekommen waren, um *Informationen aufzuzeichnen.* Natürlich sagten sie uns das nicht, aber wir sahen die Enttäuschung in ihren Augen.

Eine Frau werde ich nie vergessen. Inmitten all der Hoffnungslosigkeit und Verzweiflung versuchte diese Mutter von drei kleinen Kindern, ihrer Familie ein Leben zu ermöglichen. Sie war immer noch schön, aber die harte Arbeit hatte sie frühzeitig altern lassen. Ihre Haut war von der Sonne ausgedörrt. Ich versuchte mir vorzustellen, wie es sich anfühlen würde, ihr Leben zu führen, ihre Kinder aufzuziehen. Aber ich konnte es nicht. Ich konnte es mir nicht einmal ansatzweise vorstellen.

»Mein Mann verbringt die meiste Zeit auf den Feldern«, sagte sie. »In der Regenzeit fühlen wir uns ein bisschen sicherer. Aber sobald die Trockenzeit kommt, haben wir den ganzen Tag nur Angst.«

Ich nahm ihre Hand und hielt sie fest. Sie lebte in täglicher Angst vor den burmesischen Soldaten. Was konnte ich dazu sagen?

»Wir brauchen wirklich eure Hilfe«, fuhr sie fort. »Bitte tut etwas gegen das Leiden hier. Geht und sagt es der Welt.«

Ich kann diese Frau und ihre Worte nicht vergessen. Ihre Worte kamen von Herzen und haben sich für immer in mein Herz eingegraben.

Wir brachen auf zur letzten Teilstrecke, die uns zum Salween zurückbringen sollte. Unterwegs trafen wir auf noch mehr Familien, die verzweifelt in Richtung Thailand flohen. Jede Begegnung war wie ein Stich in mein Herz. Und bei jeder spürte ich, wie mein Zorn und mein Widerstandswille wuchsen.

Die letzte Etappe zum Salween führte über einen hohen Berg. Drei Stunden dauerte der Aufstieg, zwei der Abstieg, und inzwischen wussten wir, dass uns die burmesische Armee auf den Fersen war. Wir machten uns im Dunkeln an den Aufstieg. Eine Handvoll Karen-Widerstandskämpfer ging als Späher voraus und hielt Ausschau nach feindlichen Soldaten. Wir erreichten den Gipfel ohne Zwischenfall, aber ich war schweißgebadet und konnte mich kaum noch auf den Beinen halten.

Erpicht auf die relative Sicherheit, die der Salween bot, machten wir uns an den Abstieg. Doch die Späher berichteten, dass sie hinter uns feindliche Soldaten entdeckt hatten, und drängten zur Eile. Ohne Vorwarnung stolperten wir gegen eine Feuerwand, die uns den Weg versperrte. Ein Bauer hatte ein Stück trockenen, gerodeten Wald in Brand gesetzt, um ein Reisfeld anzulegen.

Da uns der Feind verfolgte, hatten wir keine andere Wahl, als uns durch Hitze und Rauch hindurchzukämpfen. Hsa Pwe Moo und ein paar wenige hackten einen Pfad durch die Feuerhölle, und wir anderen folgten, immer bemüht, den Flammen auszuweichen. Nach der Hälfte der Strecke erkannten wir, dass uns nichts anderes übrig blieb, als den Rest des Weges über den brennenden Abhang im Laufschritt zurückzulegen. Wenn wir zu langsam gingen, würden wir in dem dichten Qualm zusammenbrechen. Ich lief als Erste los und versuchte, mit wedelnden Armen den Rauch und die Funken von mir fernzuhalten.

Unten angekommen, ließen wir uns auf den Boden fallen. Danach taumelten und stolperten wir die letzten Kilometer den Berghang hinab. Die offene Wasserfläche des Salween war mir noch nie so schön vorgekommen. Das Dorf, in dem wir Tage zuvor unseren Marsch begonnen hatten, war nur noch ein kurzes Stück entfernt. Wir waren keine vierzehn Tage unterwegs gewesen, aber für mich fühlten sich diese zwei Wochen wie eine

Ewigkeit an. Wir waren in die Hölle hinabgestiegen, und darauf war keiner von uns vorbereitet gewesen.

Ich wusste, dass ich die schrecklichen Bilder dieses Marschs für immer in mir tragen würde, und gab mir ein feierliches Versprechen: Ich würde in dieses Land des Leidens zurückkehren, und beim nächsten Mal würde ich als Helferin kommen. Ich wusste noch nicht, wie ich das anstellen sollte und wann es so weit wäre. Aber ich wusste, dass ich es tun musste. Mir waren die Augen geöffnet worden. Diese Reise war mein Weckruf.

Die Bootsfahrt zurück nach Thailand war eine Wiederholung der Hinfahrt. Wir fuhren unbehelligt an den ersten Kontrollpunkten vorbei, aber dann kam einer in Sicht, an dem Soldaten standen, die uns zu sich heranwinkten. Wir erwarteten, dass der Bootsführer Gas geben und das andere Ufer ansteuern würde, doch stattdessen drosselte er den Motor und lenkte den Bug des Longtail-Boots zum Ufer mit den wartenden Soldaten.

Ich hörte, wie Hsa Pwe Moo einen erstickten Schrei ausstieß, aber da war es schon zu spät – wir waren zu dicht am Ufer und in Reichweite ihrer Gewehre. Ich war starr vor Schreck. Mit leisem Knirschen stieß das Boot gegen das Ufer. Niemand sprach ein Wort. Wir warteten zitternd. Der Soldat, der am nächsten stand, sprach mit dem Bootsführer: Sie brauchten eine Mitfahrgelegenheit. Kurz darauf kamen sie an Bord und setzten sich in den Bug, den Blick nach hinten – auf uns – gerichtet, ihre Sturmgewehre griffbereit zwischen den Knien. Der Bootsführer manövrierte rückwärts in den Fluss, und wir fuhren weiter stromabwärts.

Die beiden Soldaten saßen mit ausdruckslosem Gesicht uns gegenüber, der Fahrtwind rüttelte an ihren Feldmützen. Es konnte nur eine Frage der Zeit sein, bis sie anfangen würden, uns auszufragen. Plötzlich brach Hsa Pwe Moo in Gelächter aus. Was war bloß in ihn gefahren? »Warum machst du so ein Gesicht?«, fragte er mich und versuchte, wieder ernst zu werden. »Sieh dir mal ihre Abzeichen an. Sie sind von der ABSDF. Der ABSDF!«

Die ABSDF ist die »All Burma Students Democratic Front«,

eine Studentenvereinigung, die nach dem Aufstand vom 8. 8. 88 zu den Waffen gegriffen hatte. Sie waren zwar burmesische Soldaten, aber sie waren *auf unserer Seite* – sie gehörten zum Widerstand. In unserer irrationalen Angst hatten wir alle offensichtlichen Hinweise übersehen.

Die beiden ABSDF-Soldaten unterhielten sich auf Burmesisch und nahmen gar nicht wahr, wie sich unsere Angst in Erleichterung und Freude verwandelte. Da sie im Bug saßen, wurden unsere Worte vom Wind- und Motorengeräusch übertönt. Sie hatten nicht die geringste Ahnung, wie sehr wir uns vor ihnen gefürchtet hatten!

Wir erreichten die thailändische Grenze ohne weitere Zwischenfälle. Dort erst erfuhren wir, dass Soldaten uns tatsächlich durch die Dörfer verfolgt hatten, weil sie nicht wollten, dass jemand die Greuel dokumentierte, die sie in meiner Heimat anrichteten. Und so jagte mich auch diesmal der Feind aus meinem Land.

Als ich nach Hause kam, erzählte ich meinen Eltern und Say Say alles, was ich gesehen und erlebt hatte. Sie waren kaum überrascht. Das ist die alltägliche Realität jenseits der Grenze, sagten sie, so geht das schon seit Jahren. Warum sollte sich daran etwas geändert haben? Daher war mein Vater auch nicht gerade begeistert, dass ich seine Hängematte einfach verschenkt hatte. Aber für mich war diese Reise unendlich wichtig gewesen.

26

Kinder der Dunkelheit

Nach meiner Rückkehr von dieser Reise wurde mir ein Studienplatz an der Universität Bradford angeboten, wo ich einen Master im Fach Marketing machen konnte. Ich musste das Studium selbst finanzieren, aber der Platz wurde für mich freigehalten. Doch meiner Mutter ging es gesundheitlich immer schlechter, und ich wusste, dass ich sie nicht alleinlassen konnte. Ich zog zu ihr und meinem Vater in das Haus in Mae Sot und fand mich damit ab, dass ich meine Ausbildung, wenn überhaupt, dann eben später fortsetzen würde.

Bei meinen Eltern lebten inzwischen zwei neue Adoptivsöhne. Bei diesen verhielt es sich anders als bei den Adoptivkindern zuvor, denn sie waren ehemalige Kindersoldaten. Sie waren beide mit elf Jahren entführt worden. Der eine war auf dem Weg ins Kino auf der Straße in ein Militärfahrzeug gezerrt worden. Das war das Ende seiner Kindheit gewesen.

In der burmesischen Armee schickte man sie praktisch ohne Ausbildung an die Front. Sie mussten Waffen tragen, die so groß waren wie sie selbst. Wer sich weigerte zu kämpfen, wurde mit dem Erschießen bedroht, und wer nicht kämpfte, wurde als Zwangsarbeiter eingesetzt. Sie erhielten Amphetamine und andere Drogen, um den Aggressionspegel zu erhöhen, und man befahl ihnen, Frauen aus ethnischen Minderheiten – Karen, Shan oder andere – zu vergewaltigen und zu töten, wo immer sie ihnen begegneten.

Eines Tages hatten sich die beiden Jungen zur Flucht entschlossen. Sie hatten sich aus dem Lager geschlichen und sich durch den Dschungel zu einem Karen-Militärstützpunkt durchgeschlagen. Die Karen-Soldaten hatten sie zu meinem Vater gebracht.

Mein Vater hatte sie aufgenommen und ihnen ein Zuhause gegeben. Er behandelte sie wie Enkelsöhne, und sie wiederum nannten ihn »Großvater«. Sie waren jetzt ungefähr fünfzehn, und mein Vater wusste sehr wohl, dass es riskant war, ehemalige Kindersoldaten bei sich aufzunehmen. Er wusste – auch wenn er nie darüber sprach –, dass der Feind seine Ermordung plante. Und Freunde hatten ihn gewarnt, dass sich der burmesische Geheimdienst dazu eventuell der Jungen bedienen würde.

Normalerweise frühstückte die ganze Familie zusammen. Eines Morgens waren die beiden Jungen nirgendwo zu finden. Mein Vater machte sich Sorgen, und wir gingen alle in die Stadt, um sie zu suchen, konnten sie aber nirgendwo entdecken. Mein Vater war überzeugt, dass sie sich auf den Weg nach Burma gemacht hatten, um ihre Familien zu suchen. Er hatte sie zwar »Enkel« genannt, aber der Ruf der echten Familien war zu stark.

Zwei Wochen später bekam mein Vater einen Anruf. Am Telefon war einer der beiden Jungen.

Er sagte: »Großvater, ich bin zurück. Es tut mir leid, dass ich weggelaufen bin. Darf ich wieder bei dir wohnen?«

»Natürlich«, antwortete mein Vater ohne zu zögern. »Du weißt, dass du willkommen bist.«

Doch mein Vater war beunruhigt. Er vermutete, dass der burmesische Geheimdienst den Jungen aufgegriffen und mit einem Auftrag nach Thailand zurückgeschickt hatte. Warum sollte er sonst zurückgekehrt sein?

Als der Junge vor dem Haus stand, begrüßte ihn mein Vater, als ob nichts geschehen wäre. Er stellte keine einzige Frage und machte ihm keinen Vorwurf. Er begrüßte ihn, wie ein Großvater seinen Enkel begrüßt.

Drei Tage später setzte sich der Junge vor meinen Vater hin und beichtete ihm alles, was geschehen war. Genau wie mein Vater geargwöhnt hatte, waren die beiden Jungen heimlich über die Grenze gegangen, um nach ihren Familien zu suchen. Nach kürzester Zeit hatte der Geheimdienst sie aufgegriffen. Sie waren separat verhört worden und hatten jeweils die Schreie des anderen hören können, als die Prügel begannen.

Die Ermittler hatten zwei Fotoalben hervorgeholt. Zuerst hatten sie dem Jungen eine Menge Fotos von meinem Vater gezeigt, dann hatten sie ihm ein zweites Album gezeigt, in dem Fotos von mir klebten, Großaufnahmen im Auto meines Vaters und auf der Straße in Mae Sot.

Die Ermittler fragten den Jungen, ob er mich kenne. Er verneinte. Also schlugen sie ihn auf den Kopf. Ob er wüsste, wer ich sei, fragten sie weiter Er gestand, dass er mich im Haus meines Vaters gesehen hatte. Sie wiederholten ihre Frage. Er antwortete nicht. Daraufhin zogen sie ein Paar Klemmen hervor, die an eine Stromquelle angeschlossen waren, und befestigten sie an seinem nackten Arm.

Sie fragten ihn noch einmal: Wusste er, wer ich war? Wenn er ihnen keine Antwort gäbe, würden sie ihm einen Elektroschock verpassen. Er schwieg, und sie schalteten die Elektrizität an. Der Strom habe so entsetzlich weh getan, sagte der Junge zu meinem Vater, dass er danach nicht mehr schweigen konnte. Weinend berichtete er, dass er ihnen gesagt hatte, ich sei die Tochter meines Vaters und wohne bei ihm.

Da erklärten sie ihm, was sie von ihm wollten: Er sollte sich um uns beide »kümmern«. Sie stellten dem Jungen ein Ultimatum: Entweder konnte er nach Thailand zurückkehren und meinen Vater ermorden oder als Deserteur ins Gefängnis gehen. Er sollte nicht nur meinen Vater erledigen, sondern mich gleich mit. Wenn er sich weigerte, würden sie ihn nicht nur ins Gefängnis stecken, sondern auch dafür sorgen, dass seine Familie litt.

Diese letzte Drohung war entscheidend: Der Junge würde nach Thailand zurückkehren, um uns zu ermorden. Sie ließen ihn zwischen einem Bajonett und einer Pistole als Mordwaffe wählen. Die Pistole nahm er nicht. Sie war zu auffällig, und wenn ihn die Thai-Polizei durchsuchte, würde er ernsthafte Schwierigkeiten bekommen. Das Messer konnte er vielleicht durchschmuggeln. Und so fuhren die burmesischen Geheimdienstoffiziere mit ihm über die Grenze zurück nach Mae Sot. Bevor sie ihn absetzten, instruierten sie ihn, meinen Vater beim Frühstück umzubringen. Er sollte ihm das Bajonett von unten in den Brustkorb stoßen, bis ins Herz. Dann sollte er mich töten. Wenn er mich nicht töten konnte, solle er mich vergewaltigen. Und falls es ihm nicht gelang, meinen Vater zu töten, sollte er mich vergewaltigen und am Leben lassen. Ich sei das »Herz« meines Vaters, sagten sie, und wenn mein Vater miterleben musste, wie ich vergewaltigt wurde, würde es ihm das Herz brechen. Und das war fast so gut wie ihn umzubringen.

Sie hatten den Jungen im Zentrum von Mae Sot abgesetzt. Sie hatten ihm gezeigt, wo sie sich verstecken würden, um zu beobachten, wie mein Vater ihn abholte. Und dann hatten sie ihm befohlen anzurufen. Aber er hatte es nicht über sich gebracht, seinen schrecklichen Auftrag auszuführen. Er liebte meinen Vater sehr, weil er ihm geholfen und ihm ein Zuhause gegeben hatte.

Mein Vater wusste, dass der Junge jetzt nur eines brauchte: Nachsicht. Da er bei seinem Auftrag versagt hatte, würde sich der burmesische Geheimdienst an ihm oder seiner Familie oder an beiden rächen wollen. Früher hatte mein Vater Dutzenden von Ex-Kindersoldaten geholfen. Das Geständnis des Jungen hatte ihn keineswegs schockiert. Nur eines setzte ihm zu: dass man seine Tochter umbringen wollte, *mich*.

Mittlerweile war mein Vater Generalsekretär der Karen National Union, nahm also eine hochrangige Stellung innerhalb des Widerstands ein. Dies machte ihn natürlich zu einer Zielscheibe. Aber seine Familie? Es war mir nie in den Sinn gekommen, dass die Junta uns im Visier haben könnte. Andererseits klang das, was der Junge erzählte, völlig einleuchtend. Wenn sie einen von uns töteten – Bwa Bwa, Slone, Say Say oder mich –, würde das meinen Vater tief treffen. Und damit hofften sie, ihn zu brechen.

In den folgenden Monaten verschlechterte sich der Gesundheitszustand meiner Mutter kontinuierlich. Im Frühjahr 2004 wurde sie wieder in das Krankenhaus von Mae Sot eingewiesen, wo uns die Ärzte sagten, Leber und Herz seien angegriffen. Sie stellten klar, dass sie im Krankenhaus bleiben müsse. Dort lag sie dann einen Monat lang mit einem Sauerstofftank neben sich. Ich schlief nachts in ihrem Zimmer auf einer Rollmatratze, die ich mitgebracht hatte. Die halbe Nacht massierte ich ihr den Rücken, um die Schmerzen von den wundgelegenen Stellen zu lindern. Dabei gestand sie mir, dass sie sich schuldig gefühlt hatte, weil sie nicht genug Zeit mit ihren alten Eltern verbracht hatte. Ich sagte, sie solle sich keine Sorgen deswegen machen. Dazu war sie vielleicht nicht in der Lage gewesen, dafür hatte sie sonst im Leben doch so viel geleistet. Manchmal kamen Say Say oder Freunde von uns zu Besuch und blieben oft sogar über Nacht im Krankenhaus. Mein Vater kam jeden Tag, aber über Nacht zu bleiben wäre lebensgefährlich gewesen. Die Schwestern drängten meine Mutter, sie müsse essen und ihre Medizin nehmen, aber sie konnte kaum noch etwas bei sich behalten. Sie versuchte, die Anweisungen zu befolgen, und ich sah, dass sie nicht sterben wollte.

Schließlich wurde sie über eine Sonde künstlich ernährt und mit Medikamenten versorgt. Meine Mutter hasste das und zog die Sonde oft heraus. Die Ärzte legten ihr schließlich Infusionen. Und dann bat mich ein Arzt um eine private Unterredung. »Ich weiß nicht, wie ich Ihnen das sagen soll, aber Ihre Mutter ist jetzt sehr krank. Es gibt keine Behandlungsmöglichkeit mehr für sie. Wenn es Angehörige gibt, die sie noch sehen möchten, sollten Sie sie jetzt rufen.«

Nach den Worten des Arztes wurde meine Mutter nur noch durch die Infusionen und die Sauerstoffmaske am Leben gehalten.

Als ich das hörte, überkam mich ein tiefes Gefühl von Verzweiflung. Ich ging nach draußen und weinte.

Ich rief Slone an, der mit einem OSI-Stipendium in Bangkok studierte und dann rief ich Bwa Bwa in England an. Sie sagten beide, sie würden alles stehen und liegen lassen und kommen.

Das erzählte ich meiner Mutter und bat sie, durchzuhalten, bis sie kämen.

Ich sah, dass sie sich über die Neuigkeit freute, aber sie war zu schwach zum Sprechen. Ich fragte den Arzt, ob er sie so lange am Leben halten könne, bis ihre Kinder da waren. Er stimmte einer Lebensverlängerung um zwei Wochen zu. Aber danach könne man nichts mehr für sie tun, man müsse die Herz-Lungen-Maschine abschalten. Er gab mir ein Formular, das wir unterzeichnen sollten, damit es ihm erlaubt war, die Geräte abzuschalten, so dass meine Mutter sterben konnte.

Ich sprach mit allen, und wir waren uns einig, dass es die richtige Entscheidung war, sie gehen zu lassen. Dennoch konnten sich mein Vater und Bwa Bwa nicht dazu durchringen, die Einverständniserklärung zu unterzeichnen. Mein Vater war in Tränen aufgelöst, der Verlust seiner Frau war ein schwerer Schlag für ihn. Weder er noch Bwa Bwa waren imstande, durch ihre Unterschrift ihr Leben zu beenden. Schließlich unterschrieben Say Say und ich das Formular.

Nun hatte meine Mutter nur noch wenige Tage zu leben. Ich bat sie, stark zu sein und meiner Schwester und meinem kleinen Bruder zuliebe durchzuhalten, aber ich wusste, dass sie uns bald verlassen würde. Vier Tage bevor die Geräte abgeschaltet wurden, kam Slone. Meine Mutter lächelte ihn voller Liebe an, aber sie konnte nicht mehr sprechen. Zwei Tage später saß Bwa Bwa am Bett meiner Mutter.

Sie sprach sie leise an: »Mami, Mami – ich bin es.«

Meine Mutter schlug die Augen auf und sah meine Schwester. Sie nahm wahr, dass sie gekommen war.

»Ich bin zurückgekommen, um bei dir zu sein«, flüsterte Bwa Bwa. »Alles ist gut. Alles ist gut.«

Meine Mutter lächelte und nickte.

Am 31. Juli 2004 wurde die Herz-Lungen-Maschine abgestellt. Meine Brüder hielten Mutters Hände, während sie vor unseren Augen davonging. Vor ihrem letzten Atemzug rief sie noch einen Namen aus, sie rief nach Say Say, ihrem Adoptivkind, das bei ihr geblieben war, als sie so krank war, während der Rest von uns seinen Träumen nachjagte.

Die Beisetzung fand in einem buddhistischen Kloster an der Grenze zwischen Burma und Thailand statt. Am Vormittag beteten buddhistische Mönche, am Nachmittag christliche Priester. Beim Übergang eines geliebten Menschen in die Geisterwelt rufen Animisten ihm eine Botschaft zu: »Du gehörst nicht mehr zur Welt der Menschen, darum musst du nun deinen eigenen Weg finden.« Das wurde auch für meine Mutter getan.

Mit Erstaunen sah ich die riesige Menschenmenge, die sich zur Beisetzung eingefunden hatte, um meiner Mutter die letzte Ehre zu erweisen. Tausende strömten herbei. Die meisten waren Karen-Flüchtlinge, Waisen, illegale Einwanderer und Enteignete – Menschen, denen meine Eltern ihr Leben lang geholfen hatten und die nun den Tod meiner Mutter betrauerten.

Ich hatte mich immer vor dem Verlust meiner Mutter gefürchtet. Nun, da sie tot war, hatte ich Schuldgefühle, weil ich nicht häufig genug bei ihr gewesen war.

Zwei Wochen nach dem Tod meiner Mutter feierten wir den Tag der Karen-Märtyrer. Er findet jedes Jahr am 12. August statt und dient der Erinnerung an all jene, die in den Jahrzehnten des Widerstands gestorben sind. Unsere ganze Familie ging mit der Asche meiner Mutter an den Moei-Fluss. Wir verstreuten sie unter einem ausladenden Baum und im Fluss.

Animisten glauben, dass der Geist einer Person nach ihrem Tod in der Welt bleibt. Wir wussten, dass der Geist meiner Mutter gerne an einem so schönen Ort verweilen würde – am Ufer des Moei, den sie so liebte.

In demselben Monat, in dem wir die Asche meiner Mutter verstreuten, erhielt Slone ein Stipendium des World University Service in Kanada. Er flog nach Kanada, und Bwa Bwa kehrte etwa zur gleichen Zeit nach Großbritannien zurück. Ich hatte mich entschlossen, einen Masterstudiengang an der Universität von East Anglia zu belegen.

Doch die Abreise von Bwa Bwa und Slone stellte mich vor ein

Dilemma. Ich wusste, dass mein Vater mich brauchte, um seinen Verlust besser bewältigen zu können. Aber wenn ich nicht im September zu Beginn des Studienjahrs in England an der Universität erschien, verlor ich meinen Studienplatz.

So rang ich mich dazu durch, das Angebot aus East Anglia anzunehmen und nach England zu fliegen.

27

Mit Bwa Bwa in London

Zwei Wochen später saß ich in Bwa Bwas winziger Wohnung in London. Meine Reise von Bangkok nach London war alles andere als reibungslos verlaufen. Ich war mit falschen Papieren nach Großbritannien eingereist, eine andere Möglichkeit hatte ich als staatenlose »Unperson« nicht. Aber dieser Teil meiner Geschichte muss aus verschiedenen Gründen im Dunkeln bleiben – nicht zuletzt, um jene zu schützen, die mir geholfen haben. Bwa Bwa arbeitete in einer Apotheke, weil sie ihr Studium zum Teil selbst finanzieren musste. An meinem ersten Tag in London ging sie arbeiten. Ich hatte das Bedürfnis nach einer Dusche, aber ich begriff beim besten Willen nicht, wie man die komplizierte Wasserhahn-Konstruktion in Gang setzte oder auf die richtige Temperatur brachte. Und später wollte ich eine Tasse Tee, doch der Teekocher entpuppte sich als unüberwindliches Hindernis. In Thailand hatten wir Wasser auf einer Kochplatte erhitzt.

Als Bwa Bwa nach Hause kam, lachte sie mich übermütig aus – typisch Dschungeltochter! Am nächsten Tag wollte ich mich schlauer anstellen und es gleich mit der Waschmaschine aufnehmen. Ich legte meine schmutzigen Kleider hinein, drehte an den Schaltern und drückte ein paar Knöpfe. Dann hoffte ich das Beste. Ein beruhigendes Brummen setzte ein, gefolgt vom Zischen des einströmenden Wassers, und die Trommel setzte sich in Bewegung. Es schien zu funktionieren.

Eine Stunde später hörten die Geräusche auf, und ich öffnete die Tür. Doch als ich hineinlangte und das erste Stück herauszog, war es auf Babygröße geschrumpft. Ich hatte fast meine gesamte Garderobe ruiniert. Als Bwa Bwa an diesem Abend nach Hause kam, hatte sie allen Grund, mich auszulachen. Dann inspizierte sie meine winzigen Kleidungsstücke, und man hätte meinen können, etwas Komischeres sei ihr im ganzen Leben noch nicht passiert.

Als Entschädigung für ihr Gelächter gab sie mir einige von ihren Kleidern. Sonst hätte ich nichts anzuziehen gehabt. Dann setzte Bwa Bwa mich in den Zug nach Norwich. Sie hatte dafür gesorgt, dass eine burmesische Freundin mich am Bahnhof abholte und sicher in mein Studentenzimmer brachte.

In Norwich wollte ich einen Master in »Politics and Development« machen. Ich wollte verstehen, was in meinem Land passierte, und meine neuerworbenen Kenntnisse zum Nutzen meines Volkes einsetzen – Menschen wie jenen, die wir auf unserem Marsch durch den Distrikt Papun getroffen hatten. Und ich wollte lernen, wie man die Welt über solche Greuel informiert, so wie ich es der jungen Mutter versprochen hatte.

Ich bewohnte ein Zimmer im Wohnheim der Universität. Hier war alles ganz anders als in dem College in Bangkok. Ich konnte offen über meine Flucht aus dem Dorf, die Flüchtlingslager, die Krise in Burma und das Leben der betroffenen Menschen sprechen. Ich hatte sogar Zeitungsartikel und Berichte über Burma mitgebracht und war entschlossen, mit so vielen Studenten wie möglich darüber zu reden.

Mein Studienfach liebte ich von Anfang an. Es klingt seltsam, aber erst nach meiner Ankunft in England hatte ich die Chance, die ganze Wahrheit über die Ereignisse in meinem Land herauszufinden. In Burma werden die Nachrichtensendungen vom Regime kontrolliert. Der Zugang zu Bildung ist beschränkt, es gibt keine freie Meinungsäußerung; selbst Dichter und Schauspieler wandern ins Gefängnis, wenn sie sich negativ über die Regierung äußern. In Gebiete, die von Minderheiten wie den Karen bewohnt sind, gelangen kaum Nachrichten, was nicht an der Regierung liegt, sondern an der Armut und den geographischen Gegebenheiten.

Was ich über die Geschichte meines Landes, das volle Ausmaß

der Menschenrechtsverletzungen und die Rolle der internationalen Gemeinschaft lernte, öffnete mir die Augen.

Ich hörte von der Oppositionsführerin Aung San Suu Kyi, die viele Jahre in Hausarrest verbracht hatte. Die Menschenrechtsverletzungen, die ich selbst erlebt hatte, waren nur ein Bruchteil dessen, was im ganzen Land vor sich ging.

In einem Seminar beschäftigten wir uns sogar mit der Rolle der internationalen Gemeinschaft in meinem Land. Was wir erfuhren, schockierte mich und machte mich wütend. Es war viel über Sanktionen gegen Burma gesprochen worden, aber in Wirklichkeit machten die Briten, die Europäer und andere seit Jahren Geschäfte mit den Generälen. Zu dem Zeitpunkt, als die burmesische Armee mein Dorf angriff, dinierte eine britische Handelsdelegation gerade in Rangun mit Mitgliedern des Regimes, das die Ermordung meines Volkes angeordnet hatte. Großbritannien hatte sich mittlerweile zu einem Kritiker des Militärregimes gewandelt, aber andere trieben immer noch Handel mit den Generälen.

Ich war empört über die Untätigkeit der EU und der UNO. Wieso gab es kein UNO-Waffenembargo gegen mein Land? Ich wünschte, die Menschen in Burma hätten alle – so wie ich – eine Chance, die Wahrheit zu erkennen. Es war doch verrückt, dass ich mich Tausende von Kilometern von meinem Land entfernen musste, um die Freiheit und Gelegenheit zu haben, das alles zu erfahren.

Wieder finanzierten zwei Stipendien mein Studium. Eines kam von Prospect Burma, das andere vom Burma Educational Scholarship Trust. Aber sie konnten meine Lebenshaltungskosten nicht komplett abdecken.

Bwa Bwa schlug vor, ich solle mir eine Arbeit als Kellnerin in einem der Thai-Restaurants suchen. Beim Bewerbungsgespräch in einem Restaurant namens Sugar Hut fragte der Manager, ob ich schon einmal als Kellnerin gearbeitet hätte. Nein, antwortete ich, aber ich sei bereit zu lernen. Ich würde mich gut als Kellnerin eignen, fuhr ich fort, weil ich gern mit Leuten redete. Er wollte es mit mir probieren.

Als ich am ersten Abend versuchte, eine Weinflasche zu öffnen, stieß ich sie um, und ein Weinglas zerbrach. Es war mir furchtbar unangenehm. Aber die Gäste reagierten sehr nett, und der Restaurantbesitzer erklärte mir, es sei nicht nötig, sich so häufig zu entschuldigen, schließlich mache jeder mal einen Fehler.

An der Universität erlebte ich einen ganz neuen Unterrichtsstil. Es ging darum, sich selbst zu fordern, Fragen zu stellen und mit anderen zu diskutieren. Das fiel mir nicht leicht. Reifes, kritisches Denken war gefragt, was ich kaum kannte. Zum Glück halfen mir meine Freunde aus dem Seminar und machten mir Mut. Für sie war es eine einzigartige Erfahrung, die Verhältnisse in einem Land gemeinsam mit einem Opfer der Unterdrückung aus eben diesem Land zu studieren. Bisher hatten sie so gut wie nichts über Burma gewusst. Niemand wusste, wer die Karen waren, geschweige denn, was sie durchlitten. Ich musste meinen Mitstudenten alles von Grund auf erklären, und ich konnte sehen, wie schockiert sie waren.

Nach zehn Monaten an der Universität rief mich eines Tages Bwa Bwa an und lud mich zu einer Demonstration in London ein. Am 19. Juni 2005 wollten sich Menschen versammeln und den Geburtstag von Aung San Suu Kyi feiern, der Generalsekretärin der »National League for Democracy«. Dr. Win Naing, ein burmesischer Bekannter und einer der prodemokratischen Exil-Politiker in London, hatte Bwa Bwa gebeten, daran teilzunehmen und mich mitzubringen.

Die Idee begeisterte mich. Ich hatte zwar keine Ahnung, was genau eine Demonstration war, denn ich hatte nie eine erlebt, aber ich stellte sie mir so ähnlich vor wie die Aufstände von 1988 in Rangun. Wahrscheinlich würden Studenten und Mönche durch die Straßen von London marschieren und das Ende der Diktatur fordern. Ich wusste, wir würden uns vor der burmesischen Botschaft versammeln, aber was wollten wir da? Und wie würde die britische Polizei reagieren?

Am Morgen des 19. Juni fuhr ich nach London. Meine Schwester hatte mir genaue Anweisungen für die Reise erteilt. Ich sollte am Bahnhof von Norwich in einen Zug nach London steigen und sitzen bleiben, bis der Zug in London die Liverpool Station erreichte. Ein paar Minuten vor der Abfahrtszeit rollte ein Zug auf den Bahnsteig ein. Ich setzte mich hinein und machte es mir bequem. Nicht lange danach klingelte mein Telefon. Es war Bwa Bwa.

»Hallo, ich sitze im Zug!«, verkündete ich fröhlich.

»Aber das kann nicht sein! Dein Zug kommt erst in ein paar Minuten.«

»Keine Sorge, ich bin schon drinnen. Ich sitze in dem, der vom Londoner Bahnsteig abfährt.«

»So etwas wie einen ›Londoner Bahnsteig‹ gibt es nicht. Von jedem Bahnsteig fahren Züge in verschiedene Richtungen ab. Du solltest lieber fragen, ob du im richtigen Zug sitzt, Zoya. Frage einfach jemanden, wohin er fährt.«

Ich wandte mich an einen älteren Mann, der neben mir saß.

»Entschuldigen Sie, wissen Sie, wohin dieser Zug fährt?«

»Ja. Die Endstation ist Peterborough. Warum? Wohin wollen Sie denn, junge Dame?«

»Oje. Nach London. Ich dachte, der Zug fährt nach London.«

Ich teilte Bwa Bwa die schlechte Neuigkeit mit. »Er fährt nach Peterborough oder so ähnlich. Was soll ich machen?«

»Such den Schaffner und frag ihn, wie du nach London kommst.«

Der Mann neben mir wies in die Richtung, in der ich den Schaffner finden konnte. Ich lief los und fragte mich, wie mir das hatte passieren können. Ich hatte nicht gewusst, dass von einem Bahnsteig Züge an verschiedene Orte fuhren. Zum Glück entdeckte ich den Schaffner in seiner schicken Uniform, und er war sehr hilfsbereit. Ich solle an der nächsten Station aussteigen, riet er, und auf den nächsten Zug warten. Auf der Anzeigetafel musste stehen, dass er nach London fuhr, und wenn ich mich vergewissert hatte, sollte ich einsteigen.

Zwei Stunden später war ich in London. Ich fragte mich zu einem Ort namens »Whitehall« durch. Dort hatten sich schon mehrere hundert Personen eingefunden, die Plakate mit Bildern von Aung San Suu Kyi in die Höhe hielten. Bwa Bwa hatte sich doch nicht freinehmen können, und so erklärte mir Dr. Win Naing, was vor sich ging. Wir standen auf dem Gehweg direkt gegenüber dem Sitz des Premierministers Tony Blair – Downing Street Nummer 10.

Ich war überrascht, wie der englische Premierminister wohnte. Wir hatten im Fernsehen Bilder vom Weißen Haus gesehen, einer prächtigen Residenz, der passende Rahmen für den amerikanischen Präsidenten. Hier wohnte der Premierminister wie jeder andere in einem Wohnhaus zwischen ganz ähnlich aussehenden Häusern. Ich holte mein Mobiltelefon hervor und versuchte, meinen Vater in Thailand zu erreichen.

»Pah! Pah!«, rief ich, sobald er abnahm. »Du wirst es nicht glauben, aber ich bin bei einer Demonstration zu Aung San Suu Kyis Geburtstag, und wir versuchen, Tony Blair von den ganzen Problemen in Burma zu berichten. Wir stehen direkt vor seinem Haus!«

»Meine Kleine Tochter!«, rief mein Vater lachend. Man hörte, wie er sich freute. »So gefällt mir meine Kleine Tochter!«

Wir marschierten zur Charles Street, wo sich die »Botschaft von Myanmar« befand – wie die Junta sie nennt. 1989 gab die Militärdiktatur Burma den neuen Namen Myanmar. Doch der Name wird von den meisten Ländern nicht anerkannt; auch die USA und die EU verwenden weiter den Namen »Burma«. Keine der prodemokratischen Widerstandsgruppen hat den Namenswechsel akzeptiert.

Während der Demonstration gingen einige Polizisten vor dem Zug her, andere sicherten ihn nach hinten. Zuerst beobachtete ich sie ein wenig nervös, aber ihr Hauptanliegen war offenbar, den Verkehr an bestimmten Punkten anzuhalten, damit wir gefahrlos Straßen überqueren konnten. Sie taten nichts, um uns zu behindern. Es war erstaunlich. Niemand wurde verhaftet. Niemand wurde weggebracht.

So musste es in einem demokratischen Land zugehen, dachte ich. Als wir durch die Straßen marschierten, stießen immer mehr

Leute zu uns, Burmesen, Karen und Angehörige anderer ethnischer Gruppierungen, aber auch viele Weiße. Das berührte mich tief. Ich hatte nicht gewusst, dass weißen Europäern unser Land so wichtig ist, und freute mich besonders, dass sie mit uns demonstrierten.

Ich trug die traditionelle Karen-Tracht, die in einem Flüchtlingslager handgewebt worden war. Sie war himmelblau, mit roten und weißen Quasten besetzt und reichte mir bis zu den Knöcheln. Ich trug sie, weil ich sie auch in meiner Heimat zu einem besonderen Anlass getragen hätte. Aber jetzt fiel mir auf, dass ich die einzige Karen in traditioneller Kleidung war und dadurch optisch aus der Menge herausstach.

Während wir durch die Straßen marschierten, trat ein junger Weißer auf mich zu. Er war lässig und modisch gekleidet, und von seinem Hals baumelten mehrere Kameras. Offensichtlich ein Journalist. Er lächelte mich an. »Hallo. Ich bin freier Fotograf. Und darf ich fragen, wer Sie sind?«

»Mein Name ist Zoya, und ich bin Karen-Flüchtling aus Burma.«

»Super. Darf ich Sie fotografieren? Und Ihnen ein paar Fragen stellen?«

Dagegen hatte ich nichts. Er fragte, warum ich aus Burma geflohen war und was mich nach Großbritannien geführt hätte. Ich erzählte ihm von mir, und währenddessen machte er einige Aufnahmen. Zuerst fühlte es sich merkwürdig an, vor allem, weil die anderen Demonstranten mich anstarrten. Ich wusste, dass sie dachten: Wer ist das? Aber ich versuchte mich natürlich zu verhalten und einfach mit den anderen weiterzugehen.

Dann erreichten wir die Botschaft. Ich erkannte die burmesische Fahne auf dem Dach. Zuletzt hatte ich diese Fahne an den Kontrollpunkten der burmesischen Armee am Salween gesehen, als wir mit dem Longtail-Boot vorbeifuhren und hofften, die Soldaten würden uns nicht entdecken und nicht auf uns schießen.

Jemand tippte mich auf die Schulter. Es war Dr. Win Naing.

»Zoya, wären Sie gerne Moderatorin?«, fragte er.

»Moderatorin?«

»Bei der Kundgebung«, erklärte er.

Ich hatte keine Ahnung, was eine Moderatorin zu tun hatte, aber ich sagte, es wäre mir eine Ehre. »Könnten Sie mir erklären, was eine Moderatorin macht?«

»Im Wesentlichen muss man nur die Sprecher vorstellen. Und ein paar Worte über Daw Aung San Suu Kyis Geburtstag sagen. Okay?«

»Gut«, erwiderte ich, obwohl ich damals noch sehr wenig über ihr Leben wusste.

Er gab mir einen trichterförmigen Gegenstand. Er war sehr schwer.

»Das ist ein Megaphon«, erklärte er. »Drücken Sie auf den Knopf, und sprechen Sie hier in dieses Ende hinein, dann können alle hören, was Sie sagen – selbst die Leute in der Botschaft!«

Ich war aufgeregt. So etwas hatte ich noch nie getan, und auf die Anfrage war ich überhaupt nicht gefasst gewesen. Dr. Win Naing kannte meinen Vater und hatte vielleicht deshalb angenommen, dass ich bei öffentlichen Kundgebungen ähnlich versiert wäre. Ich hielt das Megaphon an den Mund und drückte die Sprechtaste.

»Meine Damen und Herren«, begann ich – so hatte mein Vater immer begonnen. »Meine Damen und Herren, heute ist der sechzigste Geburtstag von Daw Aung San Suu Kyi. Wir sind hier, weil sie und das, wofür sie steht, für uns wichtig sind. Wir sind hier, weil sie nicht frei ist, sondern unter Hausarrest steht. Wir sind hier, weil sie selbst nicht hier sein kann. Und ich weiß, Sie alle sind hier, weil Sie etwas für Burma, die Demokratie und die Menschenrechte empfinden. Unser erster Sprecher ist U Uttara, ein buddhistischer Mönch und das Oberhaupt der Mönche in Großbritannien.«

U Uttara trat vor. Ich gab ihm das Megaphon. Er sah beeindruckend aus, wie er da im hellen Sommerlicht in seiner safrangelben Robe stand.

»Heute ist ein sehr wichtiger Tag«, begann er mit seiner sanften, leisen Stimme. »Er ist wichtig, weil wir zusammengekommen sind, um uns daran zu erinnern ...«

Während er sprach, blickte ich mich um. Wir waren umgeben von einem Schwarm von Fotografen, Videojournalisten und Leuten, die in Notizbücher schrieben. »Toll!«, dachte ich, »das ist großartig. Das ist Demokratie und Redefreiheit und freie Presse in Aktion – all das, was wir in Burma nicht haben.«

Als U Uttara geendet hatte, nahm ich wieder das Megaphon in die Hand. »Was wollen wir?«, rief ich. »De-mo-kra-tie! De-mo-kra-tie!«

»Demokratie! Demokratie! Demokratie!«, scholl es aus der Menge zu mir zurück.

»Wann wollen wir sie?«, rief ich.

»Jetzt! Jetzt!«, schrie die Menge.

Als die Sprechchöre durch die Straße hallten, bewegten sich die Vorhänge im oberen Stockwerk der Botschaft. Plötzlich standen Leute am Fenster, die die Demonstranten fotografierten und filmten. Aber die Menge ließ sich nicht beirren, und niemand schien sich im mindesten eingeschüchtert zu fühlen. Also dachte ich mir: »Rufen wir, so laut es geht, denn in Burma oder auch Thailand können wir das auf keinen Fall tun.«

Aus irgendeinem Grund war ich beim Moderieren der Veranstaltung ganz und gar nicht nervös. Es machte mir sogar Spaß. Anschließend umringten mich Journalisten, die mir alle die gleichen Fragen stellten: Wie lange leben Sie schon hier? Was haben Sie in Burma erlebt? Warum sind Sie nach Großbritannien gekommen? Welche Botschaft haben Sie für Aung San Suu Kyi zum Geburtstag? Wie lautet Ihre Botschaft an die burmesische Junta?

Ich hatte keine Mühe, Gesten und Worte zu finden, und mir kam der Gedanke, das könne sehr wohl das Erbteil meines Vaters sein. Ich erinnerte mich an die erste Rede, die ich bei der Kundgebung im Neuen Dorf von ihm gehört hatte. Und nun stand ich hier und folgte seinem Beispiel.

Am Ende der Interviews kam ein Weißer im eleganten Geschäftsanzug auf mich zu. Er hatte sich einen ruhigen Moment ausgesucht, um mich anzusprechen. Ich mochte ihn auf Anhieb, denn seine Augen lächelten, und er hatte ein freundliches Gesicht. Er stellte sich als Mark Farmaner vor, Mitglied einer Organisation mit dem Namen »Burma Campaign UK« mit Sitz in London.

»Sie haben das heute großartig gemacht«, sagte er. »Wir wissen nicht viel über die derzeitige Situation der Karen. Würden Sie in unser Büro kommen und uns informieren?«

»Ich studiere an der Universität East Anglia in Norwich«, antwortete ich. »Ich habe viel zu tun, und es ist schwierig, nach London zu fahren. Aber ich versuche es.«

Als ich an jenem Abend im Zug nach Hause saß – dem richtigen diesmal –, dachte ich über den Verlauf des Tages nach. Etwas so Ermutigendes und Aufregendes hatte ich noch selten erlebt. Ich rief meine Schwester an und erzählte ihr jedes Detail, an das ich mich erinnern konnte. Dann rief ich meinen Vater an und berichtete auch ihm alles haarklein.

»Oh, meine Kleine Tochter!«, rief er, und ich hörte ihm an, wie stolz er war. »Dann tritt meine Kleine Tochter also in die Fußstapfen ihres alten Vaters!«

Ich wusste damals noch nicht, wie recht er hatte. Dieser Tag sollte mein Leben verändern und mich auf einen neuen Weg bringen, auf dem ich mein Bestreben, dem Volk der Karen zu helfen, verwirklichen konnte, der mich aber auch neuen Gefahren auslieferte.

Zum ersten Mal im Leben hatte ich denjenigen, die mein Land verwüsteten, mein Volk mordeten und mich aus meiner Heimat vertrieben hatten, Paroli bieten können. Mein ganzes Leben lang war ich Opfer gewesen – an diesem Tag hatte ich erfahren, was es bedeutete, sich zu wehren.

Es war das faszinierendste Gefühl der Welt.

In den Fussstapfen meines Vaters

Eine Woche später saß ich in meinem kleinen Zimmer im Col-
lege und arbeitete an einer Hausarbeit, als mein Handy klin-
gelte. Es war Mark, der Mitarbeiter von Burma Campaign UK.
Er erklärte, ein britischer Menschenrechts-Experte habe einen
neuen Bericht mit dem Titel »Dying Alive« erstellt, in dem der
Völkermord an den Karen detailliert beschrieben wurde. Das
BBC-Programm *Newsnight* bereite gerade eine Story zu diesem
Bericht vor.

»Sie würden gerne jemanden aus dem Karen-Volk interviewen«,
sagte er. »Jemanden, der aus eigener Erfahrung über die Ereignisse sprechen kann. Könnten Sie sich so etwas vorstellen?«

»Ja«, erwiderte ich ohne Zögern. »Natürlich. Was soll ich tun?«

Ich wusste nicht, wer oder was *Newsnight* war, aber ich erkannte natürlich den Namen BBC – eine feste Größe meiner Kindheit, schließlich hatte meine Mutter oft abendelang an ihrem
winzigen Langwellenradio dem BBC World Service gelauscht.
Das war die Chance, sich Gehör zu verschaffen, und ich wollte
sie mir nicht entgehen lassen. Mark sagte mir, die BBC würde
mich anrufen, und kurz darauf klingelte tatsächlich das Telefon,
und ich verabredete mich mit meinem Gesprächspartner Tim
Hewell.

Ein paar Stunden später fuhr ich mit dem Taxi vor dem BBC-
Gebäude in White City vor. Ich traf Tim, und er nahm mich mit
nach draußen auf das BBC-Gelände, wo er das Interview führte.
Ich war etwas nervös, da alles einen so offiziellen Anstrich hatte,
aber sie wollten nur, dass ich meine Geschichte erzählte. Damals
hatte ich keine Ahnung, dass *Newsnight* eine so einflussreiche
Sendung war wie etwa die *Tagesthemen* oder das *heute journal*

in Deutschland und dass sie von Millionen Menschen gesehen wurde. Als ich fertig war, hoffte ich, dass es gut gelaufen war. Ein paar Tage später bekam ich noch einen Anruf von Mark. Er hatte die Ausstrahlung der Reportage gesehen, was mir nicht möglich gewesen war, denn ich hatte keinen Fernseher in meinem Zimmer.

»Glückwunsch, Zoya«, sagte er. »Gut gemacht. Sie waren brillant. Wir hätten gerne, dass Sie bei Burma Campaign UK mitarbeiten. Hätten Sie Interesse an einem Treffen?«

Ich musste für meinen Master lernen, aber ich verabredete mich mit Mark zum Mittagessen.

Zu dieser Zeit stand ich vor einer wichtigen Lebensentscheidung. Mein Stipendiengeld war so gut wie aufgebraucht, und ich würde bald nach Hause zurückkehren müssen. Die Frage war nur: Wo genau war mein Zuhause? Wo gab es ein Zuhause für mich? Burma war es nicht, so viel war sicher. Thailand? Die Flüchtlingslager? Bangkok?

Es war der Juli 2005. Mein Visum war noch sechs Monate gültig, dann würde ich mich entscheiden müssen. Am Monatsanfang erhielt ich eine Nachricht aus Thailand. Im Flüchtlingslager Mae La war ein weiteres Projekt zur Flüchtlingsregistrierung geplant. Offiziell war mein Flüchtlingsstatus an die Registrierung in diesem Lager geknüpft. Wenn ich in England blieb, würde man mich von der Liste streichen.

Ich konnte nicht zurück. Selbst wenn es mir gelingen würde, das Geld für den Flug irgendwie zusammenzukratzen, nutzte mir das nichts, denn ich hatte nur ein einziges Einreisevisum für Großbritannien. Wenn ich nach Thailand flog und mich registrieren ließ, würde man mich nicht wieder nach England hineinlassen. Aber ich wollte doch noch mein Masterexamen ablegen. Mir blieb wohl keine andere Wahl, als meinen UNO-Flüchtlingsstatus aufzugeben. Aber wenn ich das tat, war ich meiner amtlichen Identität beraubt und eine Staatenlose.

All das ging mir durch den Kopf, als ich mich mit Mark in London traf. Wir gingen in einen Pub, und er gab mir eine große

Speisekarte. Wie üblich bestellte ich Würstchen mit Kartoffelbrei. Meine englischen Freunde glaubten, das sei mein Lieblingsessen, denn immer wenn wir ausgingen, aß ich dasselbe, und sie machten sich schon darüber lustig: »Zoya, du bist wirklich scharf auf Würstchen und Kartoffelbrei!« Im Grunde mochte ich das aber gar nicht so sehr. Ich kannte mich nur bei den anderen Gerichten nicht aus und hatte noch nicht richtig gelernt, mit Messer und Gabel umzugehen. Würstchen ließen sich leicht schneiden, und beim Kartoffelbrei brauchte man überhaupt kein Messer.

Ich stocherte in meinem Kartoffelbrei, während mir Mark die Arbeit bei Burma Campaign UK beschrieb. Aber im Herzen war ich bei meinem Volk. Ich wusste nicht, wie ich es anstellen sollte, aber ich wollte unbedingt in die Grenzregion zurück und den Menschen dort helfen. Das erklärte ich Mark, und er erwiderte spontan, in London könne ich mehr für sie tun als an der Grenze.

»Dieser weiße Mann ist verrückt«, dachte ich. »Wovon redet er? Wie kann ich ihnen helfen, wenn ich Tausende von Kilometern weg bin?«

Kurz nach dem Treffen mit Mark erreichten mich neue beunruhigende Nachrichten. Mein Vater rief mich an und berichtete, dass die KNU einen Funkspruch der burmesischen Armee abgefangen habe. Es gab eine »Abschussliste«, und mein Name stand darauf. Vielleicht hatte ich durch mein Interview bei der BBC den burmesischen Geheimdienst auf mich aufmerksam gemacht. Ich sprach darüber mit Bwa Bwa, die mir definitiv davon abriet, nach Thailand zurückzugehen. Ich solle lieber in Großbritannien den Flüchtlingsstatus beantragen. Das hatte sie getan, und sie hatte tatsächlich schon gültige Papiere, die ihren Status als Flüchtling bestätigten. Das wiederum bedeutete, dass sie so lange problemlos in Großbritannien bleiben konnte, wie es nötig war.

Da mein UNO-Flüchtlingsstatus in Thailand nicht verlängert werden konnte und die burmesische Regierung entschlossen schien, mich zu töten, blieb mir keine andere Wahl. Am 7. Juli wollte ich zum Refugee Legal Centre in London fahren, um meinen Antrag einzureichen, aber die ganze Stadt war gelähmt von den Terroranschlägen in der U-Bahn. Ich versuchte es wieder am 21. Juli, aber es gab wieder einen Terroralarm, und die U-Bahn fuhr nicht. So versuchte ich es am 5. August erneut, und diesmal konnte ich mit einer Anwältin sprechen. Sie schickte mich direkt in die Zentrale in Croydon, wo ich meine Unterlagen abgab. Als ich hinkam, war ich verblüfft, wie lang die Warteschlange war. Menschen aller möglichen Nationalitäten und Religionen stellten einen Antrag auf Bleiberecht in Großbritannien, weil sie sich von Verfolgung bedroht fühlten.

Ich verstand das Konzept, nach dem Flüchtlingen Asyl und Schutz gewährt wurde, aber ich war erstaunt über die große Zahl von Asylsuchenden, die sichtlich viel durchgemacht hatten. Es sagte viel über die Toleranz der britischen Regierung und des britischen Volkes aus, dass sie ihre Güte auf Menschen aus der ganzen Welt ausdehnen.

Doch als ich meinen Antrag einreichte, war ich ein Nervenbündel. Ich fürchtete, dass man mich wegen meiner falschen Papiere in Haft nehmen würde. In diesem Fall mussten sie mich anschließend nur nach Burma ausliefern, und das wäre mein Ende. Am Tag meines Termins nahm ich mein numeriertes Ticket und wartete darauf, aufgerufen zu werden. Endlich wurde ich in eine der Kabinen gerufen. Man stellte mir ein paar Fragen zu den Angaben auf den Formularen des Refugee Legal Center, und dann hieß es, ich solle am Montag wiederkommen. Es war Freitagabend, und die Behörde war über das Wochenende geschlossen. Ich machte mir das ganze Wochenende über Sorgen. Am Montag um sieben Uhr ging ich wieder hin. Man nahm meine Fingerabdrücke, und ich wurde fotografiert und erhielt einen Ausweis für Asylsuchende, aber am Ende des Tages hatte ich immer noch niemanden gesprochen. Ich wurde aufgefordert, am nächsten Tag wiederzukommen.

Es war extrem frustrierend. Ich wohnte bei Bwa Bwa am Stadtrand von London. Die Fahrt nach Croydon dauerte Stunden, die Zugfahrt kostete mich ein Vermögen. Aber ich ging, wie verlangt, am nächsten Tag wieder hin. Noch bevor die Behörde überhaupt geöffnet hatte, stand ich in einer Schlange von mehreren hundert Menschen.

Mittags wurde ich in ein Büro gerufen. Ich saß dem Beamten an einem Tisch gegenüber. Er fragte mich, wie ich zu meinem Pass gekommen sei. Ich gab zu, er sei falsch, und wies darauf hin, dass das alles auf dem Formular stand, das die Anwältin am Refugee Legal Centre für mich ausgefüllt hatte.

Daraufhin sagte der Mann in mahnendem Tonfall, es sei ein schweres Vergehen, sich falsche Papiere zu beschaffen.

»Wissen Sie nicht, was Sie für Schwierigkeiten bekommen können?«, sagte er. »Sie können deswegen für zwanzig Jahre ins Gefängnis wandern. Wissen Sie das denn nicht?«

»Nein, das wusste ich nicht«, brachte ich mühsam hervor.

Er kritzelte ein paar Notizen auf ein Blatt, und dann stand er auf, als wolle er weggehen. Ich bat ihn um eine Kopie des Blattes. Das hatte mir meine Anwältin im Refugee Legal Center geraten.

Er schüttelte den Kopf. »Sie brauchen keine Kopie.«

Dann ging er hinaus. Ich war wieder allein. Ich hatte Mitgefühl erwartet, aber er war sehr ruppig gewesen. Ich nahm an, dass er, wenn er wiederkam, zwei Polizisten mitbringen würde, die mich abführen würden.

Das wäre das Ende aller meiner Träume gewesen. Ich würde die nächsten zwanzig Jahre im Gefängnis verbringen. In meinen Augen brannten Tränen. So elend hatte ich mich selten gefühlt. Aus irgendeinem Grund war dieser Moment fast ebenso schrecklich wie die erste Flucht aus unserem Dorf. War alles, worum ich gekämpft hatte, vergeblich gewesen?

Plötzlich flog die Tür auf, und ein anderer Mann trat ein. Er wurde von einer bekümmert wirkenden Dame begleitet, die wie eine Burmesin aussah. Ohne jede Einleitung oder Vorstellung fing er an, mich mit Fragen zu bombardieren. Er sprach Englisch, und bevor ich antworten konnte, übersetzte die Dame ins Burmesische. Das war vollkommen absurd. Ich sprach kein Burmesisch. Ich verstand sein Englisch, aber von dem, was sie sagte, verstand ich nur die Hälfte.

»Hören Sie, ich habe doch schon gesagt, dass ich keine Übersetzung brauche«, wandte ich ein. »Ich spreche kein Burmesisch. Ich bin Karen. *Karen.* Wir haben unsere eigene Sprache. Ich will keine Übersetzerin. Ich spreche kein Burmesisch, sie spricht kein Karen. Lassen Sie uns das auf Englisch fortsetzen.«

Er schnaubte verächtlich. »So, Sie sind also aus Burma, aber Sie sprechen kein Burmesisch. Können Sie mir das mal erklären?«

»Wie ich schon erklärt und auf meinem Formular klar und deutlich vermerkt habe, stamme ich aus einer anderen ethnischen Gruppe«, sagte ich. »Ich bin eine Karen. Wir Karen haben unsere eigenen Traditionen, unsere Kultur und Sprache. Die Karen-Sprache ist etwas anderes als die burmesische Sprache. Deshalb können wir einander nicht verstehen. Es gibt in Burma mehrere Dutzend unterschiedlicher ethnischer Gruppierungen, von denen viele ...«

Die gesamte Befragung dauerte über eine Stunde und wurde auf Englisch geführt.

»So, das war's«, verkündete der Mann schließlich. »Ich denke, ich werde Sie inhaftieren müssen.«

Die Übersetzerin blickte aufrichtig erschrocken auf. Ich war entsetzt. Ich wusste, was das Wort »inhaftieren« bedeutete. Es war der erste Schritt zur Deportation.

»Aber warum denn?«, platzte ich heraus. »Warum wollen Sie mich inhaftieren? Was habe ich Unrechtes getan?«

»Sie sind illegal eingereist«, fuhr er mich an. »Sie sind mit einem falschen Pass hergekommen, oder etwa nicht?«

»Und das bedeutet, ich muss inhaftiert werden?«, hakte ich nach. Die Angst schnürte mir die Kehle zu. Was hatte ich mir nur dabei gedacht? Warum war ich hergekommen, wenn ich hier so eine Behandlung über mich ergehen lassen musste?

»Na gut, vielleicht gibt es eine andere Lösung«, erklärte er.

»Vielleicht müssen wir Sie doch nicht in Haft nehmen. Aber dann müssen Sie sich jede Woche bei Ihrer örtlichen Polizeiwache melden und unterschreiben. Mehr kann ich nicht für Sie tun.«

Als ich den Raum verließ, fühlte ich mich ausgelaugt. Aber wenigstens war ich nicht verhaftet worden, sagte ich mir, als ich zum Ausgang schlich. Bwa Bwa beruhigte mich. Ihrem Antrag auf Flüchtlingsstatus hatte man schließlich zugestimmt, und bei mir wäre es sicher nur eine Frage der Zeit. Mein Fall war noch eindeutiger als ihrer, denn ich hatte mich durch mein Interview zum erklärten Feind der burmesischen Junta gemacht.

Nachdem ich einen Asylantrag gestellt hatte, durfte ich in Großbritannien keiner regulären Arbeit mehr nachgehen, aber ich wollte immer noch für Burma Campaign UK tätig sein und meldete mich deshalb als Ehrenamtliche.

Eines Abends fuhren Mark und ich zusammen von Oxford zurück, wo wir an der Universität gesprochen hatten. Unterwegs erzählte er mir, dass ihn meine Worte zu Tränen gerührt hatten und auch das Publikum immer sehr bewegt reagierte. Ich wusste, dass ich jede Gelegenheit nutzen musste, die Welt auf die Ereignisse in meinem Land aufmerksam zu machen, und seine Worte ermutigten mich sehr. Endlich hatte ich das Gefühl, dass ich selbst etwas bewegen konnte.

Nachdem wir fast drei Monate lang Öffentlichkeitsarbeit betrieben hatten, ließ die britische Regierung verlauten, sie würde zustimmen, wenn der Fall Burma vor den Weltsicherheitsrat gebracht würde. Jetzt erlebte ich, dass unsere Arbeit ganz konkret etwas bewirken konnte. Im Dezember 2005 befürworteten neun Länder eine Anhörung im UNO-Sicherheitsrat über die Situation in Burma, und so kam es zum ersten Mal in der Geschichte dazu, dass im mächtigsten Gremium der Welt über mein Land gesprochen wurde. Es waren nur informelle Gespräche, aber es war immerhin ein wichtiger Schritt vorwärts. Wir machten weiter Druck, und im September 2006 gab es als nächsten Schritt die erste offizielle Anhörung. Im Januar 2007 legten die USA und

Großbritannien eine Resolution vor, in der das Regime aufgefordert wurde, Verhandlungen aufzunehmen, aber China und Russland legten ein Veto ein. Noch schockierender war, dass Südafrika sich ihnen anschloss. Wie konnten sie das tun, nachdem sie bei ihrem eigenen Kampf gegen die Apartheid so dringend auf internationale Unterstützung angewiesen waren?

Anfang 2006 verschärfte die burmesische Junta ihre Angriffe auf die Karen. Zehntausende wurden aus ihren Häusern vertrieben. Berichte über grauenhafte Misshandlungen drangen aus den Karen-Gebieten: Frauen und Kinder wurden vergewaltigt, Dorfbewohner wurden schrecklich verstümmelt, manchen wurden Ohren, Arme und Brüste abgeschnitten. Es gab sogar Enthauptungen.

Die britische Regierung und die UNO schienen das alles ignorieren zu wollen. Während das Regime brutal gegen mein Volk vorging, fuhr der neue UNO-Sondergesandte Ibrahim Gambari nach Burma. Doch statt ein Ende der Mordtaten zu fordern, die die UNO später als Bruch der Genfer Konvention bezeichnete, posierte er lächelnd auf Fotos mit den Generälen und redete sogar davon, die Militärs hätten eine neue Seite in ihren Beziehungen zur Weltgemeinschaft aufgeschlagen. Ich war außer mir vor Wut. Er schien seine eigenen Lügen auch noch zu glauben.

Zu den Menschen, die aus ihren Häusern vertrieben worden waren, gelangte keine Hilfe, und ich wurde immer aufgebrachter. Wir mussten etwas unternehmen. Ich war sehr nervös, weil ich wusste, dass von meiner erfolgreichen Arbeit Menschenleben abhingen.

Als Priorität hatten wir von Burma Campaign uns gesetzt, den Heimatlosen im Dschungel Hilfe zu schicken. Viele von ihnen waren nur von Thailand aus erreichbar, denn das Regime blockierte Hilfslieferungen im Land selbst. Die Monate gingen ins Land, und noch immer wurde nichts getan. Und die ganze Zeit über starben Menschen.

Im Oktober 2006 kam endlich Bewegung in die Sache. Der Menschenrechtsaktivist Benedict Rogers, der bei Christian Solidarity Worldwide mitarbeitete, rief mich an. Er wollte, dass ich anstelle von Aung San Suu Kyi, die noch immer unter Hausarrest stand, sechs Minuten bei der Jahresversammlung der Konservativen sprach. Mit einer gründlichen Vorbereitung würde es schon gutgehen, dachte ich mir.

Für meinen Auftritt in Brighton wählte ich ein schlichtes weißes Karen-Kleid, um meine Identität klar und eindeutig zu unterstreichen.

Erst im Konferenzsaal wurde mir die ganze Dimension meines Vorhabens plötzlich bewusst. Der Saal hatte gigantische Ausmaße und fasste Tausende von Menschen. Ich war verblüfft, aber unverzagt.

Mir blieb wenig Zeit, nervös zu werden, denn ich kam sehr bald an die Reihe. Ich wurde auf die Bühne geleitet. Vor mir erstreckte sich ein Meer von Gesichtern. »Guten Tag, meine Damen und Herren«, begann ich. Ich wies hinter mich, auf die grüne Tür zur Künstler-Lounge. »Bei diesem grünen Hintergrund habe ich fast das Gefühl, als wäre ich wieder zu Hause im Dschungel …«

Gedämpftes Lachen ging durch den Saal.

»Es ist mir eine Ehre, heute vor Ihnen sprechen zu dürfen … Als ich gerade erst vierzehn war, kamen die Soldaten in mein Dorf. Bomben explodierten, und sie eröffneten das Feuer. Ohne Vorwarnung. Wir liefen um unser Leben, aber viele wurden getötet. Meine Familie floh auch, wir trugen das Nötigste auf dem Rücken, ließen unser Zuhause und alles zurück. Ich erinnere mich noch an den Geruch des schwarzen Rauchs, als unser Dorf zerstört wurde …

Mein Land wird von einer der brutalsten Diktaturen der Welt regiert. Elf Jahre sind seit dem Angriff auf mein Dorf vergangen, aber nichts hat sich verändert. Vor wenigen Monaten begann das Regime wieder eine Offensive gegen Karen-Zivilisten. Sie erschossen Kinder, verstümmelten und köpften Erwachsene, vertrieben 20 000 Menschen aus ihren Häusern. Und immer noch unternimmt die britische Regierung nichts, um zu verhindern, dass Firmen in Burma investieren. Wie viele Generationen sollen noch leiden, während die Welt den Blick abwendet?«

Als meine Fragen verklangen, brandete Beifall auf.

»In vielen Ländern haben Handel und Investitionen eine positive Wirkung, weil sie Arbeitsstellen und Wohlstand mit sich bringen und eine Öffnung für neue Ideen bewirken. In Burma ist das Gegenteil der Fall. Das Regime nutzt Handel und Investitionen, um die Armeestärke zu verdoppeln und seine Ausgaben für Gesundheit und Bildung zu reduzieren. Deshalb fordern die Menschen in Burma gezielte wirtschaftliche Sanktionen, damit die Lebensader gekappt wird, die das Regime im Sattel hält.«

Mehr Applaus brandete auf. Es schien gut zu laufen.

»Was ist wichtiger als unser aller Grundrecht, in Frieden und ohne Angst zu leben? Wie können Regierungen zusehen, wenn in Burma unschuldige Kinder erschossen werden, fünfjährige Mädchen von Soldaten vergewaltigt werden und Tausende politische Gefangene jeden Tag von Folter bedroht sind? Wenn Aung San Suu Kyi unter Hausarrest steht und ihr Leben in Gefahr ist?«

Ich redete noch ein paar Minuten weiter und schloss dann mit einem einfachen Satz, der von Herzen kam: »Es gibt Millionen Menschen wie mich auf der ganzen Welt, die von brutalen Regimes aus ihren Häusern vertrieben wurden ... Wir möchten einfach nur nach Hause. Aber ohne Ihre Hilfe kann ich das nicht. Bitte helfen Sie uns, damit wir nach Hause können. Danke.«

Als ich fertig war, standen immer mehr Menschen auf, und plötzlich bekam ich, das Mädchen aus dem Dschungel, von 3 500 Delegierten stehende Ovationen. Ich hatte es geschafft. Ich hatte fünf Minuten lang frei gesprochen. Am Ende hatte ich meine Notizen nicht mehr gebraucht. Ich war erleichtert, dass es vorüber war, und überwältigt von dem Ergebnis. Eine so positive Reaktion hatte ich nicht erwartet.

Nach diesem Vormittag wurde ich um viele Interviews gebeten. Am nächsten Tag lobte *The Times* meine Rede, und meine Bitte, nach Hause gehen zu dürfen, war im *Mirror* die Schlagzeile des Tages. Im Taxi zum Bahnhof erkannte mich der Fahrer. Er zeigte mir die örtliche Tageszeitung, die meine gesamte Rede abgedruckt hatte. Es war mir offensichtlich gelungen, meine Botschaft deutlich zu vermitteln: Es musste etwas für die Menschen in Burma geschehen.

Doch die größere Bekanntheit brachte auch Gefahren mit sich. Mehr denn je geriet ich in die Schusslinie.

29

In der Schusslinie

Ich musste mich immer noch einmal wöchentlich bei der Polizei melden, aber in Bezug auf meinen Antrag auf Flüchtlingsstatus schien nichts voranzugehen. Das Innenministerium schrieb an meine Anwältin, sie bräuchten Belege für meinen Flüchtlingsstatus in Thailand. Inzwischen war ich aber vermutlich von der UNO-Liste im Lager Mae La gestrichen. Ich war beunruhigt, weil ich immer noch befürchtete, man würde mich nach Burma deportieren. Manchmal liefen mir nachts die Tränen über das Gesicht.

Im Februar 2007 wohnte ich besuchsweise in London bei einer Freundin. Eines Abends war ich mit Satoko, einer japanischen Studentin, die ich von der Universität kannte, auf dem Heimweg. Bwa Bwa hatte sich zum Abendessen angekündigt. Satoko und ich gingen im Regen die dunkle Straße entlang, bis wir vor der Haustür standen. Ich trat zurück, um Satoko vorzulassen, und sah auf einmal zwei dunkle Schatten, die sich von einer Telefonzelle lösten und auf mich zuliefen.

Ein scharfer Schmerz durchfuhr mich, als einer von beiden mich an den Haaren packte und rückwärts in Richtung Straße zog. Ich schrie, so laut ich konnte. Meine Handtasche trug ich über der Schulter, aber keiner von beiden versuchte sie zu ergreifen. Stattdessen zerrten sie mich zum Bordstein. Satoko drehte sich, alarmiert von meinen Schreien, um. Ich schrie noch lauter um Hilfe, und plötzlich ließen meine Angreifer los und liefen weg. Ich hatte einen Schock und zitterte haltlos. Meine Freundin half mir ins Haus. Einer der Männer hatte mir büschelweise Haare ausgerissen. Als ich mich etwas erholt hatte, versuchte ich, mich zu erinnern, wie die Angreifer ausgesehen hatten, aber es war unmöglich. Sie hatten Kapuzenjacken getragen, und ihre Gesichter waren verdeckt gewesen. Von ihren Gesichtszügen hatte ich nichts erkennen können. Sicher war nur, dass ich nicht beraubt worden war. Mein Handy und meine Handtasche hatten sie nicht angetastet. Am nächsten Tag ging ich zur Polizei und meldete den Vorfall.

Mein Antrag auf Flüchtlingsstatus lag fast zwei Jahre zurück, als ich endlich vom Innenministerium zumindest eine Arbeitserlaubnis erhielt. Jetzt konnte ich bei Burma Campaign UK eine volle Stelle annehmen, die mir meinen Lebensunterhalt sichern würde. Ich war jetzt verantwortlich für Kampagnen, die Kontakte zu Parlamentariern beinhalteten.

Im August jenes Jahres zog ich in eine kleine Wohnung in Nord-London. Ich teilte sie mir mit einem Karen-Ehepaar. Sie hieß Pasaw Htee, »Nebel Wasser«, und war Ärztin. Ihr Mann Saw Thoo Tha, »Herr Gold Frucht«, besaß bereits den Flüchtlingsstatus in Großbritannien und arbeitete Vollzeit. Sie unterstützten meine Arbeit hundertprozentig und wussten, welche Risiken ich einging. Sie wussten auch, dass ich in Gefahr war, und wir unternahmen einiges, um die Wohnung sicherer zu machen.

Das Innenministerium hatte keine Gründe genannt, warum sie meinen Flüchtlingsstatus in Thailand verifizieren mussten, was die Bearbeitung meines Antrags so verzögerte. Da sich die Sache so hinzog, beantragte meine Anwältin eine gerichtliche Überprüfung – das ist ein Verfahren, mit dem das Gericht das Ministerium dazu zwingen kann, eine Entscheidung zu fällen. Diese Maßnahme brachte die Verantwortlichen schließlich in Zugzwang, und im August 2007 wurde mir in Großbritannien endlich der offizielle Flüchtlingsstatus zuerkannt. Ich war überglücklich. Ich fühlte mich, als sei mir eine schwere Last von den Schultern genommen worden. Jetzt wusste ich wenigstens, dass man mich nicht deportieren und der Rache der Gewaltherrscher ausliefern würde.

Dieser Tag bedeutete mir so viel. Seit meinem vierzehnten Lebensjahr war ich eine »Geisterbürgerin« gewesen. Dann ein

Flüchtling, aber ohne offiziellen Status. Selbst meine Registrierung in der UNO-Flüchtlingsliste hatte nicht viel geholfen. Ich besaß keinen Ausweis, keinen Pass und damit auch praktisch keine Identität. Jetzt existierte ich, juristisch gesehen, zum ersten Mal wirklich. Sechsundzwanzig hatte ich dafür werden müssen. Meine Zeit als »Unperson« hatte zwölf lange Jahre gedauert. Nach über einem Jahrzehnt gab mir mein Flüchtlingsstatus zum ersten Mal ein Gefühl von Sicherheit. Jetzt konnte ich »Mensch« sein, wie alle anderen um mich herum. Ich konnte ein Konto eröffnen, arbeiten, eine Wohnung mieten und bald auch ins Ausland reisen – Dinge, die für die meisten Menschen selbstverständlich waren.

Auch Bwa Bwa war in Großbritannien als Flüchtling anerkannt. Slone Phan war im Rahmen eines UNO-Umsiedlungsprogramms zum Studium nach Kanada gegangen und konnte vorläufig dort bleiben. Wir drei genossen gerade mehr Schutz und Sicherheit als in den vergangenen zehn Jahren.

Für Say Say und meinen Vater hatte sich hingegen nicht viel verändert. Sie hatten keine Ausweispapiere, kein Heimatland und keine Möglichkeit, aus Thailand auszureisen. Say Say war inzwischen verheiratet und hatte einen kleinen Sohn und eine Tochter. Seine Frau, auch eine Karen, hatte das Angebot des UNO-Umsiedlungsprogramms angenommen und war mit den Kindern nach Norwegen gezogen. Doch Say Say war in der Grenzregion zwischen Burma und Thailand geblieben und arbeitete weiterhin mit meinem Vater zusammen.

Aber auf mein Land wartete schon die nächste Tragödie. Im August 2007 erhöhte das burmesische Regime den Treibstoffpreis um fast 500 Prozent. Für Menschen, die schon in bitterer Armut lebten, war das zu viel. Sie gingen auf die Straße und forderten Änderungen. Trotz Verhaftungen und Einschüchterungen nahmen die Proteste zu, bis Hunderttausende durch die Straßen marschierten. Mönche in safrangelben Roben führten die Proteste an; auch sie wollten die Not des Volkes nicht länger ignorieren.

Die Presse bezeichnete die Aufstände als »Safran-Revolution«. Sie machte Schlagzeilen, und Burma Campaign UK wurde von Medienanfragen überschwemmt. Tagelang stand ich früh um 4 Uhr auf und gab den ganzen Tag lang ein Fernsehinterview nach dem anderen. Wir verlangten Taten, nicht nur Sympathie von der internationalen Gemeinschaft. Als die Proteste zunahmen, erlaubten wir uns die Hoffnung, dass es diesmal vielleicht zum Sturz des Regimes kommen könne. Aber dann reagierte die Junta, wie sie immer reagiert hatte: Sie eröffnete das Feuer auf die Demonstranten, und viele wurden getötet oder verwundet.

Dieses brutale Vorgehen machte mir das Herz schwer. Ich eilte von einem Interview zum nächsten. Es war entscheidend, dass die Welt handelte.

Die britische Konservative Partei hielt gerade ihren Parteitag ab und lud mich als Rednerin ein. Diesmal zeigte ich dem Publikum eiserne Handschellen, mit denen Andersdenkende in Rangun in ihren Zellen angekettet wurden, damit deutlich wurde, mit welcher Brutalität das Regime vorging. Am Freitag jener Woche wurden in Burma die Telefon- und Internetleitungen gekappt, wodurch das Land praktisch von der Außenwelt abgeschnitten war. Man erfuhr kaum noch, was sich im Land tat.

Ich war gerade im Büro, als Mark fragte, ob ich ein Telefongespräch entgegennehmen würde.

»Von wem?«, fragte ich.

»Premierminister Gordon Brown«, antwortete er.

Ich traute meinen Ohren nicht. »Für mich?«

Mark nickte. »Ja. Er hat mit China, mit dem französischen Präsidenten und dem US-Präsidenten über die Krise gesprochen. Jetzt möchte er mit jemandem aus Burma sprechen. Er will mit dir reden.«

Ich fühlte mich geehrt und konnte es kaum glauben. Ich bat Gordon Brown, alles dafür zu tun, dass der UNO-Sicherheitsrat aktiv würde und die EU gezielte wirtschaftliche Sanktionen verhängte, die den Geldstrom zu den Generälen unterbinden würden. Am Sonntagvormittag gab der Premierminister eine Erklärung zu Burma ab. Er sagte, er werde sich beim UNO-Sicherheitsrat dafür einsetzen, dass die Krise diskutiert würde und die EU neue Sanktionen verhängte. Genau darum hatte ich ihn gebeten. Ich fasste neuen Mut und hoffte, dass die Welt nun endlich eine deutliche Position gegenüber den Generälen einnehmen würde.

Am folgenden Wochenende lud Gordon Brown eine Delegation, darunter mehrere buddhistische Exil-Mönche und mich, zu einer Unterredung ein. Es war ein merkwürdiges Gefühl, in der Downing Street Nummer 10 zu sitzen, dem Haus, vor dem ich erst zwei Jahre zuvor draußen auf der Straße demonstriert, Slogans skandiert und meinen Vater angerufen hatte. Brown versprach, alles in seiner Macht Stehende zu tun, und ich sah ihm an, dass er es ernst meinte.

Nach dem Gespräch ging ich auf den Trafalgar Square, um bei der Kundgebung des »Global Day for Burma« vor 10 000 Menschen zu sprechen, und abends sprach ich bei einem Konzert des Musikers Damien Rice in der Wembley-Arena. Es war einer der erstaunlichsten Tage meines Lebens. Als ich spätabends zu Hause war, fühlte ich mich körperlich erschöpft, aber durch meinen Kopf schwirrten noch die vielen Eindrücke des Tages, und ich brauchte ewig, um einzuschlafen.

Meine Reise aus dem Dschungel auf die Weltbühne war lang und mühsam gewesen. Doch endlich schien die Tatsache, dass das Schweigen gebrochen war, etwas zu bewirken. Nach so vielen Jahren als machtloses Opfer war das ein unglaublich gutes Gefühl.

Im November 2007 erhielt ich britische Reisedokumente. Auf den ersten Blick sahen sie aus wie ein ganz normaler Pass, aber über der ersten Seite prangten die Worte »Travel Document«. Im Januar 2008 bereitete ich mich auf eine Reise nach Thailand und in die Grenzregion vor. Burma Campaign UK stellte eine Delegation aus Politikern und Medienleuten zusammen, und ich hatte die Aufgabe, die Reise zu organisieren, und freute mich auf den Aufenthalt. Ich wollte die Situation selbst in Augenschein nehmen und natürlich Say Say und meinen Vater wiedersehen. Es war geplant, Mae La – mein ehemaliges Flüchtlingslager – und die Klinik von Dr. Cynthia zu besuchen. Und diejenigen von uns, denen es möglich war, wollten heimlich über die Grenze gehen und mit den Menschen sprechen, die am bedürftigsten waren – den Binnenflüchtlingen. Zu der Delegation gehörten die spanische Abgeordnete Carmen Garcia sowie ein spanisches TV-Team und spanische NGOs, der estnische Abgeordnete Silver Meikar und ein Journalist aus Estland. Dazu kamen Journalisten von BBC Radio und natürlich Mark.

Ich erzählte meinem Vater am Telefon von der geplanten Reise. Er erwiderte, die Sicherheitslage werde immer prekärer. Sein Name stehe ganz oben auf der Todesliste des Regimes, und ich sei ebenfalls in Gefahr. Ich sprach mit Mark darüber, und er entschied, dass wir mehr für unsere Sicherheit tun müssten. Er veranlasste, dass John Rowe, ein ehemaliger Marinesoldat, zu uns ins Büro kam, und er brachte uns grundlegende Kniffe der Selbstverteidigung bei.

Aber alle Vorbereitungen hatten auch eine ernsthafte Seite. Bald würde ich mich wieder in die Dunkelheit begeben. Nur tat ich es jetzt als offene Kritikerin der Machthaber, die mein Volk unterdrückten und versklavten.

Sie hatten allen Grund, uns aufzuhalten.

30

Der Weg zurück

Einige Wochen nach meinem Selbstverteidigungskurs bei John erreichte unsere Delegation die thailändische Stadt Mae Sot. Ich ließ die Gäste alleine im Hotel zurück. Say Say holte mich ab und brachte mich zum Haus meines Vaters. Ich erschrak über Pahs Aussehen. In den knapp drei Jahren, seit ich ihn zuletzt gesehen hatte, war er stark gealtert. Durch den Dauerstress war er dünn, ausgezehrt und müde geworden. Er wartete vor der Tür auf mich, und als er mich sah, verzog sich sein Gesicht zu einem Lächeln. Ich versuchte die Wärme und Freude, die aus seinen Augen strahlten, zu erwidern. Aber in Wirklichkeit war ich schockiert, wie alt und müde er aussah. Seine Haare waren grau geworden, und zum ersten Mal wirkte er auf mich wie ein alter Mann.

Er schloss mich fest in die Arme. »Oh wie schön, meine Kleine Tochter ist gekommen.«

Ich umarmte ihn, so fest ich konnte. Obwohl mein Vater nun wie ein alter Mann aussah, setzte ich mich auf seinen Schoß. Ich war eine 27-jährige Frau, aber das störte mich nicht im mindesten.

Es war offensichtlich, dass der Druck, der auf ihm lastete, seinen Tribut forderte.

An diesem Abend lud er die gesamte Delegation zu einem traditionellen Karen-Abendessen ein. Später, nachdem die Delegation gegangen war, erzählte er wieder einmal die Geschichte, wie es dazu gekommen war, dass ich Zoya hieß. Ich hatte die Geschichte sicher schon hundert Mal gehört, aber ich erkannte, wie stolz er auf mich war. An diesem Abend recherchierte ich die Geschichte meiner Namenspatin im Internet. Auf diesen Gedanken war ich vorher noch nie gekommen. Nun wurde mir klar, warum mein Vater mich nach Zoya benannt hatte. Er wollte, dass ich ihrem Vorbild nacheiferte.

Am Morgen brachen wir auf, um zwei Lager mit Binnenflüchtlingen zu besichtigen. Beide lagen direkt am Ufer des Salween, gerade noch in Burma, aber wir mussten dennoch auf dem Weg zu ihnen die burmesischen Kontrollpunkte passieren. In den Lagern hielten sich Hunderte von Neuankömmlingen auf und erzählten uns ihre Geschichten von Verfolgung, Leid und Schrecken.

Ich konnte sehen, dass die ausländischen Besucher entsetzt waren, auch über den Zustand der Schulen und das Lager insgesamt. Am nächsten Tag machten wir uns auf den Weg zum Flüchtlingslager Mae La. Ich war seit 2004 nicht mehr dort gewesen. Es war ein seltsames Gefühl, wieder durch das Tor zu gehen, aber dieses Mal wusste ich, dass ich nicht in der Falle saß. Ich war keine staatenlose Unperson mehr, kein hilfloser, von Almosen abhängiger Flüchtling.

Offiziell hatten wir keine Erlaubnis, Mae La zu besuchen. Die thailändische Regierung ließ nur selten Politiker oder Journalisten hinein. Aber wir fanden eine Möglichkeit und konnten mit den neu angekommenen Flüchtlingen sprechen. Und auch diese Menschen berichteten, dass ihre Dörfer beschossen und niedergebrannt worden waren und dass sie sich monatelang im Dschungel versteckt gehalten hatten. Und als sie dann in Mae La ankamen, mussten sie sich in die ständig wachsende Menge der Geisterflüchtlinge einreihen.

Solange die burmesische Militärjunta an der Macht bleibt, werden die Greuel und das Morden andauern, die immer mehr Flüchtlinge in die Lager treiben, sagte uns eine Mitarbeiterin der Karen-Frauenorganisation. Ein Teufelskreis, der durchbrochen werden müsse. Und der einzige Weg, ihn zu durchbrechen, sei, das regierende Regime loszuwerden und Freiheit und Demokratie nach Burma zu bringen.

Am Ende der Woche reiste die Delegation ab, und ich blieb noch für ein paar Tage bei meinem Vater und traf mich mit alten Freunden.

Ich erzählte meinem Vater, dass ich begonnen hatte, an einem Buch zu arbeiten. Ich erzählte ihm, dass ich mit dem Erlös eine Hilfsorganisation zum Andenken an meine Mutter aufbauen wolle, um so unseren Traum zu verwirklichen, die Karen mit angemessener Bildung zu versorgen. Mein Vater freute sich sehr. Er bot an, das Vorwort zu schreiben, wenn ich es ihm erlauben würde. Ich musste über seine Formulierung lachen.

»Berichte in diesem Buch über den Kampf der Karen«, drängte er mich, »und über Burmas Freiheitskampf.«

Eines Morgens machten wir uns auf, um an einer Tagung teilzunehmen, dem »Karen National Unity Seminar«. Da es Karen in Burma, im Exil in der Grenzregion und mittlerweile auch in großer Zahl in Übersee gab, wohin viele umgesiedelt worden waren, ist es wichtig, dass wir Informationen austauschen und unsere Zusammenarbeit organisieren.

Wir mussten zusätzliche Sicherheitsvorkehrungen treffen. Ein paar Tage zuvor hatten wir gehört, dass man plante, meinen Vater und mich auf dem Weg zu dieser Tagung umzubringen. Und so wurde auch bei diesem Unity-Seminar ein Attentäter entdeckt, der den Auftrag hatte, uns zu erschießen. Glücklicherweise konnte sein Plan vereitelt werden, aber er bewies, dass sich mein Vater in großer Gefahr befand.

Am 31. Januar nahmen wir an einer Zeremonie zu Ehren des Karen-Widerstandstages teil. Die Organisatoren fanden eine Bombe unter dem Stuhl, auf dem mein Vater sitzen sollte. Sie war in einem Transistorradio versteckt. Mein Vater hielt trotzdem eine Rede und eine Pressekonferenz und berichtete von den anhaltenden Militäroffensiven gegen das Volk der Karen. Später erhielt er dann einen Anruf. Eine unbekannte Stimme drohte ihm, jemand werde kommen und ihn umbringen.

Danach ermahnte mein Vater mich, sehr vorsichtig zu sein. Der Feind wisse, dass ich hier bei ihm sei, und wolle mich nun auch umbringen. Er nahm mir das Versprechen ab, dass ich gut auf mich aufpassen und vorsichtig sein würde. In England sei ich viel sicherer, meinte er.

»Sie rücken mir auf den Leib, kleine Tochter«, warnte er mich. »Und wenn sie mich nicht erwischen, werden sie es bei dir versuchen.«

»Du musst ausreichende Sicherheitsvorkehrungen treffen«, sagte ich zu ihm. »Ich mache mir Sorgen.«

»Ich weiß! Ich weiß!«, erwiderte mein Vater. »Das Regime gibt sich die größte Mühe, mich umzubringen, vielleicht werde ich nicht mehr lange leben.«

»Pah, sag so etwas nicht«, wehrte ich ab. »Bitte!«

»Kleine Tochter, auch wenn sie mich töten, töten sie nicht das, wofür ich stehe, nicht wahr?«

»Ich mag es trotzdem nicht, wenn du so etwas sagst. Ich will, dass du immer da bist und uralt wirst!«

Mein Vater ignorierte meine letzte Bemerkung. »Ich bin so stolz, dass du eine aktive Rolle in unserem Kampf spielst, meine Kleine Tochter! Wenn ich Menschen treffe, reden sie viel von dir. Sie sagen zu mir: ›Ach, deine Kleine Tochter, sie ist genau wie du.‹«

Dann gab mein Vater zu, dass er sehr müde sei. Er habe schon so lange gekämpft. Er fühle sich alt und wolle sich in wenigen Jahren zur Ruhe setzen. Dann wolle er seine Memoiren schreiben und sich um seine Blumengärten kümmern. Ich sagte ihm, dass ich mich freuen würde, wenn er an meiner Examensfeier im kommenden Juli teilnehmen könne. Er versprach, es zu versuchen.

Obwohl er es nicht ausdrücklich sagte, wusste ich, dass er sich niemals ganz aus dem Kampf zurückziehen würde, solange unser Volk litt. Viele hatten mir erzählt, dass er, der Generalsekretär, bei den Wahlen am Ende des Jahres wahrscheinlich zum KNU-Vorsitzenden nominiert werden würde. Er selbst hatte nicht darum gebeten. Den Prognosen nach würde man ihn mit großer Mehrheit wählen.

Ich kehrte Anfang Februar nach London zurück. Bwa Bwa und

ich wurden zur Premiere von »Rambo IV« eingeladen. In diesem Film reist Rambo, gespielt von Sylvester Stallone, in Karen-Gebiete, um Missionare zu befreien, die von burmesischen Soldaten gekidnappt wurden. Nach viel Blutvergießen und Chaos trägt Rambo mit Hilfe des Karen-Widerstandes den Sieg davon.

Die meisten Leute glauben mir nicht, wenn ich es sage, aber der Film »Rambo IV« gibt tatsächlich zutreffend wieder, was sich in meinem Heimatland abspielt. Ich hatte meinem Vater erzählt, dass ich zur Premiere eingeladen worden war. Er freute sich mit mir, und ich versprach, ihn hinterher anzurufen, um ihm von dem Film zu erzählen.

Als Bwa Bwa und ich auf dem roten Teppich vor dem Kino erschienen, erwartete uns eine Menschenmenge.

Es war alles sehr seltsam, doch ich wollte jede uns gebotene Gelegenheit nutzen, um auf das Elend der Karen in Burma hinzuweisen, und das sagte ich den Menschen auch. Nach der Premiere rief ich wie versprochen meinen Vater an, aber er war seiner Arbeit wegen nach Burma gefahren, und ich konnte ihn nicht erreichen.

Ich sollte keine Gelegenheit mehr bekommen, ihm von dem Film zu erzählen.

31

Der letzte Abschied

Zwei Tage nach der Filmpremiere erhielt ich früh am Morgen einen Anruf. Am Apparat war Bwa Bwa. Ein Reporter des BBC World Service hatte sie gerade angerufen und gefragt, ob sie die Nachricht, dass mein Vater erschossen worden war, schon erhalten habe. Während ich Bwa Bwa zuhörte, erschien eine SMS auf meinem Handy. Ein anderer Journalist stellte mir dieselbe Frage.

Ich legte auf und weigerte mich zu glauben, was ich eben gehört hatte. Mein Vater erschossen? Mir blieb nur die Hoffnung, dass die Journalisten sich getäuscht hatten und es meinem Vater gutging. Ich versuchte, ihn auf seinem Handy zu erreichen, aber es war ausgeschaltet. In wachsender Panik versuchte ich es bei Say Say, aber auch bei ihm nahm niemand ab. Verzweifelt rief ich einen Freund der Familie an.

Doch er bestätigte die Nachricht.

Mein Vater war niedergeschossen worden und an seinen Verletzungen gestorben. Ich stieß einen Schrei aus, der alle im Haus aufschreckte. Schluchzend stieß ich die Nachricht hervor. Ich rief die arme Bwa Bwa an und hörte über das Telefon, dass auch sie weinend zusammenbrach. Dann rief ich Slone in Kanada an und weckte ihn mitten in der Nacht. Er wusste sofort, dass etwas nicht stimmte. Während mir die Tränen übers Gesicht liefen, teilte ich Slone mit tränenerstickter Stimme mit, dass unser Vater ermordet worden war.

Unser Vater, Padoh Mahn Sha, wurde von denen umgebracht, die schon lange geplant und versucht hatten, ihn zu töten. Er saß friedlich auf der Veranda seines Hauses in Mae Sot, als drei burmesische Geheimagenten in einem Pick-up vorfuhren. Zwei kamen die Stufen herauf und erschossen ihn. Dies sind die Fakten.

Aber wenn man seinen Tod in einem größeren Zusammenhang betrachtet, wurde mein Vater ermordet, weil die burmesische Regierung ihn fürchtete. Als Mann mit Prinzipien und Mann des Volkes hat mein Vater eine ungeheure Unterstützung erfahren – nicht nur von den Karen, sondern von der gesamten burmesischen Demokratiebewegung und allen friedliebenden Menschen weltweit.

Als sich die Nachricht von der Ermordung meines Vaters verbreitete, klopften immer mehr Karen an meine Tür. Sie waren verzweifelt, und ich bemerkte bald, dass sie Trost bei mir suchten. Ich dachte an die eiserne Entschlossenheit meines Vaters und zwang mich, mit dem Weinen aufzuhören. Ich musste jetzt stark sein. Sie hatten meinen Vater getötet, weil sie das töten wollten, wofür er stand. Ich war fest entschlossen, dies nicht zuzulassen. Aber in Wahrheit war mein Herz gebrochen. Mein Vater war mein bester Freund, meine Inspiration und mein Vorbild. Und jetzt war er nicht mehr da.

Am nächsten Tag kehrten Bwa Bwa und ich nach Thailand zurück. In der Nacht vor der Beerdigung gingen wir zu ihm in sein Haus, um den Leichnam zu sehen. Ich verschränkte die Hände vor dem Gesicht und verbeugte mich drei Mal, wie es der traditionellen Art der Respektbezeugung entspricht. Mein Vater lag, von Blumen umgeben, auf einem Bett – den Blumen, die er zeit seines Lebens so sehr geliebt hatte. Er war blass, schien aber in Frieden zu ruhen. Es war, als ob er zu guter Letzt seinen Frieden gefunden hatte.

Wir blieben die ganze Nacht bei ihm, denn wir wussten, dass es zu gefährlich für uns war, uns bis zur Beerdigung in der Stadt aufzuhalten. Es gab Berichte, dass eine Reihe weiterer Attentäter damit beauftragt war, prominente Karen und andere Demokratieaktivisten zu töten. Meine Schwester und ich waren innerlich zerrissen, denn wir wären gerne zur Beerdigung gegangen und wussten, dass unser Volk uns dort sehen wollte, aber das Risiko war zu groß. Wir waren fest entschlossen, am Leben zu bleiben und Vaters Arbeit fortzusetzen. Als die Morgendämmerung anbrach, schlichen wir uns aus dem Haus. Es war die schwerste Entscheidung, die wir je fällen mussten.

Wir zögerten die Beerdigung hinaus, solange wir nur konnten, aber Slone erreichte die Grenzregion dennoch nicht rechtzeitig. Der arme Say Say war alleine, als er das letzte Mahl für unseren Vater zubereitete. Er richtete ein Gedeck für ihn her und bat ihn zu einer letzten gemeinsamen Mahlzeit.

Freunde schilderten die Beerdigung als die traurigste, die sie je besucht hatten. Tausende erschienen, um ihren Respekt zu bezeugen. Es war eine traditionell animistische Beerdigung, aber es wurden auch christliche und buddhistische Zeremonien abgehalten. Die KNLA schoss Salut über dem aufgebahrten Leichnam. Zum Schluss wurde er auf einem Scheiterhaufen verbrannt, und an dieser Stelle wurde dann eine Gedenkstätte für ihn errichtet. Seine Asche wurde im Wasser des Moei, unter Bäumen und am Fuß eines Berges verstreut.

Kurz darauf kam Slone, und wir besuchten zusammen die Gedenkstätte für unseren Vater. Slone hatte ihn seit Jahren nicht gesehen. Später begannen wir, die Papiere unseres Vaters durchzugehen.

Einige Monate später blätterte ich in seinem Tagebuch und fand ein Gedicht, das er den Frauen Burmas gewidmet hatte.

An die Geliebte Tochter
Yin San [Pseudonym von Padoh Mahn Sha]

Ach meine geliebte Tochter,
Auf der langen Reise durchs Leben,
Im hellen Tageslicht, unter der Sonne,
Wenn es schwer ist, zu erkennen, wo Norden und Süden liegen,
Gibt es solche, die bewegungslos stehen bleiben.

Doch in der Mitte der Nacht,
Zu Zeiten, in denen es schwer ist, den Weg zu erkennen,
Wenn Norden und Süden wohl bekannt sind,
Gibt es solche, die vorwärtsgehen, immer ihrer Bestimmung
entgegen.

Im stürmischen Wind,
Während die Wellen tosen,
Weinend und klagend,
Verlassen,
Gibt es solche, die in Verderbtheit abgeglitten sind.

Mitten im gewaltigen Sturm
Und der stürmischen See,
Gibt es solche, die vorwärtsgehen,
Gegen die Strömung und den teuflischen Wind.
Ach meine geliebte Tochter,
Bewahre dir Aufrichtigkeit und Gewissen,
Wachsamkeit und Moral,
Eifer und Wissen,
Glaube und Wahrhaftigkeit,
Mut und Opferbereitschaft
und gehe vorwärts,
In Unerschrockenheit,
Für die edle Sache.

(VERÖFFENTLICHT IM THANU-HTOO-JOURNAL AM 31. JANUAR 1999,
DEM FÜNFZEHNTEN JAHRESTAG DES KAREN-WIDERSTANDS)

Mein Vater hatte kein friedvolles Leben. Sein Leben war von
Opfer und Kampf bestimmt. Das meiner Mutter ebenso. Als sie
starben, hinterließen sie uns keine materiellen Besitztümer. Aber
für mich ist das, was sie uns mitgaben, viel wertvoller als ein
Haus oder eine Erbschaft. Sie gaben uns Mitgefühl, Prinzipien
und Kraft mit auf den Weg.

Obwohl sie meinen Vater ermordet haben, können sie niemals den Traum meines Vaters töten. Den Traum, dass alle Karen und alle Bewohner Burmas einst frei sein werden.

VON ZOYA PHAN, IHRER SCHWESTER
UND IHREM BRUDER ANLÄSSLICH
DER TRAUERFEIER IHRES VATERS

Wir haben einen großartigen Vater und einen großartigen Anführer verloren.

Wir hatten das Glück, mit einem liebevollen und fürsorglichen Vater aufwachsen zu dürfen. Er bot uns Orientierung, er lehrte uns Toleranz und die Notwendigkeit, sich gegen Ungerechtigkeiten zu wehren. Er konnte uns keine Reichtümer und keinen Luxus bieten, aber er stellte sicher, dass wir eine Ausbildung und die Möglichkeiten erhielten, unsere eigenen Potenziale zu verwirklichen.

Er war immer bescheiden und doch ein starker und mutiger Anführer. Er verschrieb sein Leben dem Kampf und stellte immer das Wohlergehen seines Volkes und seines Landes über das eigene. Durch seine beispielhafte Entschlossenheit, Freiheit für unser Volk zu erlangen, gewann er die Liebe und den Respekt des Volkes der Karen, der burmesischen Demokratiebewegung und anderer freiheitsliebender Völker dieser Erde.

Viele werden ihn nicht nur als inspirierenden Anführer, sondern auch auf einer persönlicheren Ebene in Erinnerung behalten und an seine vielen guten Taten für Menschen in Not denken. Wir sind stolz darauf, seine Kinder zu sein, so wie alle Angehörigen des Karen-Volkes und alle Menschen in Burma, die sich nach Freiheit sehnen, stolz auf ihn sind.

Unser Vater lebte für Freiheit und Demokratie. Er glaubte an die Einigkeit der Karen im Angesicht ihres Feindes und an die

Einigkeit aller Menschen in Burma, denn er wusste, dass wir nur vereint Frieden in unser Land bringen können.

Als die Militärjunta unseren Vater umbrachte, versuchte sie zu töten, wofür er steht. Wir dürfen dies nicht zulassen. Das Attentat auf unseren Vater ist nur ein weiterer Beweis für die internationale Gemeinschaft, dass das Regime lügt mit seiner Behauptung, es gäbe bereits eine Roadmap für mehr Demokratie. Unser Vater hat sein Leben dem Kampf für ein demokratisches Burma gewidmet, nur deshalb haben sie ihn erschossen.

Wir wissen, dass viele von euch niedergeschlagen und entmutigt sind. Aber genau das hätte unser Vater nicht gewollt. Er würde euch stark und vereint sehen wollen. Wenn ihr unseren Vater geliebt habt, könnt ihr dies am besten zeigen, indem ihr für seinen Traum von Freiheit kämpft. Lasst nicht zu, dass seine Träume und Ideale mit ihm begraben werden.

Der Tod unseres Vaters hat uns nicht geschwächt, im Gegenteil, er beweist, dass wir stark sind. Sie haben unseren Vater getötet, weil sie Angst vor ihm und seinen Überzeugungen hatten. Unser Vater konnte die Freiheit der Karen nicht mehr erleben, aber sein Traum lebt weiter.

Die Karen und alle Menschen in Burma werden frei sein.

Nachwort September 2011

Inzwischen hat sich in Burma einiges verändert. Die Diktatoren haben im Jahr 2011 endlich Wahlen zugelassen, aber diese waren weder frei noch gerecht. So konnte die Nationale Liga für Demokratie nicht daran teilnehmen, und viele Wahlurnen waren mit Stimmzetteln für die regimetreue Partei regelrecht verstopft. In aller Welt gab es Proteste gegen das unlautere Wahlverfahren und weil so offensichtlich manipuliert wurde, doch dann wurde Aung San Suu Kyi sechs Tage nach den Wahlen freigelassen, und in der positiven Berichterstattung über dieses Ereignis ging der Wahlbetrug unter.

Niemand kann behaupten, dass die Generäle kleine kluge Öffentlichkeitsarbeit betreiben!

Offiziell lenkt das Militär heute nicht mehr die Geschicke Burmas. Doch viele Generäle haben sich lediglich aus dem aktiven Dienst zurückgezogen und beherrschen das Land nun in Zivil. Somit hat sich kaum etwas verändert. Das einflussreichste Führungsgremium Burmas, der Staatsrat für Frieden und Entwicklung, wurde in Nationaler Verteidigungs- und Sicherheitsrat umbenannt. Das Parlament ist machtlos; Diskussionen sind zwar möglich, doch das ist Bestandteil der Strategie der Generäle – politische Debatten finden nur hinter hohen Mauern statt, fernab vom Volk, in einem von ihnen kontrollierten Rahmen. Das ist reine Augenwischerei, die das burmesische Volk und die internationale Gemeinschaft in die Irre führen soll. Mit Demokratie hat das nicht viel zu tun.

Eine Diktatur ist eine Diktatur, ob sie nun aus Militärs oder Zivilisten besteht, aber leider lassen sich viele von den Veränderungen täuschen und nennen sie »Fortschritt«. Inzwischen ist ein »neuer« Staatspräsident am Ruder: der Ex-General Thein Sein – also ebenfalls ein Ex-Militär. Er gibt sich gemäßigt, aber auch er war seit 1997 Mitglied der Militärjunta und wurde zwei Mal von der UNO in Berichten über Burma namentlich erwähnt,

weil er seinen Soldaten befohlen hatte, schreckliche Menschenrechtsverletzungen zu begehen.

Das Regime hat eine Charmeoffensive gestartet, um zu verhindern, dass die internationale Staatengemeinschaft ihren Druck
erhöht, und um eine Lockerung der Sanktionen zu erreichen.
Prompt »warten« die Regierungen einfach »ab«, was sich wirklich tut. Doch bisher haben wir nur Worte gehört, und nicht
einmal neue Worte, sondern die alten Lügen und Versprechungen der Vergangenheit, die die Machthaber jetzt in anderer Form
wiederkäuen, um das Weiterbestehen ihrer Diktatur noch effek-
tiver zu verschleiern. Politische Gefangene bleiben in Haft, re-
pressive Gesetze bleiben in Kraft, und das Militär begeht noch
immer furchtbare Greueltaten.

Am meisten empört mich jedoch, dass die internationale Staatengemeinschaft weiterhin ignoriert, was in den Gebieten der
ethnischen Minderheiten vor sich geht, beispielsweise in meiner
Heimat, dem Karen-Staat. Die neue Verfassung von Burma
wurde von Thein Sein entworfen und soll dazu dienen, die Diktatur zu erhalten. Sie bietet den ethnischen Minderheiten keine
Rechte und keinen Schutz. Stattdessen wurde jenen Gruppierungen, die mit der Regierung Waffenstillstandsabkommen geschlossen hatten, ein Ultimatum gestellt: Entweder sie ließen zu,
dass ihr bewaffneter Flügel sich der burmesischen Armee an-
schließt und ihr politischer Flügel in dieser umgewandelten
Diktatur als politische Partei registriert wird, oder sie mussten
sich auf militärische Angriffe gefasst machen.

Viele dieser Gruppen weigerten sich. Warum sollten sie eine
Verfassung unterstützen, die im Wesentlichen ein Todesurteil
für die ethnische Vielfalt in Burma bedeutet? Warum sollten sie
sich einer Armee anschließen, die ihr eigenes Volk angreift?
Warum sollten sie sich für manipulierte Wahlen in ein machtloses Parlament zur Verfügung stellen, das wieder nur der Ver-
schleierung der Diktatur dient?

Wenige Stunden nach der Schließung der Wahllokale im November 2010 griff die burmesische Armee Angehörige der Karen

Buddhist Army an, die sich geweigert hatte, sich dem Kommando der burmesischen Armee zu unterwerfen. Ein Kindersoldat, der mit der burmesischen Armee an dem Angriff teilnahm und später entkam, berichtete Burma Campaign UK, man habe ihm und seinen Kampfgefährten befohlen, das Feuer auf alle Stellungen zu eröffnen, in denen man Soldaten der Karen Buddhist Army vermutete – ohne Rücksicht auf die zivile Bevölkerung in der Stadt. Zwanzigtausend Menschen flohen aus ihren Häusern. Der Junge beschrieb auch, wie seine Kampfgefährten sich rühmten, eine Karen-Frau vergewaltigt und ermordet zu haben.

Im März brach die Diktatur ein Waffenstillstandsabkommen mit der Shan State Army North im Shan-Staat, und dasselbe passierte im Juni der Kachin Independence Army. Die burmesische Armee beging immer wieder grauenhafte Menschenrechtsverstöße – darunter Gruppenvergewaltigungen, Folterungen und Morde an Frauen und Mädchen, Granatenangriffe auf Dörfer der Zivilbevölkerung, Missbrauch von Dorfbewohnern und Gefangenen als Zwangsarbeiter und menschliche Minenräumer, Plünderungen und willkürliche Erschießungen. Doch auch diese Vergehen wurden von der internationalen Gemeinschaft weitgehend ignoriert, es gab keine klare Verurteilung solcher Akte in der Öffentlichkeit.

Als ein UNO-Sonderberichterstatter in Burma einen Untersuchungsausschuss der UNO forderte, der sich mit Kriegsverbrechen und Verbrechen gegen die Menschlichkeit befassen sollte, und zwar noch vor diesem klaren Verstoß gegen die Waffenstillstandsabkommen, unterstützte ihn gerade einmal ein Dutzend Regierungen. Weder wurde ein Ausschuss eingesetzt noch etwas unternommen, um später die Angriffe zu stoppen. Anscheinend haben ein paar leere Versprechungen des Regimes ausgereicht, und die internationale Gemeinschaft ignoriert Verbrechen an ethnischen Minderheiten. Leider scheinen nur wenige verstehen zu wollen, dass es in Burma nie Frieden und Stabilität geben wird, solange die Rechte und Anliegen der ethnischen Minderheiten nicht berücksichtigt werden.

Meine frühere Lehrerin Zipporah Sein wurde als Nachfolgerin meines Vaters zur Generalsekretärin der Karen National Union gewählt. Sie ist eine starke und erfahrene Politaktivistin, und ich freue mich, dass gerade sie den Posten meines Vaters übernommen hat. Sie ist die erste Frau an der Spitze der KNU. Meine Schwester Bwa Bwa ist inzwischen die KNU-Repräsentantin in Großbritannien. Mit Frauen wie Aung San Suu Kyi und vielen anderen starken weiblichen Führungspersönlichkeiten wird unsere Bewegung zunehmend von Frauen bestimmt.

Und ich wurde zur internationalen Koordinatorin von Burma Campaign UK ernannt und reise durch die ganze Welt, um Regierungen, Abgeordneten und der Öffentlichkeit zu erklären, was in meinem Land geschieht. Ich habe Politiker, ehemalige und amtierende Präsidenten und Premierminister getroffen. Manchmal muss ich mich kneifen, aber das alles passiert wirklich, und die Tochter des Dschungels lernt tatsächlich all diese Menschen kennen und kann ihr Anliegen vortragen. Ich empfinde es als eine große Verantwortung, das Beste daraus zu machen, denn ich weiß, dass von meinem Einsatz Menschenleben abhängen. Manchmal deprimiert mich allerdings, wie wenig den Regierenden die Probleme in Burma bewusst sind und dass nur so wenige bereit sind, etwas Konkretes zu unternehmen.

Doch wie mein Vater immer sagte: Freiheit wird uns nicht gegeben, wir werden uns für sie einsetzen müssen.

Die meisten meiner Karen-Freunde, die in diesem Buch erwähnt werden, leben heute über die ganze Welt verstreut. Zehntausende Flüchtlinge aus Burma sind umgesiedelt worden, die meisten darunter vom Volk der Karen. Einige leben heute sogar in Australien. Ich war vor kurzem dort und habe viele alte Freunde wiedergetroffen, auch Freunde meine Eltern, die sich dort niedergelassen haben. Es war eine seltsame Erfahrung. So viele Menschen waren da, die ich aus meiner Kindheit kannte, dass es sich ein wenig so anfühlte, als käme ich nach Hause. Gleichzeitig war es ein trauriges Wiedersehen, weil wir so weit weg sind von zu Hause und so verstreut leben müssen.

Andere Bekannte wurden in die USA geschickt und manche sogar in die eisigen Landschaften Nordfinnlands. Eine etwa vierzigjährige Karen, die ich bei meiner Lobbyarbeit auf einer Reise durch Finnland traf, vertraute mir einmal an, dass sie sich seit ihrer Ankunft in diesem Land wie neugeboren fühle. Sie habe bis dahin ihr ganzes Leben lang Angst gehabt, sagte sie. Doch dann fügte sie etwas hinzu, das alle sagen, wenn man lange genug mit ihnen spricht: Ich möchte gerne nach Hause zurück. Das Umsiedlungsprogramm der UNO bietet zwar den Menschen die Chance, dem Elend der Flüchtlingslager zu entkommen und ein neues Leben in Sicherheit zu beginnen, aber ich werde den Gedanken nicht los, dass die burmesischen Generäle über diese Maßnahme der UNO hocherfreut sein müssen: Anstatt gegen die Militärangriffe vorzugehen, bringt die UNO die Flüchtlinge Tausende von Kilometern weit fort. Doch ganz gleich, wie viele Menschen sie umsiedeln, es strömen immer neue in die Lager, denn die Übergriffe in Burma haben nicht aufgehört, und die UNO unternimmt nichts, um sie zu beenden. Unser Einsatz richtet sich nicht nur gegen Diktatur und Unterdrückung. Wir kämpfen auch für ein besseres Burma und um eine Heimat für uns alle. Ungeachtet unserer ethnischen Vielfalt sind wir *ein* Volk und setzen uns für die Freiheit unserer gemeinsamen Heimat ein. Ich träume von einem Burma, in dem nie mehr eine Mutter ihre Kinder weinend vor Hunger ins Bett schicken muss. Ich träume von einem Burma, in dem kein Kind an einer Krankheit stirbt, weil die Regierung das Geld für Waffen statt für Medikamente ausgegeben hat. Ich träume von einem Burma, in dem kein Bauer Angst haben muss, seiner ethnischen Zugehörigkeit wegen erschossen oder versklavt zu werden. Ich träume von einem Burma ohne politische Gefangene, in dem wir unsere Anführer selbst wählen können. Ich träume von einem Burma, in dem wir unsere kulturellen Unterschiede leben können, verschieden, aber gleichgestellt. Wenn jeder von uns aktiv wird, im Kleinen wie im Großen, dann werden wir unsere Freiheit erlangen, denn zusammen bilden wir eine unwiderstehliche

Kraft. Die Freiheit wird siegen. Denn vereint sind unser Wille und unsere Entschlossenheit stärker als Waffen und Kugeln. Davon bin ich noch immer überzeugt.

Ich hoffe, dass Sie dieses Buch gerne gelesen haben. Vielleicht empfinden Sie Mitleid mit mir, weil ich so viel durchgemacht habe. Tun sie das nicht. Ich gehöre zu den Glücklichen. Ich kann mich glücklich schätzen, denn ich lebe noch. Ich kann mich glücklich schätzen, denn ich wurde nicht vergewaltigt. Ich kann mich glücklich schätzen, denn ich sitze nicht mehr in einem Flüchtlingslager fest, das eigentlich ein Gefangenenlager ist, ohne Freiheit, mit dem immer gleichen Essen, morgens, mittags, abends, Jahr für Jahr. Und ich kann mich glücklich schätzen, weil ich durch meinen Einsatz meinem Volk helfen kann. Ich möchte nicht, dass Sie Mitleid mit mir haben, sondern ich hoffe, Sie sind wütend geworden und werden etwas unternehmen.

Eine englische Schauspielerin stellte mich einmal bei einer Veranstaltung als eine Frau vor, die sofort jedermanns Herz erobert. Aber ich sagte den Zuhörern: Ich will nicht Ihr Herz, sondern Ihr Engagement. Das Gleiche sage ich nun zu Ihnen. Nur wenige Menschen wissen, was in meinem Land geschieht, aber Sie wissen jetzt Bescheid. Werden Sie etwas dagegen unternehmen oder einfach nach dem nächsten Buch greifen? Auf der folgenden Seite finden Sie Informationen über die Phan Foundation. Ich bitte Sie um Ihre Unterstützung. Wir brauchen Ihre Hilfe. Ich möchte nach Hause zurück. Bitte helfen Sie mir.

Zoya Phan

DIE PHAN FOUNDATION

Die Phan Foundation wurde von Zoya Phan, ihrer Schwester Bwa Bwa und ihren Brüdern Say Say und Slone gegründet. Die Stiftung ist dem Andenken an ihre Eltern Padoh Mahn Sha und Nant Kyin Shwe gewidmet und hat sich zum Ziel gesetzt, die Armut unter den Karen zu bekämpfen und dem Volk der Karen Zugang zu Bildung zu ermöglichen. Sie unterstützt Menschen in Burma, aber auch all jene, die gezwungen sind, ihre Heimat zu verlassen. Die Phan Foundation setzt sich außerdem für den Schutz und die Förderung der Karen-Kultur ein, die im Zuge der ethnischen Säuberungspolitik des burmesischen Regimes systematisch zerstört wurde. Folglich richtet sich die Stiftung insbesondere an junge Menschen, um eine neue Generation zu ermutigen, sich für ihr Volk zu engagieren.

Zoya Phan beschreibt hier kein Einzelschicksal. Jahr für Jahr werden Zehntausende von Menschen aus ihrer Heimat vertrieben. Die Armut in Burma ist so groß wie in den am schlimmsten von Konflikten und Armut betroffenen afrikanischen Staaten, aber das burmesische Regime erlaubt weder der UNO noch NGOs, Hilfsgüter an die Millionen Menschen zu verteilen, die dort in furchtbarer Not leben. Eltern müssen zusehen, wie ihre Kinder an Masern, Malaria oder Ruhr sterben, obwohl wenige kostengünstige Medikamente viele Leben retten könnten. Kinder wachsen ohne Zugang zu Bildung auf. Doch es gibt die Möglichkeit, Hilfsgüter über Untergrundnetzwerke ins Land zu schmuggeln. Schon ein kleiner Geldbetrag kann viel bewirken.

Bitte unterstützen Sie die Phan Foundation. Sie können auch online spenden: www.phanfoundation.org.

Danksagung

Ein besonderer Dank geht an Mark Farmaner und Anna Roberts, die mir geholfen haben, dieses Buch möglich zu machen. Besonders danken möchte ich auch meiner Literaturagentin Felicity Bryan und den internationalen Agenten George Lucas und Andrew Nurnberg für ihren Enthusiasmus und ihren Glauben an meine Geschichte. Ganz besonders bedanke ich mich bei Mike Jones und Katherine Stanton von Simon & Schuster, meinem britischen Verlag, Carolin Graehl vom Knaur Verlag, meinem deutschen Verlag, der Free Press, meinem amerikanischen Verlag, und meinem kanadischen Verlag, Penguin. Herzlich danke ich meiner Schwester Nant Bwa Bwa Phan, meinem älteren Bruder Saw Say Say Phan und meinem jüngeren Bruder Slone Phan für ihre Unterstützung und Ermutigung. David Lewis und Leslie Lewis haben mir in Frankreich einen Rückzugsort zur Verfügung gestellt, an dem ich an dem Manuskript arbeiten konnte – ich danke ihnen sehr dafür. Auch Christine und David Major möchte ich danken für mein Schreib-Refugium in Dorset und ihre großartigen Kochkünste, und Sue Wreford, die mich in der Bequemlichkeit und Ruhe ihres Landhauses in Wynford Eagle arbeiten ließ.

Eine der Methoden, wie das herrschende Regime in Burma sich an der Macht hält, besteht darin, seinem eigenen Volk die Bildung zu verweigern. Ohne eine Ausbildung wäre ich zu der Arbeit nicht imstande, die ich für mein Volk zu leisten versuche. Ich hatte großes Glück, dass ich die Universität besuchen konnte, und dafür möchte ich dem Stipendienprogramm des Open Society Institute, Prospect Burma, dem Burma Education Scholarship Trust und verschiedenen Einzelpersonen danken, darunter Lisa Houston, Martin Panter, Michael Woods, Paul Sztumpf und Steve Bates.